U0936336

Moral EDUCATION

A Teacher-Centered Approach

Joan F. Goodman Howard Lesnick

教育科学精品教材译丛

MORAL EDUCATION A Teacher–Centered Approach

道德教育：一种以教师为中心的取向

[美] 琼·F. 古德曼
霍华德·莱斯尼克 著

杨韶刚 等译

凤凰出版传媒集团
江蘇教育出版社

Joan F. Goodman Howard Lesnick

著作权合同登记图字：10－2005－002号
图书在版编目(CIP)数据
道德教育：一种以教师为中心的取向/(美)古德曼(Goodman，J. F.)，(美)莱斯尼克(Lesnick，H.)著；杨韶刚等译. —南京：江苏教育出版社，2006. 12
(教育科学精品教材译丛)
ISBN 7－5343－7505－3
Ⅰ. 道…　Ⅱ. ①古…②莱…③杨…　Ⅲ. 小学-品德教育-研究-美国　Ⅳ. G623. 153
中国版本图书馆CIP数据核字(2006)第157724号

教育科学精品教材译丛

道德教育：一种以教师为中心的取向
美国宾夕法尼亚大学
琼·F.古德曼
霍华德·莱斯尼克　**著**
杨韶刚　**等译**
责任编辑　刘明燕

出版发行　凤凰出版传媒集团
　　　　　江苏教育出版社(南京市马家街31号210009)
网　　址　http://www.1088.com.cn
集团网址　凤凰出版传媒网 http://www.ppm.cn
经　　销　江苏省新华发行集团有限公司
照　　排　南京展望文化发展有限公司
印　　刷　江苏淮阴新华印刷厂

开本 787×1092　1/16　　印张 14　字数 251 000
2006年12月第1版　2006年12月第1次印刷

ISBN 7－5343－7505－3/G·7190
定价 28.00元

江苏教育版图书若有印刷装订错误，可向承印厂调换。
苏教版图书邮购一律免收邮费。邮购电话：025－83211774，8008289797，邮购地址：南京市马家街31号，江苏教育出版社发行科。
盗版举报电话：025－83300420、83303538。提供盗版线索者我社给予奖励。

教育科学精品教材译丛

作为高校教师，我们中的许多人常常为教育科学教材的陈旧落后而痛心疾首；作为教育学人，我们中的许多人也常常对经济学、社会学等显学学科教材建设的突飞猛进而称羡不已。

于是，我们坐卧不安，我们摩拳擦掌，我们立志超越，我们走到了一起。经过几年的努力，涵盖当代高等学校教育学专业的全部主干课程的大型海外教材《教育科学精品教材译丛》(下面简称《译丛》)终于呈现在读者面前。

许多年来，我国高等师范教育和高等学校教育学专业课程改革的步伐极为缓慢，师范教育的教育学、心理学、教材教法这三门课程多年不变，教育学专业的课程内容陈旧，课程的选择空间相当狭小。可以说，改变高等师范教育课程和高等学校教育学课程的落后状况，是《译丛》最基本的宗旨。

另一方面，随着教育事业改革的深化，教育实践中产生的问题日益复杂，解决这些问题需要极为丰富的教育科学知识和能力。《译丛》追求的另一宗旨正是通过奉献世界上最先进的教育科学知识体系，促进我国教育事业改革的深化。

在过去的几年中，高等学校课程改革已经取得了相当明显的成效。深化课程改革的一条重要途径是引进国外尤其是发达国家的高校教材，藉此提高教育质量和增进学生的学习能力。《译丛》的宗旨和思路与我国高校教材改革的这种方向是一致的，而且是高校教材改革过程的组成部分。

促进学术交流，是《译丛》向往的又一宗旨。学术沟通的障碍，表征是交际语言，而深层原因则是学术语言与学术规范。《译丛》希望通过引进国外的教育科学知识体系和贯穿其中的研究方法与表达方式，促进我国教育科学学术事业的进步，并为其走向世界奠定基础和开辟道路。

《译丛》是建国以来从海外引进的规模最大、门类最全的教育学科教材，被国内媒体称为"又一次重要的拿来主义"。在科教兴国的基本国策背景下，它所蕴涵的巨大社会意义已经超出教材本身。因此，《译丛》的编委会和出版者——江苏教育出版社对此高度重视，并为此做了大量的细致而扎实的工作。第一，组建了强大的编委会和翻译队伍。《译丛》的编委会阵容强大，有各师范大学的博士生导师、教授以及一批海外教育专家；主要翻译人员和审校者均是教育科学专业的博士或教育科学领域的教授，其中一些译者长期旅居国外，并从事教育科学专业的研究和教学工作，他们均在教育科学领域具有相当深厚的积累，可以确保《译丛》的翻译质量。第二，精心筛选选题。《译丛》的入选图书品质上乘，所有选题皆经中、日、美等国专家反复磋商论证，精选而成。其中一些书目为国外学术机构所推荐，在国外大学拥有广泛的学术声誉。许多教材一版再版，最多的已达八版。

我们希望，这套教材能成为国内教育科学的替代课本或重要参考书，同时也能作为各地教师继续教育的重要资料。

我们期待，这套教材能给中国教育理论界带来一些观念和方法上的启示，为我国的教育科学的教学和研究，尤其是教材编写工作提供一定的借鉴。

我们相信，这套教材会得到许多中小学教师、校长、教育行政机关干部、教育科学研究人员、教育专业的研究生以及高校在校学生的关注和选用。

当然，我们更希望、更期待的是创新和超越。希望和期待我国的教育科学工作者编写出高水平的、具有中国特色的教材。站得更高才能看得更远，看得更远才能做得更好，希望我们这套教材能使中国教育理论界有一个更高的起点，使中国的教师和师范学生有一个开阔的视野。需要说明的是，原书附有大量的索引，但为降低图书成本，减轻读者负担，我们只好割爱，敬请诸君谅解。

我们欢迎各种形式的参与和合作，欢迎专家和读者随时为我们荐书，随时提出各种建议和评论。

《教育科学精品教材译丛》编委会

二〇〇二年四月

前 言

最近，在一次由校长、副校长和有经验的教师们参加的聚会上，我们提出了以下三个问题：

“学校有进行道德教育的职责吗?”(所有的人都举了手)

“学校应该有进行道德教育的职责吗?”(所有的人都举了手)

“你的学校提问过关于道德教育是什么和怎样进行的问题吗?”(没有一个人举手)

这个事例告诉我们(和你们)的是，这些教师们发现，“呼吁”在学校里开展道德教育是不言而喻的。人们很容易赞成进行道德教育，而且民意测验表明，我们大多数人都赞成。一个不太容易做到，但却仍然相当明显的现象是，学校的全体员工一整天都要随时做出道德决定，“应该”和“不应该”是他们经常争论的问题。但是，尽管有来自父母、政府领导者和广大民众要求“开展”道德教育的主张，但对我们应该教什么，以及应该怎样探讨这个主题所做的有思想的分析却很贫乏。其中似乎隐含着一种信息：虽然道德显然是很重要的，但却只是人们的直觉感受，人们只要做出即兴的反应就够了。不过，同样明显的是，关于我们的道德义务的性质，关于谁应该为教年轻人负责，以及关于怎样进行道德教育，社会上却存在着广泛的、不一致的看法。人们对这个主题的内容和方式争论得非常热烈和持久。把握我们这个复杂社会中道德的复杂性要求有一种理智上的深刻思考，这种思考可以是任何东西，但却决不是直觉；只靠一种即兴的教育学是根本不够的。

本书反映的是我们的“呼吁”，即揭示道德教育的丰富性(和观点的分歧性)，及其核心性和普遍性，并提供一种尊重观点多样性的教学取向，该取向关注的焦点是教师的作用。如果有任何一点机会能够使学校强烈地影响学生的道德倾向性，那么，这种努力的倡导者们，无论其性别是男还是女，就必定是我们国家的教师。他们必定渴望完成这个使命，而且必定拥有某些实际的技能和知识。

但是，如果没有来自行政管理和父母方面的实质性的鼓励，把责任赋予教师就将导致失败。如果那些“上峰们”(包括父母们)打着责任的名义，觉得有权利告发和告诫他们的每一次行动，那么，教师们所能做的无非就是驯服地执行这些规定。我们就不可能指望他们，在面对一次几乎肯定要遭受的惩罚时，能采取某种行动——就像道德问题所经常要求的那样。如果教师们想要使孩子们致力于严肃的道德讨论和做出道德决策；如果他们想(就某一课堂事件)采取某种立场，或者对某一实践活动(他们发现有一条学校规则不公平)提出质疑；简言之，如果他们想作为道德行为者而采取行动并且鼓励学生们也照样去做，那么，监督其实践活动的人就必须腾出空间并且给他们授权。这并不是说他们应该是自主的，相反，在道德教育中集体的思考是最基本的，但是他们的职业特性使他们必须拥有某些特权。

我们以前出版的一本书《教育中的道德利害关系：有争论的前提和实践》(2001)传播了类似的信息。但是，那本书主要针对的是大学生，而不是实际教育工作者，因此我们把它推荐给那些对追求学校实际活动的理论根源感兴趣的人。在这本书里，虽然我们从《教育中的道德利害关系》中借用了大量的素材，尤其是在构成每一章之核心的情景介绍中，但这不仅是写给大学课堂教学中的读者们看的，而且还超越了这个范围，给那些处在教育第一线的人们——教师、行政管理人员、父母——正是他们最强有力地塑造着孩子们的良心。

我们感谢宾夕法尼亚大学教育研究生院的两个学生群体。第一个群体修学了“价值观与教育”这门课，批判性地阅读了《教育中的道德利害关系》这本书。他们的反应对设计这本更具有应用价值的书是有决定性影响的。第二个群体是一群实际工作者，他们为获得博士学位而回到学校参加半职业课程，他们阅读了本书的草稿，并且提醒我们注意学校里发生的那些似乎合理的和不合理的事情。他们可能会很不高兴，我们居然保留着某些似乎不合理的东西——例如，教师们要经常进行大量的谈话——把这些东西作为未来的志向，即便这并不是今天普遍的现实。

我们还要感谢宾夕法尼亚州麦里恩小学的老师们，古德曼教授与他们见面，进行了为期两年、每两周一次的不间断讨论。那些谈话使我们对一所小学的生活有了更深刻的感受，对各种大大小小的典型事件有了更明确的把握，这些事件造成了一些需要考虑和解决的常见的道德紧张。这些事件中有一小部分被本书所采纳。

就个人而言，我们感谢丹尼尔·迪森索，他既是一位博士生也是一位中小学教师，他以深刻的洞见和幽默阅读了全部手稿。加利福尼亚大学欧文分校的杰夫·约翰斯顿是惟一的一位既阅读过前面那本书又阅读过本书并给予评论的人，他持续不断地帮助我们提供其他学生的反应以及他自己的看法。我们还要感谢弗朗西斯·克雷默，他仔细地阅读了这篇文稿，以澄清一些观点和语言用法。我们的感激之情还要奉献给乔纳森和弗兰克·古德曼。前者是一位公立学校的教师，他尽其全力使课堂教学中的内容具有现实性；后者努力地澄清了一些概念问题。最后，我们把感谢奉献给坦普尔大学的琼·夏皮罗，坦普尔大学的史迪夫·杰伊·格罗斯，以及加利福尼亚大学欧文分校的杰夫·约翰斯顿，他们为出版商做了手稿的书评，并逐章向我们提供了格外有帮助的评论。

琼·F. 古德曼
霍华德·莱斯尼克

宾夕法尼亚州，费城
2003 年 2 月

序

《道德教育：一种以教师为中心的取向》（以下简称《道德教育》）即将与广大读者见面了。在该书正式出版之前，我就有幸读到了杨韶刚教授的译本。我认为这是一本很好的、很有特色的书。

当前我国中小学正在认真贯彻落实中共中央、国务院有关未成年人思想道德建设文件精神，从加强改善学校道德教育说，学习这本书无疑是很有现实意义的。对从事学生道德教育的教师自身的专业化发展说，这本书也是很值得一读的。

杜威提出的儿童中心的教育思想，被誉为"教育领域的哥白尼式的革命"，有着极其深刻而广泛的影响。《道德教育》一书的教育思想理论则是以教师为中心的取向，这是另一种教育理论、教育理念。该书有助于我们更进一步认识教师在教育过程中的地位、作用问题，有助于我们比较教育理论中对这一问题的不同思想、不同的理念，有助于我们提高教育学理论修养。关于学生与教师在教学、教育中的地位问题，我国教育理论界讨论过多年，至今仍是一个可以继续探讨的课题。可以说该书的出版有助于我们对这个问题的继续探讨，有可能再次激起我们反思曾经有过的思想成果。

《道德教育》对我国学校教育的现实意义，在于它所反映的道德教育问题与我们学校教育中的不少问题是相类似的；当然书中对一些理论问题的讨论，对于我们也是有所裨益的。

《道德教育》一书的目标是：帮助教育者认识道德教育的复杂性，认识道德问题涉及的诸多方面，以及在对问题思考时的变通性；阐明道德教育必须超越课堂管理和社会技能训练；道德教育必须深入到孩子、教师和学校共同体的意识中去。书中通过教师的谈话，使读者相信，那些不一致的意见，甚至非常不一致的看法，都是有建设性的。

《道德教育》比较全面地阐述了道德教育的许多问题。我以为值得我们注意的，也许是我们平时可能不太重视的，有以下几个问题。

1. 该书告诉我们应当重视道德是怎样经常发生在我们与孩子们打交道的过程中的，认为正是在日常生活的简单交往中，形成了人们的道德品质。“不存在‘道德无涉’的学校，也没有无价值观的教学。实际上，任何人际之间的经验都包含着道德的成分，课堂教学也不例外。”可见，不是把道德教育的实施仅仅局限在专门的道德课或者专门的道德教育活动中。

2. 重视完整的道德品质的培养，即重视包括道德行为、道德情感、道德思维、道德动机等在内的整体性的道德教育。该书特别重视道德践行，书中所述“服务性学习”活动，是很符合人的品德形成规律的，对我们很有借鉴意义。

3. 十分重视德育隐性课程的作用。“学校所教授的东西，决不仅仅是包含在课堂笔记、作业和考试中的那些科目；它还包括一个人应该怎样生活的那些非言语性的信息，这些信息隐含在教师和行政管理人员完成其工作的方式之中。”书中强调师生关系蕴涵某种内隐的道德基础和重大的道德意义，充分发挥“学校氛围”的影响力。认为学校里确实充满了道德问题，教师有责任帮助学生达到道德标准。

4. 该书非常有见地地提出，“要想成为一个有效的道德教育者，我们认为，要更多地依赖于献身精神而不是依赖于方法”。我认为要成长为一名好的教师，不能局限于学习一些具体的教育方法、技能、技术，更重要的是热爱自己的事业，具有先进的教育理念、教育智慧，掌握教育艺术。具备了这些条件，自己就会不断创造出许多方法、技术，演出精彩的教育活剧来。

当然《道德教育》所论述的其他许多问题，例如关于道德教育的内容、班会活动、学校与家庭联系与关系问题等，对我们都是很好的学习材料。特别是最后一章“研究报告”所提的七条建议，包括了“对观点进行定向”(前三条)、“教学法”(后面的两条)以及最后的两条“与角色有关”的建议，更是我们要关注的。

《道德教育》是一本很有特色的书，每一章都是围绕一个学校的问题或班级的问题由教师进行讨论开始的。之所以使用这种方法，是因为作者相信道德教育必须产生于对生活的关注，而不是一代代传递下来的抽象的阐述。这是一本深入探讨学校道德教育中实际问题的书，也是一本有一定理论深度的读本。书中对道德教育中的一些不同学派的主张，道德相对主义、价值多元主义等重要理论问题，都有所论述。但这不是板起面孔单纯进行理论阐述的书，而是以制订一份小学道德教育计划中遇到的具体的实际问题为中心展开讨论。老师们各抒己见，有的甚至通过激烈争论阐明自己的思想观点，在这种种讨论、交锋中阐明了有关理论。因此，该书可以帮助我们联系实际地学习许多有益的教育思想，学习道德教育的原理与方法。而且因为该书是以实际问题(课题)为中心,通过对话、讨论的方式呈现内容,可以让我们的小学教师轻松地学习道德教育的思想理论,无需经历一次如该书第四章第一节所说的"沉重的理论旅行"。

《道德教育》还有一个鲜明的特点,是让读者也自然地融入书中问题的讨论之中。在每一章里,在教师们阐述了他们的见解之后,紧跟着是一节有较多分析的内容,题目是"更深入的思考"。最后一节,是轮到作者的"该轮到你了",即让读者在专注于有关问题和观点之后,出示一些具体情境,列出一些具体问题,让你进行自己的分析,这样就能很自然地融入到书中老师们的讨论之中了。

该书是写给小学教师看的,书中讨论的问题、参加讨论的人,都是小学的。但书中遇到的有关问题,在中学也是存在的;而更重要的是,书中所论的道德教育理论和方法是具有普遍意义的,也是中学教师应当了解的。在当下我国中小学教师专业化的过程中,我以为这也是一本较好的读本。

杨韶刚教授曾经翻译出版过十几本著作,他的英语水平是很高的。但是为了保证该书的翻译质量,为了对广大的读者负责,杨韶刚教授认真对待,尽力把它做好,对翻译和校对过程中的一些困难和问题,专门向国外的学术界朋友寻求帮助。他的这种认真、严谨的治学精神,认真、负责的态度,也是值得我们学习的。

我祝贺杨教授取得这一新的成果,钦佩杨教授的治学精神与态度!同时,我预祝杨教授取得更多更好的成果!

班　华

目　录

目　录

第一章
学校中道德的复杂性

设想你自己是一所小学负责午餐值日的教师。你注意到，一个五年级的学生梅莉莎在专心致志地和朋友闲聊的时候，把一个用过的面巾纸扔在了地上；她这样做已经不是第一次了。你被这种行为激怒了，并且情不自禁地想去追问她，但是，你认识到，在任何教师群体中，都会有许多人抱有其他的想法。下面的某些选择可能就是你的同事们所喜欢的：

1. 什么也不做，把它留给学校的工友来清扫；她不是你的学生，你不可能注意到学校里每个孩子的行为。
2. 把面巾纸拾起来进行适当的处理；树立一个榜样。
3. 走到她面前轻轻地说："梅莉莎，也许你没有认识到你又一次丢弃了面巾纸。在你到排队买午餐的队伍之前，请先把它捡起来。"给这个孩子诚恳地提个醒，假设她只是一时没有注意。
4. 把梅莉莎从排队买午餐的队伍里拉出来，告诉她要把面巾纸扔到垃圾桶里，跟她简单地谈谈垃圾处理和卫生的事；对动机不做任何假定。
5. 把梅莉莎从排队买午餐的队伍里拉出来并坚决地说："梅莉莎，你知道我们有禁止乱扔废弃物的规定。由于你一再无视这个规定，今天放学后我要你拿着一个塑料袋，把餐厅里所有的废弃物都拾起来。"假定你相信她有某种性格缺陷而对她施加惩罚。
6. 先藏着不说，直到开班会的时候才把观察到的事情说出来，然后把这件事情作为对乱扔废弃物进行广泛讨论的焦点；把它作为一个群体的（公民的）问题来对待。
7. 把你观察到的事情（假定这不是第一次）向她的老师汇报，或者向负责对小的违规行为进行劝诫的学生委员会汇报；把做出决定的过程授权给他人。

假设你决定把这件事报告给梅莉莎的老师，她选择遵循第6种选择，不想把梅莉莎从排队的队伍里拉出来而使她难堪。她在班里提出了这个具有普遍性的问题："你们认为我们应该怎样处理我们的垃圾？"或许是对教师这种尽可能掩饰的观点做出的反应，梅莉莎的同学们大胆地谈论起来："我们把所有的垃圾都收集起来，把它留在三年级教室的外面怎么样?"其他孩子也随声附和：

"放学后把它用来烤棉花软糖。"

"把它放在攀爬架下面，作为我们往下跳时的一个软着陆的东西。"

"让一年级的学生把它捡起来。"

孩子们对这个问题的浅薄看法使梅莉莎的老师把谈话缩短了，但是却给她自己留下了疑问。她对这件事的判断是很清楚的：梅莉莎一再把面巾纸扔在走廊上是令人讨厌的。尤其是当乱扔废弃物会有传播细菌的危险时，这样做就是不可容忍的。学校的全体员工都应该制止这种行为，如果不是轻柔地，那就要严厉地制止。如果对孩子们来说，这种行为并不是显而易见的，那么，他们就需要建立另一条规则，使之变得明确起来。

但是，她认识到人们有做出不同反应的可能性和合理性。对她和许多其他人来说很显然的事情——应该把废弃物扔在适当的垃圾桶里——并非对所有的人都是很显而易见的，或至少并非都能引起人们的注意。有人会发现这件事超出了学校的权限范围，再建立另一条规则太不值得了。毕竟不能或不应该对每一种行为都进行监控。这条线应该画在哪里呢？把食物倾倒在自助餐馆的地上或桌子上行吗？其他人可能认为这种随手乱扔的解决方法并不合适。把废弃物的处理作为再循环利用计划的一部分怎么样呢？把学校周围的废弃物都收集起来怎么样？用布手绢来代替面巾纸怎么样？因为手绢可以清洗和重复利用。我们对"做一些事情"以保护环境的关心程度如何呢？我们对卫生(特别是当卫生涉及他人的健康时)的关心程度如何呢？学校里的人们应该怎样询问梅莉莎、其他孩子以及他们自己呢?

我们以一个沉闷的事件为开端，这个事件可能给读者留下的印象是，道德教育是微不足道的小事，这当然不是道德教育的本质。你可能希望我们探讨一个"热点"问题——暴力、吸毒、少女怀孕、发避孕套、学校里的祈祷、审查制度——这些问题在很大程度上支配着报纸对学校中道德气氛的解释。为什么非要提面巾纸呢?

首先，这个平常的一天中平常的时刻，可能并没有受到一个教师的注意就那么过去了，但此事并不像看起来那么简单。我们的反应——无论我们是无视、斥责或惩罚这个孩子，还是把责任从她身上扩展到群体，以及从面巾纸扩展到环境——都标志着我们的道德倾向。我们需要了解这些倾向以及它们传达给孩子们的道德信息。

其次，正是面巾纸这种平常的小事表明，道德是怎样经常发生在我们与孩子们打交道的过程中的。道德并非仅限于我们把注意的焦点集中在暴力和吸毒，甚至骗人的丑闻上。道德的普遍性呼吁我们要密切注意日常所做的事情，并且利用所有这些"可教的时刻"。

第三，正是在日常生活的这些简单交换中，我们才形成了我们的道德品质，对这些事件的反应构成了我们的品格。一个人的道德在他或她对发避孕套的争论所持的论点中表现得较少，而在怎样对一个怀孕的少女进行反应方面则表现得较多。虽然我们并不相信总会有一种真正的道德反应——少女怀孕是一个合理的有争议的主题——但道德是“在大街上”的（在民众的日常生活中），而不是在政策论点中发展和揭示出来的。

最后，虽然面巾纸事件和在以下情境中一样，可能是很司空见惯的，但却引发了一些深刻的问题：我们期待孩子们成为什么？我们怎样证明我们的期待是正确的，以及我们为什么会有不同的观点？它不可避免地把我们引入那些无法逃避的教育学的和道德的错综复杂的事情之中。一方面有一系列与教学有关的问题：怎样影响孩子，使之服从成人认为合适的规则？怎样使对这个问题的不同回答具有意义？怎样确定我们的规则是否正确？除了服从之外，怎样帮助孩子们形成个人信念和个人义务感？我们相信，要对面巾纸事件做出正确的反应而又不涉及这些问题是不可能的。

大家在学校内外都花费了很多时间和孩子们在一起，经常监督和指导他们的行为，有时是直觉的，有时是经过事先深思熟虑的。当这些行为具有道德意义时，例如对社区的其他成员和学校环境不够尊重，此时我们的反应就是一种道德判断的产物；无论是否愿意，我们都是在从事道德教育的事业。而且，虽然这个事业太重要了，以至于不能把它放弃，对它做出“直接的、情绪的或直觉的”反应，但教育者在应对讲授学术课程的挑战时老道熟练，在阐述道德问题时却没有达到可与之相匹配的深度。做出“直接的、情绪的或直觉的”反应可能是他们惟一的力量源泉。

对这种失败存在多种解释。一些教育者认为，道德并不是学校的一个恰当主题——太容易引起争论了，太容易被宗教所浸染，太具有私人性。另一些教育者虽然认识到他们是儿童行为的道德监督者，但却把教他们分辨是非看作是一件简单的事情。对这两种观点我们都不赞成。我们把课堂教学的规则视为奠基于道德问题之中，在一定程度上才可能把它们作为纯粹技术问题来处理（正如“课堂管理”这个术语所传达的意思那样）。教育工作者西奥多（Theodore）和南希·赛泽（Nancy Sizer，1970）很好地表述了这些观点：

> 道德深深地植根在所有的正规教育之中。学校教育的经验会使所有的孩子都发生改变，有的变得更好，有的则变得很不快活。这些变化常常并不是教师所计划好的，甚至他可能并没有明显地看到。然而，教师们必须背负着一个重要的负担，和家庭一起，帮助孩子们面对和公正地处理道德问题……
>
> 不存在“道德无涉”的学校，也没有无价值观的教学。实际上，从定义来看，任何人际之间的经验都包含着道德的成分，课堂教学也不例外。
>
> 曾有一段时期，人们把“道德问题”视为正规学校教育的核心。这些问题是在某些宗教派别的模型中提出来的，并且道德行为是“教给”年轻人的……

> 人们呼吁这项任务应该简单："正确"和"错误"是清楚的和不容争辩的，是可以直接习得的。如果一个人能够背诵正义的格言，他就能实践这些格言——当时原始的教育学大概就含有这样的意思。19世纪的教师进行说教，他的训令(有时)被倾听，而且可以学到(一些东西)。尽管这种说教的传统可能很原始，而且在哲学上很朴素，但它确实有其效果……
>
> 虽然抽象的道德并不比人们通常认为的那样复杂多少(上帝知道狄更斯笔下的贫民窟并不比我们的贫民窟好多少)，但在这方面以任何深刻的方式进行的教学却比早先的教师们可能已经相信的要复杂得多。教师们必须精力充沛地而且认真地看待他们的任务，觉察到其所有的错综复杂性和危险……所要讲授的"道德"决不仅仅是一种来自麦戈菲读物的应答祈祷，而是极其微妙和复杂的。

对孩子们的行为(尤其是他们的错误行为)做出的反应，尽管常常是相当自动的，但却是由各种复杂因素决定的。我们怎样看待梅莉莎事件，将在不同程度上受下列考虑的影响：

> 我们的良好教学观念(榜样、对人有提醒作用的东西、讨论、惩罚的有效性)
>
> 我们自己的价值观层次和我们个人所负责任的深度(丢弃面巾纸究竟是多大的错误)
>
> 我们对梅莉莎的觉知和意图的解读
>
> 我们对儿童品格的更广泛解读
>
> 我们对小学发出的道德"呼吁"的看法(梅莉莎和学校把处理垃圾作为其使命的重要性)

本书的目标

本书的一个目标就是帮助教育者认识到，他们所面对的道德问题涉及很多方面，以及在对这些问题进行思考时要更具有变通性。我们相信，这样一来，他们就能在选择他们所教授的价值观和所使用的教育学方面，做出深思熟虑的选择。认为道德教育是一件很简单的事情，这可不仅仅是一种无碍大局的认识上的失败，因为它实际上为实施不道德的意图或产生不道德的影响打开了方便之门。例如，在梅莉莎的事件中，负责午餐值日的老师在班会上提出了这个问题(记住，他并不是这个孩子的老师)，人们可以设想，当梅莉莎听到她是小组讨论的主题时，她会因为丢脸、害怕和反抗而畏缩。另一种可供选择的方法是，如果她的老师做了一个生态学方面的讲座，梅莉莎可能会以冷笑来应答，而来自老师的惩罚则可能使她产生愤恨，而且会使她仔细考虑乱丢废弃物的事，尽管是比较遮遮掩掩的。在一个人对道德问题做出反应中所产生的某种困惑本身就是道德判断的一个成分。[1]

但是，我们的志向是再深入一步，而不是只专注于做出道德决策时所固有的困难，无论这些困难和诸如梅莉莎那样的小问题有关，还是和一些较严重的问题有关，例如提出取消来自父母和行政管理人员的要求。因为我们认为，让一个教师熟练地"对付"错误的行为是不够的。因此，第二个目标是想要阐明，道德教育必须超越课堂管理和社会技能训练；它必须深入到孩子、教师和学校共同体的意识中去。它需要成为一面棱镜，通过它就可以把选择和决策反射出来；把"我应该吗"施加到"我要"上去。

第三个目标，主要是通过教师的谈话，使读者相信，那些不一致的意见，甚至非常不一致的看法，都是有建设性的。我们相信，有争论的观点不仅会使全班同学敏感地意识到多样性的存在，而且还能促进道德共同体的形成。一致和赞同并不一定是把人们聚集在一起的东西；冲突可能更是一种黏合剂，并导致一种更持久的联系(Sennett, 1998)。英国哲学家玛丽·米奇利(Mary Midgley, 1991)简洁地指出："和人们接近就是和他们发生冲突。"人们如此经常地以避免冲突为代价来获得安宁。这种压抑完全可能会导致冷漠，而不是真正的一致。

但是，要想使之富有建设性，就必须熟练地处理这些争论。以开放的心态倾听对方的观点，尝试进行换位思考，屈服于某种观点，就像坚持自己的观点一样，是进行争论所必需的。如果学校宣称，它们想要鼓励"批判性思维"，那么，除了对道德问题进行深思之外，没有任何更好的办法。

两种观点

对道德教育的支持并不缺乏。学校管理人员和教师可能都会怀着不同程度的热情告诉你，他们相信道德教育，或许他们正在"做"道德教育。根据民意测验，学校和父母们都相信，由于今天的青年人所出现的问题，道德教育便成为我们无法忽略的一个主题。[要想考察民意测验关于社会对道德教育提供支持的观点，请参见德洛克(DeRoche)和威廉姆斯(Williams,1998)，瑞安(Ryan)和波林(Bohlin,1999)所做的总结]

---

〔1〕 我们非常注意在没有提供定义的情况下使用诸如"道德"和"道德教育"这类词语。我们这样做是经过深思熟虑的。这些术语是难以理解的，就像"漂亮"和"理智"一样，不可避免地会有各种不同的看法。正如我们在早先的那本书《教育中的道德利害关系：有争论的前提和实践》(第三章)中所讨论的，试图对道德做出客观的界定，使之适当地包含某些东西和排除某些东西，会引起整个主题内在固有的相同的争论。在一个人看来是非常重要的道德问题，例如，礼貌的规则，在另一个人看来则可能是一些微不足道的、与道德无关的习惯，或者更糟糕的是，把它看作是一种压制行为。对某些人来说，道德涵盖着很广泛的行为领域，包括可能对自我造成的伤害(健康维护、娱乐、饮食)以及对他人造成的伤害。对那些通晓各种知识的人来说，道德可能要求人们做出仁慈的行为，而不仅仅是防止受到伤害。那些不太愿意做出道德判断的人则宁愿有一个限定性的定义。在第五章我们将详细阐述道德和非道德领域之间的区别，阐述在提出道德要求时所包含的内容。直到那时，我们才能领会学校工作者们的思维过程，就像在他们的学校生活中所可能表现出来的那样。我们可以设想，他们在确定如何处理梅莉莎事件时，不会停下来寻找一个道德的定义。

和性教育及反吸毒教育一样，道德教育中的大多数教学计划都是把我们所感受到的青年人在道德上的漫不经心颠倒过来，目的都是为了减少对同学和老师的粗暴、不合作、下流、攻击，甚至残酷行为，而且还要教孩子们相互尊重、有礼貌、工作认真、行为有序、言行举止合乎礼仪。虽然实现这些抱负的手段不同，但通常包括明确的规则，对美德行为的奖励，对不道德行为的惩罚，使学生参与到建立某种道德气氛之中（包括争论的解决），课程设置对品格问题（和模范行为）的注意，直接的美德教学和服务性学习。这些教学计划一般都被归类到"品格教育"的标题下（在第四章将系统阐述）。[1]

另一种观点与上述观点有部分的对抗性，它围绕着如何建构学生个人的良心。这种观点认为，学校的工作就是在孩子们心中塑造一个内在的监督者。这样做不是要学生适应学校的文化，而是要学生建构一个自主的价值观体系。这种体系倾向于对宣称已经得出的答案提出质疑，强调的是前后关系的情境，而不是规则；把价值观视为流动的和不确定的，对相互冲突的价值观提供适宜的环境。这些取向常常被称为"发展的"或"建构主义的"（也将在第四章进行系统阐述）。[2]

这些反应不断地从我们不同的世界观中浮现出来——这些世界观就是对人类自由与责任的基本信念，对权威的作用和学习的本质的基本信念，它们形成并解释我们在众多问题上所持的立场。教育者本身对道德的本质、道德教育的目标以及怎样教学就有各种不同的观点。尽管这些观点以各种复杂的方式相互冲突着，这在某种程度上与简洁的二分法是不相符的，但却的确存在着一对基本对立的观点，可以把这两种观点实用地（尽管也是小心翼翼地）称为"保守主义的"和"自由主义的"。

持保守观点的人倾向于强调服从权威和形成习惯，因为他们认为道德是由某些"正确的"反应组成的。虽然有些方面不太清晰，但就绝大部分而言，他们认为道德的善是清晰的、绝对的、超越的和普遍的，它是由代代相传的传统价值观组成的。对保守主义者来说，道德教育的主要目标是通过一致的和指导性的讲授在孩子们身上进行品格灌输。他们倾向于较多地关注儿童的行为，而不是关注他或她的推理，他们觉得，推理很容易成为理性化的牺牲品。虽然他们并不是简单地要孩子们毫无头脑地服从，但他们相信，通过对执行道德职责的不断实践，就会形成对道德的坚定信奉和忠诚。抱

---

〔1〕 和道德这个词一样，"品格"或"性格"(character)一词也是难以理解的。从字面上看，它是从一个希腊单词派生出来的，意思是雕刻、铭记。在现代的用法中，它指的是标志一个人的不同特点，包括非道德的方面。某人的性格可能包括某种幽默感、音乐才能或创造性，但是在道德教育中品格限定于道德特质。品格和美德密切联系着，有时又不同于美德。例如，瑞安和波林(Ryan & Bohlin, 1999)把美德描述为"以道德卓越的方式进行思维、感受和行为的倾向性，以及这种倾向性的实践"，但品格也被定义为知道、喜爱和做好事。美德似乎是一个更有限定性的术语。古希腊人确认了四种基本的美德：勇气、克制、智慧和公正。和品格特质不同，这些基本美德显然意味着对一个繁荣昌盛的人类社会有益，甚至是基本的。具体请参见富特(Foot,1978)对美德所做的一个扩展的讨论。

〔2〕 **发展的**和**建构主义的**这两个术语甚至比品格和美德还难以下定义。它们指的是一套关于儿童的信念，这些信念是建立在让·皮亚杰和劳伦斯·科尔伯格心理学基础上的。概括地说，这种取向的倡导者们认为，道德在很大程度上是儿童在与周围的社会环境相互作用时形成发展阶段的过程中建立（建构）起来的。例如，当儿童对某种所赞成的观点产生相互争执时，随着时间的推移，他们学会了给予和索取以及建立一些规则。在成人的支持和鼓励下，他们开始建构（接受）这些规则。对道德建构主义所做的一个扩展的讨论请参见德夫里斯和赞恩(DeVries & Zan,1994)。

着这种形式的思想观念，他们事先便倾向于实施品格教育的教学计划。

自由主义者从一开始就对权威、对流行的社会秩序的基本正义性持一种比较怀疑的态度。传统并不一定就是道德的良好资源。他们倾向于认为，传统的习俗规范中有很多不道德的东西，而且主要是从批判性探究的角度来看待道德的，他们不太关注习惯的养成。他们声称，道德的善并不是清晰的，而是偶然的和多变的，是通过考虑在每一种与道德有关的情境中一系列复杂的利益竞争而达到的。自由主义者的主要目标是，儿童应该学会对他们的行为进行思考，尤其是对他们如何侵害他人的利益进行思考。一般地说，他们不太关注儿童的行为，而是较多地关注儿童做出决定时所持有的关爱之情。他们相信，积极地参与道德生活依赖于这种强有力的反思活动，而且这种参与也是从反思中产生的。因此，他们倾向于赞成发展的建构主义的取向。

在这本书里，我们自始至终地相信，而且由此论证，一个良好的道德教育计划必须包含这两种观点，尽管它们之间存在着对抗。我们虚构了一些抱有各种相互分歧的“世界观”的教师，通过描述他们在构建起道德教育计划时所付出的艰苦而持久的努力，请求读者们思考一下，为什么对这两种观点进行平衡是必要的，以及怎样才能做到这一点。

在某种意义上说，这是一本带有指令性的书。它勾画了一个合作的过程，通过这个过程，一个学校共同体就能够共同制定一个道德教育的计划，它还把关注的焦点集中在能保证把这两种主要观点包括在内的那些基本成分上。但是，在提供一个蓝图这个较狭窄的意义上说，它却不是一本带有指令性的书。我们的观点是，和提供父母教育的蓝图一样，提供一个道德教育的蓝图也是不明智的。根据教师、父母和社会所持有的最珍重的价值观，以及他们发现的最适宜的教学方法的不同，他们的观点也会有所不同。

我们确实相信的是，在这些时代以及在所有的时代，道德教育都是必要的。一个人没有受过教育，是不会成为有道德的人的。无视道德教育的中心地位，或任意地进行道德教育，就会导致我们管理工作的失败；我们这样做是为社会负责，为孩子们的生活负责。正如将要在以下各章中清晰表明的那样，我们相信，良好的道德教育的基础是警惕地注意学校教育的那些道德方面，注意整个学校共同体的自觉参与，注意对儿童提出的明确规则和期待，以及认真地持续不断地质疑那些规则和期待。

本书概述

每一章都是以教师围绕一个学校的问题或班级的问题开始的。我们之所以使用这种方法，是因为我们相信道德教育必须产生于对生活的关注，而不是一代代传递下来的抽象的阐述。尽管似乎存在着支配学校事务的普遍的道德原则（并非总是很明确的），但孩子们是不大可能“听任”这些原则支配的，除非当他们的利益与别人的利益发生冲突时。这些冲突一天到晚都是会发生的，因为它们包括那些似乎很司空见惯的问题——谁来领队啊？为什么一个人要讲话得先举手？讲点秘密的悄悄话有什么不对？——以及人们所熟悉的撒谎、欺骗、偷窃和打架等问题。当出现道德问题的时候，教师有可能成为对此进行鉴别和调停的焦点人物。

在每一章里，在教师们阐述了他们的见解之后，紧跟着是一节有较多分析的内容，题目是"更深入的思考"。最后，我们请你，本书的读者，在专注于这些问题和观点之后，在最后一节"该轮到你了"当中进行你自己的分析。我们在阐述了以下三种情况之后，转向一种更有指导性的教育学：由教师们的顾问简·博纳姆(Jan Bonham)所做的两个报告，和概述一份道德教育计划的教师的报告(第九章)。它们是本书"怎样实施"部分的内容，或许对在职培训特别有用。

在重新介绍了《教育中的道德利害关系》中的品格特点和有争议的道德教育主题(第二章)之后，我们就像一所学校所能做的那样又继续下去。当要求校长提供一份道德教育计划时，校长就把提出一套初步计划的任务分派给教师委员会。委员会成员迅速地取得一致意见，可以把许多小学教师经常使用的班会作为道德教育的核心组成部分。这样一来，举行班会就包含着不仅仅是要求孩子们在一起说明一个问题。教师们发现，在允许孩子们自由地做出道德选择时，在多大程度上把他们引导到所要求的结果上，以及在多大程度上正视孩子们自己的反应问题上，教师们的意见并不一致。当一位专家提供了一种分类方法，使教师权威能以道德问题的性质为标准时，这种不一致就得到了部分的解决(第三章)。

教师们为他们所熟悉的班会中的复杂问题所困扰，因而认识到必须再深入一步。他们参加关于这个主题的在职培训，直接面对这些现存的、通常归类在品格教育标题之下的计划；但他们的回答还是相互不一致(第四章)。显然，他们对这些计划和对孩子们的判断在很大程度上依赖于是否选择要强调这个人的品格(美德)，他的行为、他的动机或他的思想。这头道德大象有很多侧面，而且他们都被引向不同的侧面。

教师委员会的会议继续进行。一次课堂中的事件提出了服务性学习这个问题。把一些学时花在社区工作上好不好？应该提出这样的要求吗？和父母的反对意见相抵触吗？教师委员会认识到，不能只把某些成分(班会、服务性学习)像积木那样堆砌起来，就把它称为道德教育计划，因为，当学校的"影响范围"扩展到也和家庭有利害相关的领域时，"这些积木"的形状和内容便依赖于人们对这些影响范围的根深蒂固的态度，也是对这些态度做出的反应(第五章)。那位指导咨询员[1]提出了关于家庭和学校之间界限的问题：什么时候父母应该遵从学校？什么时候应该反过来？

---

〔1〕 指导咨询员(guidance counselor)在中学有时指就业指导员，他们的工作是就一些个人问题、教育问题和职业选择问题等给学生提供忠告。因为本书的背景是小学，因此可称之为"指导咨询员"，主要针对孩子们的情绪问题、行为问题、心理问题、学习上的困难等与他们进行交谈。在西方国家，大多数学校都有一个教育心理学家或受过临床训练的人担任这个角色——译者注。

毫不奇怪，开班会的方法并没有消除课堂的混乱。一位教师相信，应该——富有同情心地、关爱地和深思熟虑地——把一个好惹麻烦的孩子当作有困难的孩子来对待。他的同事则倾向于制止这种不良行为，而不必进行“谈话治疗”(第六章)。这就导致了对把纪律和教师的道德侧重放在首位的意义和正确作用的讨论。

当教师们从单独地汇编具有道德教育的活动中，并且从更深入地探讨他们自己的和他人的价值体系中摆脱出来时，他们在“谁的价值观”这个大家都感到最困难的问题上遇到了麻烦。许多人发现，这个问题是如此难以处理，几乎要把道德教育完全取消。人们如果不能阐明这两个棘手的问题，就无法“做”这项工作。第一，我们怎样才能尊重学校众人许多不同方面的多种价值观，而且仍然能够发布一种道德信息呢？第二，即使是在一套大家都同意的价值观内部(例如平等和自由)，当人们的意见相抵触时，我们怎样做出选择呢？当教师们在考虑这些问题时(第七章)，要他们在一方面持完全宽容的立场和另一方面对所有人都严格要求之间走出一条自己的道路，对他们来说这显然是一件经常面对的和最难以解决的艰巨任务。

在第八章，我们从教师们与学生们在一起时所面对的有关道德方面的事情，转向他们和行政管理人员及学校董事会成员在一起时所面对的道德问题。我们之所以这样做，不仅是因为，道德教育的教师在感受到来自这些方面的压力时将不得不做出困难的决策，而且还因为，他们做出的决策，以及在实现其决策时所经历的过程，将强有力地影响学生的道德学习环境。

当一个学年接近尾声时，教师委员会发现自己在把道德教育置于学校课程的核心地位方面付出了巨大的努力。教师们认识到，一个道德教育计划的价值在于使这个领域的内在复杂性和冲突能够活生生地被人们感受到。无论他们愿意在多大程度上提供一份6阶段或10阶段的计划，这份文件都会使他们积累起来的一些见识失去效用。他们计划的目标(第九章)就是要使孩子们相信(以及使教员、行政人员和父母相信)，成为一个道德的人是一件终生的和非常有价值的过程。他们开始认识到，要实现这个目标，有一套首先推销给教师然后推销给学生的“品格教育”的计划可能至少是有帮助的，但人们不应该依赖它。相反，真正需要的是一个由教师们提出的、不断发展的、进行集体道德研究的计划，促使人们分散地和弥漫性地关注学生(和学校)的道德方面，以便促进学生和教师的道德同一性的发展。

第二章 道德教育是学校的责任吗

情景介绍

在五一节之前的那个星期五，玛丽娅·拉丝罗（Maria Laszlo）正在学校里，因为本周大部分时间她一直在为下周二给五年级的课堂教学备课，下周二是她作为各项证书齐全的教师上课的第一天。现在她正专心致志地把书放在书架上，为创作墙报搜集一些引人入胜的和有用的材料，她至少暂时摆脱了恐惧感和焦虑感，在夏天的那几个月里这些恐惧感和焦虑感经常伴随着她。不过她还是无法排除对自己的严重不自信：孩子们是否喜欢她并对她做出回应？能让他们把注意力转向学习吗？她能够把他们培养成一群有合作精神的、相互支持的朋友和学生吗？

当她沉浸在这些想法中时，大声响起的电话铃声吓了她一跳，更吃惊的是，她听到了校长弗雷德·海尔特（Fred Helter）的声音。

“你好啊，玛丽娅，欢迎你，”他和蔼地说，“我经过你的房间时，看到你在辛勤地工作，我不想打扰你，但是今天上午晚些时候花几分钟简单地交谈一下好吗？最近出现了一些情况，我需要和你谈一谈。”

玛丽娅宁愿海尔特把“一些情况”说出来，以免她以为自己可能会大祸临头：他是要——难道他**可能会**——削减她的工资吗？从她所听到的有关学校工资级别的情况来看，确实有可能是这样的。他打算在第一天上课的前夕改变她的教学任务吗？难道还有些新的尚未透露的非教学职责吗？

“我现在就有时间，”她答应了一声，没有再多想，就沿着长长的走廊走到前面的办公室。

一开始说了几句打趣的话之后，他转向了正题。

“玛丽娅，我想让你知道一个新的动议，这是在上次的校长会议上由市教育局长拉尔夫·森特（Ralph Senter）提出来的。假如让你承担这个新的任务，我想你对此可能会有些想法。作为一名学者，你可能已经风闻了这场正在兴起的全国性的运动，要求学校在品格教育领域做些事情。压力主要来自父母、媒体和那些哗众取宠的政客们，但是国家教育部的人也感受到了，他们把这项要求传达到了学区。从我所听说的情况来看，虽然父母们知道他们的孩子不大可能在班里乱开枪——那更多的是一种未知的和遥远的担忧——但他们就是没有自信，甚至对小学阶段的孩子也没有自信能够进行控制。他们的影响已经丧失了，不再认为自己应该对此负责了，他们要求我们——**总是**找我们啊——来解决这个问题，保证他们的孩子成为体面的人。"

"那么有什么计划吗？"终于松了一口气的玛丽娅问道。

"问题就在这儿，玛丽娅。我没有现成的计划，我甚至不知道是否应该支持这位上级提出的关于我们参与品格教育的观点，当然，就是有这样的事，我对这个'领域'也一无所知。虽然这件事可能会作为一个命令传达给我们，但现在森特就要求校长们做出反应。这是个严肃的问题，我想要我们大家都对此深思熟虑。"

这家伙还真不错，玛丽娅自己这样想；他表达的真实意思就是在和我进行的工作谈话中所说的全部内容。受他的坦率所鼓舞，她把谨慎抛到脑后，坦率地谈了起来："海尔特先生，哦，弗雷德，（他曾要求所有的老师称呼他时都叫他的教名，但实际上这是她第一次这样做）我不知道我是否能在这方面发挥很大作用，尽管我在大学时并没有从简·博纳姆那里选修道德教育的课程，但她对帮助学校形成这种计划非常热心。"

"我是不是选择了一个你不熟悉的话题？"

"哦，不是说我不相信孩子们应该学习什么是对什么是错；很显然，他们应该学。我自己的父母是非常信奉宗教的人，他们总是坚持道德课程的重要性。但是我不知道这是不是教师的工作。"

"为什么不是呢，玛丽娅？"弗雷德·海尔特问道。

觉察到海尔特的问题背后真的有好奇心，她继续说道："按照我对我的工作的理解，我教的是学术性课程，特别是阅读和数学。我知道，长期以来学校一直认为道德教育应该在课堂教学中进行；或许您上学的时候就是这样的，但最近却并不是这样的，而且和我们现在所做的一切都没有关系，这是一项我认为我们不能追求的任务。道德最好是在家里或教堂里进行。我可看不出这是我们的教育使命的核心，您看得出吗？"

显然，玛丽娅把他和古代的亚伯拉罕·林肯以及麦戈菲读物[1]相提并论了，校长继续谈论他感到有疑问的事情："你知道，玛丽娅，你刚才所说的话可能就是我要说的，但是，在这个办公室里任职几年之后，我开始怀疑你的想法是否有点太狭隘了，尽管它非常重要。走进这所学校来的学生是相当聪明的，但他们并没有学到我们传授给他们的东西，他们并没有把握其中的要点。我认为，就是在那些美好的旧时代，这种情况对我们许多人来说也都是确实存在的。但是，和过去不同，现在我发现有许多学生所抱的'态度'有时是明确的，但更经常地是含蓄的。我们在学校里认真地工作，因为

〔1〕 麦戈菲读物（The McGuffey Readers）是19世纪起源于美国并得到广泛应用的一些教学读物，旨在对儿童进行道德教育。它强调的重点是传统的道德和价值观，是一种比较保守的道德教育取向，在很多方面类似于现在美国流行的"品格教育"（character education）——译者注。

这是人们对我们的期待，因为我们尊重这些期待，因为我们想要使教师们和父母们感到高兴。如今很多孩子对这些期待非常冷淡，甚至抱有敌视的态度；他们对教师非常粗鲁，有时甚至和我们发生对抗。如果不进行森特所提出的某种道德培训，就无法做好你认为属于你的工作范畴的事情。”

“我知道，弗雷德，您提出的确实是一个问题。我在教学实习中也发现，学生有冷淡甚至蛮横无礼的行为，但我多半认为这是因为教师有‘态度’问题。我看待这种现象的方式是，打算尽我最大的努力使孩子们关心我们的工作，并且相互关心。我准备使用一些我认为令人激动和吸引人的书籍；还打算制定几条课堂规定，和每个人都有的规定一样。我要对孩子们表示友善和关爱，给他们提供好的榜样，期待他们，有时我要提醒他们，相互之间要友善和关爱。所有这一切都是显而易见的，对不对？并不需要有一个新的‘教育计划’。”

“我很高兴能知道你所持的立场，玛丽娅，我想，你一定会发现，教师们当中有很多人或多或少会同意你的意见，而有些人则并不同意。我特别要提到你的五年级的同事哈代·诺克斯(Hardie Knox)，你可能认识他，因为他是你的校友。我认为他会怀着一种欣慰感赞赏这种创举；‘市政府’终于开始注意他所关注的事情了。

“作为一个教员，我们一年到头要花费较多时间探讨这个主题。森特要我们写一个书面回应，而且很可能会要求每一个校长在地区教育系统的会议上谈一谈这个问题。我想请你的指导教师简·博纳姆帮助我们把握一下这些问题，但是在这样做之前，我想请一些教师一起对这个问题进行集思广益。我打算请艾吉·赛林(Aggie Cerine)——她是一个既聪明又有经验的老教师——担任这个小组非正式的召集人，如果你能加入进来，我将非常感激。”

“可是，弗雷德，”玛丽娅有点吃力地回答说，“和他们相比我还是个生手。我连一天课都没有上过！”

“还要增加一些人，玛丽娅，”海尔特轻柔而坚决地劝说道，“只要我们有一个多样性的小组就行，这是我心里的打算。哈代有点经验，但不够多。我还要给这个小组物色一个有经验的人。我们的指导咨询员康尼·康福特(Connie Comfort)有一种比大多数员工都更倾向于关注外部世界，尤其是关注父母们的观点。你们四个是我所能想到的最强有力的一个团队，我希望你能够设法把这个任务承担下来。”

“我还能说什么呢？”玛丽娅最后说，“谢谢您所表达的信任。尽管我并不完全赞同这种做法，但我很高兴去和艾吉谈谈。”

“好极了，”海尔特说着，站起身来，“我已经告诉她等几个星期你们四个再聚在一起。在开学之初我们都需要把精力集中在新课上。”

“太好了！”玛丽娅欢呼起来，握住了校长伸出的手。

开学三个星期之后艾吉·赛林发出了邀请。“玛丽娅，”艾吉一开口就说道，“你知道，弗雷德·海尔特要求我们和哈代·诺克斯以及康尼·康福特一起，想出一些道德教育的好点子。但是，在做这件事之前，我最近注意到，有时你在走廊里走着，看上去很萎靡不振。是不是有点麻烦事？能讲给我这个老兵听听吗？”

“有点事！麻烦事多了，没一件顺心事。”玛丽娅大声叫喊起来，她既为艾吉的敏锐感到惊讶，又为她的不拘礼节而高兴。“我快变成一个‘强作笑颜’的人了。我冲着那些孩子发火了。我真不知道该怎么对付他们。我想象不出来他们怎么连点反应都没有。我的所有计划都毫无用处。你知道吗？通过海尔特给的文件中的照片，我在开学之前就记住了每个孩子的名字。开学第一天我站在门口叫着他们的名字问候他们。我感到非常自豪，但他们却无动于衷，连一点反应都没有。许多孩子连看都不看我一眼，就更别提和我握手或回应我的问候了。”

“是吗，难道没有人向你提供我们这里所教的这帮小坏蛋的详细情况吗？”艾吉有点嘲弄地说。

“他们粗鲁无礼倒也罢了，虽然我觉得这使我很吃惊，就好像自我怀疑的洪流奔涌而出。只要他们一进入教室，我以前所抱有的‘只要我对他们好，他们就会对我好’的幻想便轰然崩塌。去年还相聚在一起的人却自行分成了几个**闹哄哄的**小群体。他们甚至对班里新来的人连个招呼都不打。当我要求大家坐下来，以便能够开始上课时，他们一帮人立刻抱怨座次的安排不合适，每个小课桌周围有三个孩子，有四个女孩坚持说她们不能分开。我建议说（在第一天我就给她们提过建议），要她们先接受这种安排，等我们有机会时再对这件事情进行小组讨论。那么，这样做难道错了吗？等待吗？这些孩子可不愿意等。他们要马上就进行讨论，于是我改变了原先的态度，开始当场举行班会（在教学法课上我们就知道了，班会是解决问题的一个好方法）。我向孩子们提出了我的观点：今天他们应该坐任何愿意坐的座位；几天之后我们要组织活动小组，要经常地进行改变，要围绕活动小组对将来的座位进行计划。‘不，不，不，’这四个人坚持着。她们中的任何一个人都不能分开。去年老师允许她们坐在一起，今年她们想要得到同样的待遇。其他的废话还是少说为妙，例如，对全班来说要公平，重要的是要开始认识这些新的孩子，要考虑到如果把他们弃之不管，谁将受到伤害。”

“对这一切你是怎么处理的？”艾吉问道。

“第二天，你最好是相信，我可是把每个人都分配到座位上了呀！孩子们嘟嘟囔囔地发着牢骚。我很严厉而且顽强，但效果并不大。现在每个人都很不情愿地坐在分配给自己的座位上；但是，他们却不断地递眼色、用口型传话、窃窃私语，有时候就直接讲话。最初只有那个‘四人小帮派’，但几天之后其他孩子也加入进来，特别是去年坐在一起的孩子也开始活跃起来；于是，不管三七二十一，我开始实施纪律：每当他们不合时宜地递眼色、窃窃私语或相互讲话时就记 1 分，累计 3 分他们就不能进行课间休息，累计 5 分就把他们送到校长助理那里去。你要知道，这种情况已经发生过了。我已经送给她一个孩子了！现在，即便在他们安静的时候，我也能感觉到他们的愤恨不平。

我想要得到他们的喜爱竟然得到了这样的结果！

“这些对抗确实使我非常困惑。我真不知道究竟应该给孩子们多少决策权，应该保留多少。或许他们**应该**决定自己坐在哪里，或许他们最终会对那些被送到校长室的孩子产生某种移情，或许那些受到批评的孩子会发现一种生存下去的方式。我应该有多大的灵活性，我究竟应该怎样考虑那个问题呢？某个决定一旦做出，无论是我做的还是全班同学做的，以及遇到某种挫折时，应该有什么样的后果呢？谁应该对此做出决定呢？”

“问得好，玛丽娅，”艾吉说，“很多新教师都遇到过类似的问题，虽然并不是每个人都能那么有思想地进行说明。我们可以卷起袖子深入地挖掘下去，但是直觉告诉我，你心里不只是有这个座位安排的问题吧。”

“是啊，我不知道是否应该继续下去。你有时间吗？”

“当然有。不管你是否相信，我也曾当过新教师，信不信由你，我至今还没有找到全部答案。听起来好像你所经历的事情将使我们这个委员会获益匪浅。”

“如果仅仅是座位安排和我对孩子们叫喊的事，”玛丽娅继续说道，“我就不会这么烦闷了。至少在分配座位和坚持在上课前让大家保持安静时，我觉得自己做得是对的，但是遇到的另一个问题却使我更加烦恼。

“这件事和一个名叫托尼的孩子有关。他和他家里的人在穿着和行为方面都很不合习俗——孩子们说他是个‘怪人’。他们住在城郊一个很大的旧房子里，通过自己的种植和饲养来获取食物，他们一辆汽车也没有。他总是戴着一顶帽子，穿着粗布工作服和沉重的鞋子，头发乱糟糟的——一点也不酷。当我告诉他最好把帽子留在家里，因为在学校里不能戴帽子时，他看上去却一脸茫然，或许感到受了伤害，谁知道呢？但他并没有改变他的行为。

“我想到过要给他的父母打电话，但去年教过他的老师告诉我不要打电话。‘我太了解那个家庭了，’她说，‘他们就知道护短，他们认为告诉孩子应该穿什么衣服根本不是学校的事，也并不关心是否托尼看上去和别人有什么不同。他们是一些不合群的人，他也是。’”

“你对托尼所说的话是对的，玛丽娅，”艾吉说道，“我敢肯定海尔特也会告诉你。我们曾经有一个因为宗教原因而戴着帽子的孩子，但是我很清楚他在那里划了一道界限。托尼必须知道学校有一条不许戴帽子和越过界限的规定。”

“但是，他好像并不是有意反叛或对抗。这不是一眼就能从脸上看出来的。你说学校已经同意让一个孩子因为宗教原因而戴着帽子。那么，假如托尼是个非洲裔美国人，那会怎么样呢？我们在班里看过很多书，都认为诸如戴帽子的象征行为可能是一个文化方面的问题，而拒绝摘下帽子可能就是作者们所说的是一种‘反霸权的’行为，表达的是他们对同化的反对。而且……”

“托尼是个黑人吗？”艾吉打断她的话，“我知道有好几个非洲裔的美国教师相当坚定地**反对**你所谈的这种反应。他们……"

现在是玛丽娅打断了她的话："是的，我知道，不过托尼却是个白人。但是，他对我的反抗难道不是他的同一性的一个方面吗？就好像因为他是一个群体的一部分，他就有资格在学校里得到尊重？他戴着帽子并没有妨碍任何人。"

玛丽娅气喘吁吁地继续说道："要是托尼以及他穿的衣服都很不干净会怎么样呢？只要他没有病（开学的时候护士对他和其他学生进行了体检，她告诉我他身体很好），除了他自己之外，谁还会受到伤害呢？我们能说他是在伤害自己吗？爱因斯坦有一头乱蓬蓬的头发，大多数人认为这增加了他的独特性。这些粗布工作服（就像那顶帽子一样）似乎是他这个人的一部分，是他的同一性和他的家庭同一性的一部分。

"至于其他孩子把他叫作怪人，我也不知道该怎样处理。这是个其他孩子不能容忍的问题吗？我是不是应该和**他们**一样呢？还有，我看出来他们为什么烦他。即使是邀请他加入他们的活动，他也要避开，宁愿到一边去看书。就是我作为一个小孩子也会对此感到困惑，我不知道是否应该期待这些十岁左右的孩子对异常行为表示宽容和同情。在这个年龄他们强烈关注的是友谊，'最好的朋友'，成为一个朋友的主要标准是，一个人的相貌、言行举止就像你的实际相貌和言行举止一样。"

"玛丽娅，当我们刚开始这场谈话的时候，我还不知道你有这么多的烦恼，"艾吉说着，看了看她的手表，"请相信我，我并不愿意中止这场谈话。我很高兴能有一个同事像你这样关心自己的工作。弗雷德在指定你参加我们的道德教育计划小组时，就已经表明了他对你的明确看法。我们不妨确定一下下个星期我们第一次会议的时间，这样也会使我有机会认真地考虑你所提出的问题。同时，请大胆地和其他同事一起谈谈，我们都理解你。"

玛丽娅走开了，心里纳闷是否她说得太多了，为什么一开始艾吉对"规则"做了适当的回答，此后却什么都没有解决就离开了呢？真的是因为时间有限，还是因为她的话语虽然很鼓励人，但她却并不愿意严肃地看待玛丽娅所关心的事情呢？

真巧，当玛丽娅在走廊的角落里徘徊时，哈代·诺克斯正好从教室里出来。他热情地向她问好，并且问她最初的几个星期过得怎样。

他的友好举止以及他们有共同母校的这种联系，使玛丽娅壮起胆子，没有像通常那样做出回答。

"如果你真想知道而且能花点时间的话，我倒愿意直接回答你的问题并得到你的回应。"

哈代欣然同意，他们开始沿着现在已经空无一人的走廊走着。由于在和艾吉谈话之后她仍然有些激动，玛丽娅对她的教学进展情况做了详细的说明。

"玛丽娅，你是个新老师，努力想要对所有的孩子表示友好，"他开始说道，（玛丽娅觉得，他有点带着优越感表示关心的样子）"但是，那并不是一个教师的工作，至少不是中心性的工作。你在这里是教给他们技能，培养他们的心理，影响他们的理智发展，主要的不是对他们提供**支持**。他们必须把你看作是一个有某种地位的人，一个必须留神倾听的人，一个**知道**他们对什么最感兴趣的人，一个对他们提出要求而又不是他们中一员的人。当你让学生们决定谁和谁坐在一起时，当你因为某种做法可能不适合他的癖好而允许其中一个人破坏规则时，你就失去了作为教师的权威，也失去了你的道德权威。你看起来很懦弱，不可能成为一个有成效的老师。"

玛丽娅对**道德**这个词感到刺痛，对哈代的那种过分肯定的、讲课式的语调感到非常反感，但她并没有让这种感受使她和他吵起来。"我怎么失去道德权威了，哈代？我是在倾听他们的观点，并且努力对他们进行个别对待呀！我怎样才能通过强制推行那些没有意义的规则而获得道德权威呢？"

"玛丽娅，要想成为一个体面的人，很重要的一点就是，不管你是否愿意，都要服从群体的规则。社会，包括课堂教学，都要求有适应于每个人的相同的规则，有服从这些规则的公民。而且，让孩子们服从规则是有益的，和规则是什么相比，服从更为重要，当然，除非这些规则显然很不公平。所以，我并不太关心是否有一条让孩子戴着帽子或摘下帽子的规则；我关心的是孩子们服从这些规则，出于对规则的重要性的尊重，以及出于对他们所处的学校共同体的尊重而心甘情愿地服从这些规则。

"他们必须学习的，首先是做教师告诉他们去做的事情，而不是对每一件小事情都进行争论。至于你为什么要他们摘下帽子，三人一组坐在一起，而不是四人一组，大家的穿着方式都一样，这又有什么关系呢？这里的要点是，一旦你告诉他们，你对他们提出的是什么要求，你就应该对这种要求提供支持。否则，你就是在教导他们，他们可以在其幼小的心灵所告诉他们的任何并不好玩或并不公平的事情上运用哀求或哄骗的方式。这种方式会使他们成为任性的、自我放纵的小家伙——先是小家伙，然后是成年的大家伙。"

"哈代，我明白为什么弗雷德·海尔特渴望我能和你谈一谈了。显然，他认为你能对我直言不讳，使我坚强起来(并不是有意的双关语)。我听到了你说的话，我已经听说过了，或许以前说得不那么意味深长，不那么动情。我听到了但我并不完全买账。我承认懦弱这个词使我很受刺激，或许是因为我刚才确实感到有点懦弱。

"不论我是否懦弱，我都反对你的观点。我不想让孩子们不管愿意不愿意都遵守规则。我想让他们思考一下规则的内容，对这些规则提出质疑，想一想我们需要什么样的规则，什么时候应该有例外，当规则不合适或者被打破时应该怎么办，否则他们就成了只知道服从而没有头脑的机器人。"

"玛丽娅，我收回'懦弱'这个词。我的意思不是说，孩子们不能对教师的某个愚蠢的观点提出质疑，我承认以一个公平的人的面目出现是很重要的。但是，你对全班提出的要求是非常司空见惯的和合理的。如果孩子们——记住，你所面对的是五年级的孩子，他们还不是刚刚崭露头角的哲学家——如果孩子们在诸如不想摘下帽子之类的事情上自行其道，那么，他们打算怎样学会亲自拒绝那些以后对他们来说确实至关重要的事情呢？例如，他们什么研究也没做，仅凭剽窃了朋友的论文就得了一个A，或者当有一场'真正重要的'足球赛时，他们就逃学吗？"

"我确实明白你的意思，哈代，"当他们在走廊里走到第三个来回时，玛丽娅承认说，"孩子们需要结构和限制，这是教育界的一个重要的词，是他们从规则中获得的。但是，他们也需要有进行选择和信息输入的机会，对不对？负责任的决策来自选择。甚至连两岁的孩子我们都给他们选择的机会。在许多根本的问题上我们显然并不一致。但是，你所说的一切都是重要的思想食粮，我很感激你对我如此直言不讳。"

"玛丽娅，"他回答说，"你是一个值得赞扬和感谢的人——一开始就带着这么多有挑战性的问题来找我，而且愿意'同我较量'。我知道我说话常常让人听起来太自信。但是，对于一个有思想的同事提出的不同意见，我绝不放过学习的机会，看起来我好像刚刚发现了一个。对我来说，在艾吉的小组里与你一起工作真是一种极好的体验。"

更深入的思考

玛丽娅·拉丝罗和她的校长以及两位同事进行的讨论，引发了关于学校在道德教育中的作用的几个基本问题。玛丽娅刚开始工作就倾向于认为，"道德教育"不是学校课程的一个适宜的主题。她相信，道德应该在家庭和宗教团体中进行讲授。当然，师生关系有某种内隐的道德基础和重大的道德意义，但是，人们既不需要对它进行冗长的检查，也不需要进行彻底的反省。教师必须成为受良好动机驱使的、有关爱之心的人，对学生们来说他们必须是最好的。如果真是那样，这样做也就足够了；如果不是那样，更多地关注道德也无济于事。

但是，在学校里刚工作了几个星期，玛丽娅的信念就有点动摇了。现在她认识到，仅仅成为一个有良好意愿的人是不够的。她以前认为的那些只和课堂管理有关的事情——孩子们怎样向老师问好，怎样就他们的座位做出决定，对违反学校规定的孩子怎样处理——现在却使她受到了挑战；这些事情似乎充斥着难以解决的道德价值观问题。

哈代·诺克斯是一位有经验的教师，他不赞同玛丽娅的观点。他相信学校里**确实**充满了道德问题，教师**有**责任帮助学生达到道德标准。但是，在认识到道德目标的重要性之后，就没有理由再"陷入到困惑之中"[1]了。学校需要有适合于这项任务的坚强领导和规则。正如不希望一个新来的实习医生就外科手术的程序表达她的愿望一样，我们也不希望容忍学生们对座位和戴帽子之类的事情做出决定或对这种决定产生重大影响。和外科医生一样，教师对她或他的工作有充分的知识和经验，知道怎样传递某种知识体系和创造一种道德的氛围。要想成为道德的人，孩子们最需要的

〔1〕 在《美诺篇》(1961，p. 84c)中，柏拉图使苏格拉底注意到，只有通过被"投入到困惑之中"，身为奴隶的男孩子才能理解怎样解决一平方的倍数这个问题。

是学会把自己的欲望放在社会的规则之后，他们是通过**做**而不是通过讨论来学会这一点的。

教师们之间的争论有三种观点：学校是一个充满了道德的场所吗？道德问题是由教师事先确定的还是应该使之成为内隐课程的一部分呢？如果是由教师事先确定的，对它们进行说明的最好方式是什么？

学校是一个充满道德的机构

尽管我们在第一章对这个问题进行了简要的思考，但读者们可能认为，学校并不完全是受道德影响的场所，而仅仅是一个学习的地方。但是，请注意在分配座位这类平常事件中所蕴含的东西。玛丽娅班里的孩子们想要自己做出决定，并且认为他们有权利这样做；教师必须做出决定，是承认还是否认他们的自主性。既然自主性和自由被普遍视为道德上的至善，那么，教师在什么基础上实施他的权威呢？有人可能会明显地以秩序的名义来作答。秩序是学校中的一种支配性的价值，因为人们可以想象的到，学习是需要秩序的。但是秩序的需要是否践踏了所有其他价值观呢？它总是处在选择和自主性之前，难道真是如此绝对吗？

规则通常是对自我表现的压制，它们当然属于道德监督的范围。由于它们涉及人们对公平、公正和平等的关注，因此它们常常要求人们提出富有思想的正当理由。即便是那些被出色地描述为程序的规则（家庭作业应该放在这个箱子里，当一群人在走廊里时应该沿着左边走），在强制实施时也会成为道德问题。如果一个孩子从排列的队伍中走出来或者把他的家庭作业放在了一个错误的箱子里，那么在道德上应该对他做出什么样的反应呢？人们可以沿着和梅莉莎丢弃面巾纸同样的思路来考虑一下这些违规行为。

学校充满了道德问题并不仅限于教师对权威的实施。在杰克逊、布斯特洛姆和汉森（Jackson, Boostrom & Hanson, 1993）看来，它还包括所有可以宽恕的和应该受到谴责的行为，我们教什么、怎样教、学校的仪式和礼仪、课堂中可见的行为表现，甚至教师的面部表情。本书更多地限于对道德的确定，因为要是把每一种情景都变成道德问题，那就适得其反，就是不要道德（我们有必要在把背包带进教室和偷窃背包之间做出区分——之所以说前者不好，是因为它们会引起杂乱，或许会被它们绊倒而导致危险，但并不是说在道德上是错误的）。不过，我们和玛丽娅及哈代都同样明白，进行道德判断才是学校的主要活动。

阐明学校的道德

即使承认学校里充满了道德，那么教师是否就应该把他们的判断置于显微镜之下进行仔细的审视呢？或许把价值观问题留给隐性课程去解决是合理的，或许比留下那些未受干扰的假设更合理，这些假设如，“小学各年级的任务是进行 3R[1] 教学”，或者“学校应该由当地选出的董事会管理”。

在一个价值观无争议的时代把宽厚忽略的理论(the benign neglect theory)应用于课堂道德可能是正当的。把时钟拨回到 19 世纪中叶，进入一个对孩子们进行道德教育在内容和重要性方面都没有问题的时代。这时培养一个道德的儿童就是学校教育的主要使命，超过了所有其他任务，成为教育最优先考虑的事情。为了对他们进行道德教育和爱国主义教育，受到赞美的是学校教材中的英雄人物，而不是他们的智能水平；乔治·华盛顿之所以在美国神话中得到赞颂，这主要是因为他的诚实，而不是因为他做出的政治或军事判断。道德课程渗透在课文、识字课本和算术书中，也充斥在读者们之中。

学校是在国家道德一致性的条件下运作的。教材的作者“以严格的、绝对的术语描绘了善和恶，在他们的道德教育中没有留下空白的区域——没有留下解释的余地，当可能突然出现偶然事件时无法灵活地应用价值观。他们相信，只有严格地坚持绝对的规则，才能对行为提供可靠的指导，使他们免受时代的巨大诱惑”(McClellan，1992；Kaestle，1983)。有约束力的规则支配着生活的每一个方面：体面(适当的穿着方式和礼节)、个人习惯(节俭、清洁、守时)、工作习惯(节约、持之以恒、诚实、勤奋、坚忍不拔)、娱乐(健康、公平比赛)和公民的职责与权利。当时最强调的是最后一条，一直到它成为在现代人看来似乎是沙文主义的东西：一个好人就是一个好的美国人，意识到生活在这个非常幸福和非常美好的国家所享有的特权。

以上所说听起来非常古怪和过时，它当然不适用于当前的教育话语，在今天，人们对所继承下来的所有传统的东西——课程的内容、教学的形式、学校的管理——以及对道德判断和道德教育的适当性还存在着争议。

课堂教学中的道德是一个早就争论不休的主题，这不是由我们国家的多样性造成的，而是由这种多样性所显露出来的。不让儿童直面政治或历史判断的多样性是错误的，没有认识到和仔细地考虑这些争论也是错误的。这是一种欺骗。

我们必须把道德重新恢复为一个至关重要的谈话主题。它对我们的个人生活和集体生活的核心意义必须通过勤奋研究而得到承认。把它仅局限于课堂教学的管理技术、纪律规则或偶然的过失活动是很不够的。归根结底，我们的目的一定是，与家庭和其他公共机构一起，使儿童建立起良心——我们经常称之为道德同一性(moral identity)。

我们不妨尝试做个实验，询问一组儿童他们长大后愿意成为什么样的人。他们中有多少人会告诉你，想成为“一个好人”呢？不是在某一方面好，而是在本质上好、自身

---

[1] 3R 是指在学校中进行的读(Reading)、写(Writing)、算(Arithmetic)教学，因为这三个词中都有一个 R 字母而称为 3R 教学——译者注。

好。对儿童提出的道德要求——在童年早期，当好和坏充斥着他们父母的心灵，充斥着他们所阅读的故事和所做的游戏时，这些要求是如此的具体可见——如果不是被他们有赖于得到指导的成人培养的话，就会被湮没在我们社会的精神错乱之中。仅仅依靠那些隐藏的信息是不足以完成这项任务的。

在学校里讲述道德

一旦道德问题"出现"，教师会怎样对此进行说明呢？我们已经注意到，在下面这个问题上玛丽娅和哈代的教育学观点存在着显著差异，即如果教师坚持他们培养儿童遵守规则的习惯，儿童是否就可以或不可以学会做出道德的行为呢？在玛丽娅看来，跟学会怎样确认和决定一个道德问题相比，学会按照别人告诉你的话去做与成为一个好人的关系较为疏远。成为道德的**意味着**什么，这种探讨就是这个问题的一个很重要的方面。玛丽娅想要促使儿童形成的习惯，就是对选择做出有意识反思的习惯，包括对下述决定做出有意识反思的习惯，这些决定就是人们对那些以社会名义代言的人做出的选择表示的追随或质疑。当然，要做到这一点，就要求教师持有比哈代所提倡的观点更多的相互作用、更少的强制要求的态度。

托尼和他的帽子事件提供了关于教师差异的一个生动实例。在弗雷德（校长）和哈代看来，制定"光着头"的规则，从小的方面讲是为了确定统一的仪表，而更重要的是以此来象征对教育事业的尊重。如果某种宗教信仰处于危急之中，男人们都会像托尼那样戴着帽子，因为出于对上帝的尊重（顺从）而戴着帽子要比出于对学校的尊重（顺从）而不戴帽子更重要，而且在现代社会，人们普遍接受这种观念，即人们是以不同方式表现他们对上帝顺从的。

在玛丽娅看来，这里所包含的原则是广义的，即便某种行为表现所关注的只是生活方式或家庭规范，它也是以对差异的尊重为转移的。另外，和她的同事相比，她更不愿意过分严肃地把"戴帽子"行为的重要性作为尊重学校、尊重教师、尊重整个教育事业的表现来看待，可以教会儿童以更有意义的方式表达他们对学校的尊重。

哈代承认，戴着或摘下帽子并没有内在的道德效用，但**从派生的意义上讲**，这是一个道德问题，因为在我们的社会中，上课戴着帽子被视为是不严肃或不尊重的标志。学会采取道德行为的一个方面，就是学会接受社会规范的指导，而不是过分坚持自己所偏爱的与众不同的规范。托尼必须学会把自己的欲望和关于戴帽子或摘下帽子的意义的看法暂时搁置起来，遵从教师、同伴和"社会"的意见。他应该从认识上明白这是一种规范（"在班里要摘下帽子"或者"按照老师说的去做"），而且这也是一种不要求进行意识思考的习惯。

哈代相信，一个人做出的选择是以早年所建立的习惯为依据的。如果一个青少年以前已经形成了对强烈的冲动进行压抑的习惯，那么他就更容易在实践中贯彻公平原则。在进行了限制之后，他也就能对此更加重视，因为我们在支持我们所持有的行为方面是有偏见的。一个喜欢整洁的人相信，一个人的心理只不过是和他的桌子一样整洁有序的，而一个邋遢的人则反对这种类比，认为秩序是毫无价值的。正如英国教育哲学家 R. S. 彼得斯(Peters,1974)所注意到的：当人们对孩子施加压力，并要求孩子抵制“诸如嘲弄、非难、排斥等社会威胁和压力”时，“习惯可能……有助于形成一种反应模式，这种反应模式可以用在那些在后期阶段更恰当的动机上”。这样，哈代所受到的遵从训练迟早会派上用场；习惯会变成责任，而且它们也会促使人们自发地形成义务感。

许多教育家主张，习惯训练实际上是一种惟一的道德引导方法，尤其是在儿童的早年。因为幼小的儿童把正确和权威相认同，他们接受、甚至寻求哈代的那种规则，而无需做出(或理解)他们的理性辩解。乔尔·库珀曼(Joel Kupperman,1991)是一位富有思想的品格教育哲学家，他认为，教条式的教学是小学各年级道德教育的主要形式：

> 向孩子们呈现的核心规范应该是确保正确的；当然，这并不意味着教师必须是严厉的，也不意味着教师应该拒绝严肃地对待问题，或者教师不应该把所教的东西看作是经过思考的思想。(但是)如果认为非常幼小的儿童能够普遍地理解“认为杀人和偷窃是错误的”这种观点的合理性，并对此进行深思熟虑的掂量，那就非常荒唐可笑了……
>
> ……如果认为无需在早期阶段学会这些范畴分类，并且形成习惯和态度，就能够进行有效的道德反思，那是……很天真的……

找到平衡

到底哪一方是对的呢？双方似乎都有一些基本的真理，而且都忽略了别人的真理。虽然在库珀曼的分析中确实有值得注意的地方，但是，对于他主张的教条式的教学是早期道德训练的**惟一的**形式，我们却并不同意。正如没有规则、没有权威会使儿童迷失道德方向一样，规则太多、权威太多也会使自发的移情失去效用。玛丽娅赞成的是，要优先考虑对所施加的价值观进行自我选择，但是她夸大了儿童的推理能力及其应对客观现实的能力。

哈代倾向于过高地估计习惯训练，因为他相信，遵从规则，遵从任何规则，都是迈向自律的必要一步。但是，我们凭直觉知道，而且研究也支持这种直觉，和对抗或故意做出的遵从相比，过分的权威并不能更多地促进自我指导，因为对抗或遵从只是对实际存在的对道德约束力造成明确威胁的一种反应(Kohn, 1993, 1998)。哈代也低估了相互了解对道德行为的促进作用。他相信，通过要求儿童表现出好的行为，就可以

"制作出"有爱心的儿童；他对天生的移情可以转换为社会责任持过分怀疑的态度。

那些持有哈代观点的人应该承认，通过强制实施帽子规则来灌输儿童形成尊重的习惯是一种价值观，如果只是把它作为一种教师的权威来强制实施，那么，这种价值观就会受到损害。因为这样一来，托尼所学到的就是，他最好不要和他的老师对抗。而那些同情玛丽娅的人则必须承认，道德反思的能力是和儿童成熟有关的因素，最好让孩子们学会抑制冲动、延迟满足、遵守礼节、对他人表示尊重，把这些都包含在权威之中。只有通过这种训练，才能培养他们形成自律的习惯，这些习惯只有在以后才能用于道德的目的。常常需要道德来支撑的勇气和坚定并不是那些没有自控能力的人所做出的选择。

我们同意哈代的观点，即勇气和诚实是需要教授的美德，但是，要想使它们不仅仅成为口号，就必须使之概念化，使之与情境相符合。不管怎么说，就是抢劫银行也是需要勇气的，有时候导致一个人抑制住自己不进行诚实的评头品足，要比直言不讳在道德上更可取。我们也同意玛丽娅的观点，对做出选择进行深思熟虑要比盲目服从在道德上更可取，但是，这种特意的选择不应该使我们放弃长期存在的传统。我们承认，根据孩子的年龄和情境来培养某种程度的按规则办事的行为是有价值的。我们也认识到，在强制人们服从"就这样做，因为我说这样做是合乎道德的"时，危险的苗头同时存在。

在后面的章节里，我们要进一步详尽阐述这些争论，尽可能努力找到一条能够跨越这些不一致的道路，这样，学校就可以"采取某种立场"，而无需关注它们所采取的立场会冒犯大多数民众。同时，我们也必须认识到，意见分歧和不一致是道德的本质。我们并不持有相同的价值观；即使当共享某种价值体系时，我们也有不同的优先考虑；甚至当我们在这些优先考虑的事情上取得一致意见时，也会有不同的教学取向。正如将要看到的，价值观看起来是很简单的——尊重、公平、服从——当我们仔细审查时却发现并非如此。但是，这并不是一个让人痛惜的生活事实。当问题还没有解决的时候，当存在多种可以替代的选择时，当前后关系是做出决策的一个重大决定因素时，我们要比有预先确定好的答案时表现得更敏感、更留心。请考虑一下在这两种游戏之间的对比，在一种游戏中，策略是确定好的，运动的逻辑顺序是固定的（孩子们用脚玩的剪子-包袱-锤的游戏），在另一种游戏中，策略仍然是有争议的，仍处在发展之中（例如国际象棋）。摩擦常常使人们产生警觉。道德的不确定性使人们的自我意识参与进来，能够意识到其中的细节，使人们想要成为永久的初学者和不断追求上进的人。

目前，有两种想法必须牢记在心——尽管它们是有歧义的。第一种想法是，无论一个人可能怎样努力整合对立的两极，一致性都是不容易达到的，或许是不应该指望达到的，这一点似乎很明显。第二种想法是，我们不应该无视它们可能具有的共同背景。从最根本上说，生活的道德维度对这两个方面都是至关重要的，而它在当代社会存在得越来越少则是一种严重的干扰。对这两种观点来说，道德为人类的志向提供了一个框架，如果没有这个框架，生活就会分解为对快乐的追求，这样不仅不能满足社会生活的结构，而且会严重地损坏社会生活的结构。

该轮到你了：你的倾向是什么

（一）当一个儿童有一些与规范相背离但无害的个人习惯（服装的穿着、言谈话语和社会行为方式）时，你的反应是无视这种情境吗？或者相反，你倾向于通过催促他采纳比较符合习俗的生活方式，还是通过努力在其他孩子身上形成较多的宽容来“帮助”这个儿童呢？你认为你的这种倾向的依据是什么呢？

（二）请考虑一下玛丽娅遇到的分配座位的问题：你更赞成哪种观点？哪一种更重要？为什么？

1. 按照姓名的字母顺序给孩子们分配座位。
2. 根据你对课堂动态的认识来分配座位。（谁和谁坐在一起会表现最好）
3. 和孩子们共同决定谁坐在哪里，但要首先向他们解释选择的标准。
4. 允许他们进行自我选择，但是，如果他们的行为变得太混乱，就保留进行干预的权利。
5. 对自我选择丝毫不进行干预，把混乱的问题交给孩子们去考虑。
6. 其他观点。

（三）你的学校有许多关于礼貌行为的规则，包括服装穿着、语言、厕所使用的特权和接触行为，你注意到这些规则的范围和详尽说明。你会怎么做呢？

1. 严格地遵守这些规则，因为它们是规则，除非它们是显然有害的，否则就应该得到遵循。
2. 部分地遵守它们，对它们进行低调处理，喜欢在可能的情况下与学生们一起讨论。
3. 和别人交谈你对这些规则的反对意见，并努力获得支持以便对它们进行改变。
4. 告诉校长，就你个人的诚实而言，你不能强制实施某些规则。
5. 还有其他做法吗？
6. 根本不管你**会**做什么，你**应该**做什么。

（四）选择几个典型的课堂规则——把家庭作业放在哪里，什么时候不能讲话，不能使劲地推搡别人，不能和其他孩子打架等。当某个孩子违反了某条规则时，请考虑一下你所选择的反应方式。你所采取的道德约束力是否和规则不同，如果是这样的话，有怎样的不同？在快要做出你的决定时，问一下自己（和别人），你为什么对某种（而不是另一种）违反规则的行为那么宽容（或置之不理）。

第三章 一次班会

情景介绍

当康尼、哈代和玛丽娅拖着脚步走进那间狭小、拥挤、闷热，而且到一天的这个时候已经很杂乱的教师休息室时，艾吉开始笑着向他们问候："欢迎，朋友们。我想现在应该是我们卷起袖子准备行动的时候了。老弗雷德交给我们一项艰巨的任务，要求我们至少在本学年结束时完成一篇预备报告。为了赶快开始这项计划，他考虑邀请简·博纳姆对我们进行一次在职培训。对此我们需要表达某种意见，但是首先，为了对这个主题感到安心，我认为，如果我们形成一个非常具体的题目，可能会有所帮助。上一周玛丽娅和我进行了交谈，我相信她也和你，哈代，讨论了在她的班里发生的一些事件。虽然不了解详细情况，也没有必要让你现场演示，玛丽娅，我的印象是，你是通过举行一个班会来处理这件事情的。由于这是我们大多数人所使用的一种实践方法，我认为可以询问一下自己，一个具有道德倾向的班会看起来可能是什么样的。

"呃，可能你已经知道，我实际上不仅对此进行了思考，而且还做了一些事情；这驱使我写了一个模拟的由教师领导的讨论，并且在你们的信箱里留了一份复印件，以便你们有空时看一看。我努力使它成为这种讨论的一个普通的例子。我想把它大声地读出来，以便大家都能一起听到，然后共同分享某一天早晨在课间休息时，一位教师对发生在他身上的问题进行处理的方式做出的反应，大家同意吗？"

"我同意，"哈代回答说，"当人们开始使用班会来解决道德问题时，我并不真的相信，但是，好啊，你不仅对此进行了很多思考，你还真的写了篇文章。所以我很感兴趣。"

艾吉看了看康尼和玛丽娅，发现他们点头默认了。"我并不反对"，康尼补充说，"但是，别指望我眼下就做出反应。我当班主任已经很长时间了。"

"康尼，我并不认为眼下你的反应对我们没有什么价值。但是，好吧，如果你们愿意，我们就把情境告诉你们。"

操场上的问题——艾吉·赛林

唐·唐纳是一位五年级的教师，他希望利用空闲时间给学生的作文打分，但在10分钟的课间休息时，他被孩子们在操场上发生冲突时的吵闹声所打扰。他决定尽最大可能不予理会；学生们是由助理教师们来监督的，告诉过他们——噢，真不知有多少次了！——在做事的时候就好像他在现场一样。学生们知道相互之间应该文明礼让，应该远离容易引发冲突的场所，并且由自己解决冲突。吵闹声过去了。但是，当阿尔弗雷德冲进教室的时候，唐并没有感到惊讶。

他气喘吁吁地说："唐先生，我觉得你最好出来一下，皮特和马克又打架了，互相争吵和推搡。新来的助理教师正忙于处理另一个孩子的事，那个孩子摔得不轻，现在不能动了。"

"阿尔弗雷德，你还记得课间休息的规定吧，"唐回答说，"闲话少说，请你回去告诉他们，如果他们还不停止相互打架，助理教师就会取消课间休息，全班就要回到教室里，安静地坐着。"

"这个，嗯，好吧，可是，呃……"

"你想要说什么，阿尔弗雷德?"唐有点不耐烦地问道。

"只有你出去了他们才会停下来。皮特又出去找马克去了。很多孩子都认为皮特是个大坏蛋，他们很可能会和马克联合起来，我也会的。皮特就是杀了人也可以不受惩罚，这不公平。"

"或许皮特会使你感到惊奇的，阿尔弗雷德，或许你和你的朋友们可以阻止他们。再见。"

争吵仍在继续，助理教师确实取消了课间休息。唐·唐纳把学生们带回教室，让孩子们坐在书桌旁等待下一节课。有几个孩子公然愤恨地——因为这次惩罚——怒视着他们的老师，并且相互怒视着。

当上课铃响起来课间休息结束时，唐宣布了他对学生们的失望，并告诉他们，原定在周末举行的班会，现在马上举行。和往常一样，唐一开始首先让学生把问题说一下。

孩子们很快就指出皮特是个坏蛋，马克是个无助的受害者。唐要求皮特说说他是怎么想的。

"我真的不想说这件事，"他说道，"不管在我和马克之间发生了什么事，都和全班无关。我们是在说话。没有人受到伤害。我认为，问题是其他人把这件事变成了一个大问题。为什么大家都不让我们单独在一起?"

唐转向全班问道："为什么你们不让皮特和马克单独在一起?"

"因为他欺负马克，"阿尔弗雷德说，"而且，你曾告诉我们不应该打架；这是'冲突解决'的一个重要方面。"

大家齐声表示同意。

"我还曾告诉你们不要说闲话。"老师说道。

"对啊，"一个名叫鲁比的女孩子说，"因为你说了闲话，阿尔弗雷德，我们大家都得进来受惩罚。我认为**这**才是问题所在。为什么大家都要为这些家伙不能很好的相处付出代价呢？”

“等一下，”唐说道，“让我们看看把问题确定在哪里。你们大多数人认为问题出在皮特身上。皮特不同意，并且认为大家妨碍了一个与大家无关的争论。这和说闲话的问题有关，这件事才是使大家受到牵连的事。”

“不！”阿尔弗雷德断然否定说，“我只不过是想要阻止一场打架，就像大家对我的看法一样。我怎么成了那个坏家伙了呢？是助理教师取消课间休息的。我并没有制定这样的规则：只要两个孩子犯了错误，大家就都应该受到惩罚。”

“对极了，”唐说道，“这是我的规定。如果我们想要成为一个群体，就必须相互负责。在解决问题之前，我想要听听马克对这个问题是怎么看的。”

“不晓得。”

“皮特捉弄你了吗？”

“有点。”

“他和你打架了吗？”

“不是真打，只是做个样子。”

“他做了些什么？”唐继续问道。

“噢，他推我了，我也推了他。然后他骂了我一句。”

“他骂了你一句，这样做不对吧？”

“我想不对。”

“阿尔弗雷德的干预是个问题吗？”

“不是，他只是努力想成为一个好朋友。”

“那么问题是什么呢，马克？”

“我觉得，嗯，实际上问题是，既然他们把篮圈都取下来了，我们在课间休息时就无事可做了。”

唐忍不住笑了起来，因为去年他劝说学校购买了很多器械，却没有派上用场。什么变化也没有，很可能什么变化也不会发生。所以，他感到不得不说一下：“好吧，马克，器械问题只是一个生活事实，我们无法改变它。如果这是个问题的话，那是无法解决的，因此我们先把它放在一边。”

“那么好吧，多一些助理教师怎么样？”

唐再一次感到马克猜中了他的心思，但是他还是无法让学校预付款项来增加助理教师，所以他回答说：

“答案还是同样的，马克，不可能增加更多的助理教师。现在讨论一下我们所确定的**能够**解决的问题，怎么样？”

“既然皮特老是找马克的麻烦，那我们为什么不找皮特的麻烦，也把他痛打一顿呢？这会教训他有所收敛的。”一个名叫罗杰的男孩子说，他的话里显然包含着觉得自己很机灵的意思。

“罗杰，如果你们大伙开始痛打皮特，你认为他**会**学会不再捉弄人吗？”老师问道。

“可能吧，”罗杰说，“他会发现挨打的感觉并不好。”

“但是，对皮特来说还可能会发生什么呢？当马克感觉到挨打时他会怎么做呢？”

“马克也反过来打皮特。你的意思是不是说，这会使皮特生气？”

“是的，就是这样，”唐回答说，“所以这可能并不是最好的解决办法。你还能提出其他看法来吗，罗杰？”

“嗯，阿尔弗雷德不用说闲话，他可以请马克来和他一起玩，或者和我们大家一起玩。”

“这是个好主意，你也这样认为吗，阿尔弗雷德？”唐询问说。

“我问过他是否需要我帮忙，”阿尔弗雷德说，“可他说不用。”

“是吗，可是你认为**帮助**他解决冲突和**邀请**他加入到你和别人之中是一样的吗？”

“这有什么区别呢？”

“在我看来，”唐说，“当一个有自尊心的孩子在进行一对一的打斗时，他是不会接受向他提供帮助的要求的，因为这会使他看上去很软弱。但是，通过做一些别的事情而发出逃避的邀请，这样就不会伤害他的自尊心。你认为对吗，马克？”

“我想是这样的。”

“还有别的解决办法吗？”老师问道。

“也许我不应该进来告诉你皮特的事。也许我只不过应该再等一段时间，关心一下我自己的事情。”阿尔弗雷德说，显然他渴望恢复自己在老师眼中的形象。

“并不是说皮特和马克不关你们的事，”为了缓和一下，老师回答说，“他们是和你有关的。只不过你和所有的其他人必须考虑到什么时候以及怎样进行调解。这是真的打架呢还是快要打架了？如果这还不是打架，你有没有办法找到一种解决方式，而不是来找我呢？不可能总是有一个成人在你旁边帮你解决问题。但我知道你是努力想要保持和平的。”

“谁还有主意？”

鲁比再一次尝试性地问道：“我们能不能谈一谈为什么因为皮特和马克我们大家都不能有课间休息呢？”

“谁能给鲁比解释一下为什么我们要有全班为课间出现的问题负责这个规定呢？”

在一段比平常更长时间的沉默之后，乔西大胆地说道：“我想，这是因为，当我们在外面，你在这里，而且出现问题的时候，你无法确定谁应该受到责罚，所以我们大家就要受到责罚。”

“是的，但是，你还能想到其他原因吗，乔西？”

“嗯，因为，也许如果我们知道大家都要遇到麻烦的话，我们就会阻止这种麻烦，对吗？”

“好的，对极了，但是我要把这件事说得更积极一点：一个班级就是一个家庭。

当好事发生时，例如过生日，我们都共享快乐；当有机会进行野游时，我们就一起决定到一个我们作为一个群体都喜欢去的地方。而且，在旅途中，如果你们中的一个人落在别人后面，我们就等待着你赶上来，或者，如果那个分配他去把快餐带来的学生没有把快餐带来，那么我们就都没有快餐吃。我们一起做决定，共享后果，共担责任。”

“但是我们并不是作为一个群体一起做任何事情的，”鲁比抢过话头说，“如果有人不做家庭作业而且做了别的事，我们大家可没有必要都做别的事。”

“现在又有了一个我没有想到过的想法。”唐笑着回答说。

“但是为什么不像打架那样，或者像马克和皮特之间所发生的任何事情那样，也不做家庭作业呢？这和我们其他人有什么关系呢？”鲁比坚持说。

“唐先生是认为，如果我们分担后果的话，我们在课间休息时的行为就更像一个家庭。”阿尔弗雷德说。

“是的，当然，”皮特屏住呼吸低声对他的同桌说道，“不知道他说的是一种什么样的奇怪家庭。”

该是结束这场讨论的时候了。老师总结说：

“因为今天还有其他事情要说，我想请大家回顾一下我认为我们已经达成一致的方面：当两个孩子在课间休息期间开始互相打架时，你们大家都必须认真想一想一个负责任的公民的义务。首先，你们必须认识到，虽然课间休息确实是你们的集体责任，但这并不意味着你们必须立即对一场争吵进行干预。你们必须考虑到什么时候以及怎样进行调解。一种可能的做法是不理睬它，至少暂时不予理会。或者你们可以只提醒一下这些男孩子不要打架，他们的行为会带来麻烦。另一种可能的做法是制止打架，或者设法让打架者中的一个来和你一起玩，从而制止打架。不要忘记相互之间交谈一下这些策略。如果两种意见好于一种意见，请想一想，这样一个群体该有多好啊！”

“是啊，也是多么没有意义啊！”鲁比低声说道。

“现在，我们来讨论今天的另一件事情。”唐继续说道，“暑假很快就要来到了，（全班发出欢呼声）因为这所学校对阅读分数提出了一些要求，海尔特博士宣布，三至五年级必须有一个暑期读书计划。它允许教师们来决定这个计划的性质，我想和你们商量一下。但是，有两个条件是必须满足的。我们必须以某种方式‘负起责任’。这意思是说，学生们必须‘证明’他们完成了，并且吸收了所阅读的内容，而且每个人必须读完四本书。”

和前面的讨论相比，孩子们更积极地参与到这个讨论中。第一种选择是，由教师选择，要求全班阅读同样的四本书，在秋季开学的时候他们都进行同样的测验。大多数孩子都赞同这个意见。这时第二种选择提了出来。为什么不给责任测验更多的选择呢？学生们既可以选择进行测验，也可以提交有一定篇幅的概述文章。紧接着大家一齐发出反对之声。

“概述文章不像测验那么难。”

“嗯，好吧，那是大多数人会做出的选择。”

“但是，它们需要更多的时间和思考。”

“嗯，不过，可能有人愿意选择测验。”

那些喜欢选择的孩子们提出了第三种选择。他们声称，让全班去阅读同样的书是愚蠢的。为什么不让每个人提交他们感兴趣的书呢？唐先生可以编写一个包括很多书目的清单，每个学生可以选择四本使他或她感兴趣的书。

“这不公平，”少数孩子抗议说，“有些孩子会列举和选择一些他们已经读过的书，这样，他们就实际上没有做任何事，有些人则可能列举一些小人书。”

“那些做过这种蠢事的人只不过是在自欺欺人，”赞成进行选择的小组回答说，“不管怎么说，他们仍然必须证明他们知道这些书。按照这种选择，责任的意思就一定是个人所做的报告。”

教师决定让大家进行投票。任何一种选择都不占多数，赞成第二种选择的人较多，但赞成第三种选择的人只落后几张票。在对结果进行统计时，有几个孩子争辩说，他们喜欢在第二种选择（写关于指定书目的概述文章）和第三种选择（要求学生列举书目）之间做出选择。唐纳先生拒绝了这个要求，同意了多数人的看法。

教师们讨论艾吉的班会

在艾吉读完唐·唐纳的故事之后，她问道：“好了，谁想先发言？你们对唐纳指导的班会是怎么想的？”

哈代渴望捷足先登。

哈代

“可怜的唐纳先生！他落在陷阱里了。有人给他灌输了群体责任、群体参与和群体一致性的观念，但是你们可以分辨出来，他对此不过是半信半疑。他有一些天性，我认为是比较好的天性，这些天性在很大程度上是和与孩子们商量的观念针锋相对的。他希望用比较强硬的手段进行管理。他知道这就是这些孩子（只是五年级的孩子）所需要的，但是这种话已经过时了，即他的成功依赖于从学生那里‘购买进来’[1]，因此他勇敢地追随着学校的路线。在我看来很明显，他并不具有和学校一样的热情，即把班会作为社群建设的一种方式——在我看来，那种热情也被夸大了。”

“这并不是说，征求学生的意见总是被误导，而是说他有点贸然行事了。我不妨说

〔1〕 即接受和赞同学生的意见——译者注。

得更具体些。第一个大的错误是，因为一些与群体无关的错误而使**群体**遭受惩罚。把班级比作家庭，这种类比反而使你深陷其中。什么样的家庭才会因为一个人的错误而要求惩罚所有的人呢？我想皮特是知道这种情况的，鲁比也是。实际上，我怀疑这种家庭的类比究竟是否靠得住。瞧，他是怎样不得不一再地挖苦乔西的——'你还能想到其他原因吗，乔西？'——以便为群体的道德约束力做出一种解释。有时候，当你只是负责照管几个孩子的人时，是需要有群体道德约束力的。你不能把一个孩子送到房间里，而和其他孩子一起走开，这不过是独断专行而已。你所能做的就是对犯错误的人进行惩罚，其他就没有什么可说的了。在马克和皮特之间发生的事情显然并不是其他孩子所关心的，或至少不是需要他们太关心的。而且更重要的是，他们还没有成熟到足以对付这种冲突的程度。唐纳先生必须知道，'考虑到什么时候以及怎样进行调解'超出了他们现在的能力范围。群体的道德约束力确实有某种作用，但是，只有当群体**直接**受到影响时，例如那个忘记了为班级旅游带来快餐的孩子显然使大家都无法吃到快餐。唐纳先生必须对孩子们**之间**的过错和**针对**群体的过错做出区分。

"让全班承担这样沉重的责任也有相当不利的一面。我们看到可怜的阿尔弗雷德处在多么尴尬的境地：老师的教诲是保持和平，但是不要说闲话。他没有采用第一种方法（提供帮助），而是求助于第二种；他发现，除了让这场'打架'，就像他看到的那样，继续下去之外，没有别的可以替代的选择，他只是一个无助的旁观者——显然这不是一种'负责任的'行为。马克是完全正确的。对于改进课间休息而言，最需要的就是提供更好的器械，或者有更多的助理教师。你不能要求孩子们承担属于学校的责任。我们是多么经常不负责任地要求他们弥补我们的过失啊！

"另外，通过要求孩子们继续讨论他们无法解决的问题，教师就（我敢保证，是不经心地）不得不坚持对谈话进行压制或'重新导向'。我发现教师们经常这样做，这使人感到是非常强制性的，或至少会使孩子们产生混淆。例如，唐纳先生竭尽全力拒绝罗杰的建议，即群体通过责骂皮特来进行报复，噢，或许他并没有竭尽全力地予以拒绝，但是他进行了严厉的重新导向，几次询问罗杰这种做法的可能后果——'你还能提出其他看法来吗，罗杰？'——他并没有解释为什么报复是错误的；他只是含蓄地说，这不起作用。当然，这并不是对最司空见惯的和实践中最经常使用的公正做出的一种非常富有思想的反应：你戏弄我，我就戏弄你；你打我，我就打你。

"另一方面，他赞成这种建议，通过邀请马克和其他同学玩，而分散他的注意力，但是，他还是没有说为什么这样做更可取。对于一个处在这个年龄的孩子以及对许多成人来说，这显然不是一种更具有建设性的方式。他几乎没有注意那几个主要争执者的观点：皮特（是个最重要的人物，他是最讨厌这种班会的人）、阿尔弗雷德（处在现场的人）和马克（大家在谈论他时就好像他不在现场一样，但他自己也没有自由地交谈）。

"征求意见，但只是接受'正确的'意见，并不是一种好的讨论方法。如果你喜欢那种做法，并且精心阐述一下为什么这样做比其他可以替代的选择方法好，那么，你最好只是对政策，或者问题和解决的方法做一下说明即可。唐纳有时候是这样做的，例如，当他说明关于对一个共同体进行惩罚的愚蠢规定时。显然，对于在课间休息时怎样做才是文明的行为，孩子们以前就已经达成了一致意见。虽然我认为这很明显——对他们需要进行更多的监管，但他应当简单地回顾一下那些约定的义务（规定），或者找出这些错误是在哪里发生的。

"他犯的另一个错误是在一次会议上提出这么多的事情来进行讨论。他不该允许大家对为什么冲突是一个群体责任问题、器械的不合适、助理教师太少或说闲话进行讨论。就这么多他们还没有接受的事情进行交谈竟然也遭到禁止。这个事实会使孩子们受到挫折。当然，我赞同不应该邀请大家对那些我们已经确定**无法**讨论的事情进行讨论。但是，事实确实如此。唐纳先生应该从一开始就把会议的主题缩小——如果确实有必要召集开会的话。我最多会开放议事日程，请大家对良好的课间活动，以及保证大家完全和公平地参与到这些活动中去的方法提出建议。然后我会努力说服全班，而不是和他们一起讨论，为什么使这些活动适合于每一个人是重要的，为什么公平和公正地游戏，不让个人的不同意见阻碍班级精神是正确的，以及为什么学校不可能有更多的助理教师或器械。

"对于布置暑期读书作业这项工作，他做得要好得多，这是一个比较适当的主题。在开始之前他就对讨论的限定条件做了细心的解释，清楚地说明要求是读四本书和做一次测评。学生们有机会考虑这些重要问题：平等（每个人都阅读同样的书）是怎样和个人自由发生冲突的，这是一个我们在学校里每天都要面对的问题，以及我们怎样在面对不一致时做出决定。最后他采取了投票的做法，让大多数人的意见占了上风。这是建设班级民主很好的一课。"

玛丽娅

"哈代，说得太好了！我们在这么多方面看法一致：'邀请'大家进行座谈，但实际上又对主题进行限定，这**确实是**个错误。教师让孩子们对这个问题做出他们的描述，然后却把他们的许多评价不当回事（器械、助理教师、共同维护道德约束力、说闲话）；他要求**他们**提出解决的方法，然后却要么否定了它们（罗杰提出的要报复的解决方法），要么对它们进行评价（邀请马克一起玩是一个'好主意'）。当唐鼓励一个孩子思考某个建议（邀请一起玩，而不是提供帮助）的可能后果时，他做得比较好，但即便如此，我仍然觉得这个孩子是想要设想出'正确的'答案，而不是自己进行反思。

"在我们所知道的所有这些孩子中，我最怜悯的是阿尔弗雷德。他显然（而且很不幸）是一个想讨老师喜欢的孩子。他努力想通过报告课间所发生的争吵来做好事，却被唐斥责为爱说闲话的人。他进行了自我辩解——'我怎么就成了坏家伙？'——但我猜想他感觉很受贬低。但是，我认为，唐很不敏感地继续对他询问（实际上是告诉他），**邀请**马克加入到游戏中而不是对他**提供**帮助不是更好吗？又是一次贬低。然后，阿尔弗雷德再次可怜地试图使老师高兴：'或许我不应该进来告诉你关于皮特的事。也许我只不过应该再等一段时间，关心一下我自己的事情。'

"至于首先召开这个会议，我对此还没有把握。一方面，正如哈代所说，对这两个牵涉进来的孩子而言，这个问题似乎确实有一定的界限，而另一方面又确实没有。许多孩子对打架有看法，他们知道在这场冲突背后每个人的历史情况，很关心这些参与者，至少有几个人想要提供帮助，或许他们可能是有用的。再者，某一天这些事可能不是发生在皮特、马克和阿尔弗雷德身上，而是发生在其他三个孩子身上。类似的事件将反复出现，因此还是要对解决的方法做出选择。

"如果我们想要建立共同体——我不认为这个词使用过度或过分强调了——并且在解决争论的方式上取得一致意见，那么，就必须减少来自个人的障碍。同班同学就像**是**一个家庭，在这个意义上说，我们应该能够信任他们。但是我承认，在这种情况下它是不起作用的。

"我不知道，是否这种失败的一部分并不是唐的那种混乱的动机引起的。顺便说一句，哈代，我看不出我们为什么必须假设，他召开的这个班会与他更好的判断是相背离的。或许他的想法有某种形式的改变。我设想他已经习惯于宣布规定和惩罚不服从的行为了。现在他试图使孩子们领会到他们的关系，只不过他还没有完全让他们信马由缰，或者他还没有想出应该在多大程度上对他们放手，而且这就是个问题。他有一个不允许讲闲话的规定，还有一个在课间休息时出现问题就对全班进行惩罚的规定。然后，在实施了这些规定之后，他要求学生们说说他们的想法。可是，当这些粗暴无礼的孩子认为自己受到了并不公正的惩罚时，我看不出你还能做什么有建设性的事情。即使是作为一个倾听者，我觉得这个班会也是一种惩罚。我很奇怪为什么唐没有杜绝这种危险，而只是在课间休息发生了不愉快事件之后才举行班会。为什么要静悄悄地进行处理？如果对这个问题还不确定的话——我猜想有不确定的情况，因为他曾要求他们对此进行界定——他们为什么要受到惩罚呢？对于不允许讲闲话这个**规定**我也不明白。在我看来，有时候孩子们需要成人的帮助，有时候不需要，教师的职责就是帮助他们澄清这种区别。总之，这些孩子'接受'这些关于群体惩罚和讲闲话的规定了吗？从这个谈话来看似乎并非如此。

"虽然我们谈论的是动机这个主题，但是唐把注意力过分集中在所发生的事情上，集中在他所谓的'问题'（评价和阻止打架、恃强凌弱和讲闲话）上，以至于无法把握孩子们的（和他自己的一样）混乱的动机。他们中的许多人显然并不喜欢皮特，而是和马克相认同。阿尔弗雷德曾暗示说，他们实际上很想加入进去和他打架。这就是为什么他首先来找唐的原因。其他人，比如罗杰，则满足于对皮特进行报复。另一方面，他们却被告知，这样做全都错了——我不知道这是否就是他们所**相信**的或者认为他们**应该**

这样相信的——因此他们提出了结束打架的其他建议。但是，我并不相信，把马克引开这种看法是真诚的，但是唐很喜欢这种观点。毕竟这种事在课间休息时并没有发生，这是一个事后的想法。或许孩子们也不太喜欢马克，和恃强凌弱行为的受害者相认同是一码事——如果这是对皮特的一个公平诉讼的话——想要把受害者包容在你的游戏中则是另一码事。受害者通常并不是最受人喜爱的孩子，对吗？对于这里即将发生的事情，我们需要了解更多的情况，谁对谁的看法是怎样的，包括唐。”

玛丽娅侃侃而谈，并没有顾及哈代低沉的叹息。“还有另一件事，这要回到孩子们的沉默这种行为上来。他为什么那么袒护学校呢？他也认为在课间休息时应该有更多的器械和助理教师，但是，当孩子们提出这些抱怨时(他说这是‘猜中了他的心思’)，他们却被告知这些话题是禁止谈论的。我猜想他是不想把时间浪费在讨论这些他无法控制的问题上。我觉得我不能赞成他的观点。如果他承认这些外部的问题是导致课间休息时出现问题的原因，那为什么会这么让他害怕呢？我想再深入一步。为什么他不能说他同意孩子们的意见，他曾努力使学校做更多的事情，并且被告知没有经费，或者说不应该宠坏孩子，或者说他们应该学会在没有人监督的情况下进行玩耍呢？我猜想他并不想因为支持孩子们而和学校对抗，但是我并不想那样说。

“学校和班级一样，应当成为一个共同体。学校并不是一个抽象的实体，它就是**我们**。我想做的是，只要我有这个胆量，就要加入到这些孩子们当中，把他们所关心的这些问题向校长提出来。但是，首先我得帮助他们思考一下他们提出的是什么要求，或许还有，这样做会花费多少钱。如果钱很紧张，或许他们可以想出一些其他办法。动员他们从父母和社区那里得到一些经费怎么样呢？我们为什么不能诉诸于运动器械商店的市场本性，让他们为孩子们提供坚固的篮圈呢？或许一些志愿者可以在课间休息时提供帮助。孩子们甚至可以尝试招募一些在当地退了休的人。如果他们所有的努力都失败了，而且我知道这是很有可能的，那么孩子们(很有希望)至少能够了解到关于预算紧张(以及人员紧张)的一些事情，并且感受到他们是在努力参与改善他们的学校生活。

“在倾听这段情景介绍时，我觉得唐根本无法使自己放松，不能全身心地加入到孩子们之中，他似乎过早地失去了信心。是的，他希望了解他们对这些问题的看法和解决问题的方法，但却只是选择某些观点。他有点相信孩子们能够应付这种局面，但是似乎也并不信任他们，而且强烈地希望对他们进行管理和控制。他坚持要得到他想要的答案——‘你们还能想到别的解决办法吗？’——而不是允许孩子们真正地交换意见。由于他对这个班会的这种矛盾心理，孩子们很不愉快，我感觉到他们的期待也很低。马克不会暴露他的感受，阿尔弗雷德很可能决心从此以后就保持一种很差的形象。这次谈话，至少第一次谈话，并没有自如地进行：没有讨论的热情，也没有集体责任的概念。假定唐就是这样认为的，那么毫不奇怪，在打造一个共同体方面，他们一直不太成功。

“说了这些话之后，我自己的内疚感也在增多。我一直认为‘在这件事情上我们都采取同样观点’，‘我们都是一个快乐的家庭’，但是我对此付出的努力失败了，在这几个星期里我成了一个‘按照告诉你的去做’的教师了。我们一再地抨击唐，即便是对待一个假设的教师，这也不是一种恰当的方法。艾吉一定认为他的工作干得并不太差，因为她是把他作为一个原型来设计的。那么，说说你的看法吧，艾吉？”

艾吉

“我倒是宁愿去打网球！

“说到复杂性，你们大伙揭露了在那个杜撰的人物身上表现出来的那么多我根本没有想到过的细微差别。在这里我曾天真地认为，唐·唐纳在这种情况下所做的工作是合理的。确实，我假设，他‘承担’了召开班会的任务，对他来说这是一个新任务。如果其他教师承担一个类似的任务的话，那么对他们来说也同样如此。玛丽娅指出了这一点，他是从一种教学风格转向另一种教学风格，所以，是的，他使用的是他所固有的某种旧方式。但是，哈代说的也对，和我们的许多教员一样，他不愿意有这种新的首创精神。还有，我并不认为，就像你们两个所说的那样，新的和旧的教学风格是相互矛盾的。哈代认为唐纳的做法太趋前了，而玛丽娅则认为他的做法太落后了，就这样前后摇摆真让我觉得很头痛啊！

“至少在我看来，从你们的反应中所表现出来的是，如果我们想要使孩子们参与讨论道德问题，并且给他们做出某种决定的权力——为什么还要进行讨论呢——我们需要非常仔细地考虑我们给这些谈话所造成的紧张感。你们两个人都不喜欢唐纳的做法，他邀请大家做出评论，然后要么予以拒绝，要么对它们进行重新指导，以适合他以前所赞成的观点——或许这就是他感到最舒适的方式。这样做有点容易使人产生误解：它是协商的一种假象。

“我发现，对于可以考虑的问题的界限应该是什么，你们的意见并不一致。例如，哈代认为，唐应该对报复行为的错误何在有更鲜明的态度，而玛丽娅则认为，他没能鼓励孩子们更深刻地探讨，是否报复行为在某些情况下实际上是可以的。哈代似乎相信，一个人越能对问题进行控制就越好，让这两个孩子把问题解决了，或者和他们一起单独把问题解决了。玛丽娅则想把问题扩大，‘谁对谁的看法怎样’。就教师们理性地评论他们的观点而言，我没有发现他们之间的这些差异有什么问题。可能有些教师会向全班提出一些狭窄的主题，而有些教师则会提出一些较宽泛的问题。很可能我们也必须考虑一下，讨论的意思究竟是什么。哈代经常说，他想要就某个特殊的政策‘说服’孩子们。可是，说服并不意味着只是进行讲授，说服也要允许他们进行某种形式的交谈。但是我猜想，一个具有说服倾向的讨论是和一个没有限制的讨论大不相同的。玛丽娅想要孩子们把各种观点都'购买进来'。在我看来，仅通过一次交谈是做不到的。那么，什么样的讨论形式才能逐渐趋向于把各种观点都接受下来呢？

"另一种想法是，这可能说的是同一回事：小组讨论和责任有什么关系呢？孩子们实际上应该对什么事情做出决定，用他们自己的观点进行实验，以及对后果进行思考呢？如果让孩子们对校历和下课放学的时间做出决定，你是不会得到多少支持的，但是对布置家庭作业的事情做出决定怎么样呢？或许可以。显然我们必须把对班会的这种探讨再深入一步。

"不过，我真有点晕头了。你们知道，弗雷德让我请简·博纳姆博士对教师进行一次在职培训。他授权让我在小组活动时和她进行协商。我们现在先停下来，我和她谈一谈这件事，然后我们再聚集在一起怎么样？或许让她预先了解一下关于班会的情况，就能帮助她对那个面向全体教师的大型会议做出计划，也帮助我们四个人推进讨论。同时，我希望你们每个人都告诉我，你们对下一步的想法。"

艾吉与简·博纳姆会谈

艾吉随后对简·博纳姆博士进行了拜访。对于什么时候以及怎样邀请孩子们参与，大家有不同的观点，因此在设想班会的形式方面遇到了麻烦，对此她都做了总结。当简要求她说得更具体些时，艾吉仔细陈述了关于唐纳的全部情景故事，以及哈代和玛丽娅的反应。在这样做的时候，她对简渴望知道详细情况以及她所具有的明显的魅力留下了深刻印象，并且有点惊讶。这种惊讶很短暂。

"这是很值得注意的，"简开始说道，"你们已经确切地经历了我认为教师们都会体验到的这种不确定性。我不止一次地对秋季的在职培训留下了一种痛苦的感受，因为我给学校提供的教学计划虽然很适时，但却没有完全把握在讲授道德中的这些模棱两可的问题。在对这些不适当性感到困惑的时候，我想到需要有一份文件来指导我们度过这些难关。我的意思不是说，要对讨论的主体和结果进行详细的指导——我们对此会采取非常灵活的态度——而是要提醒教师们，对他们举办会议时所必须做出的决定要保持警觉。

"我们大多数人可能都和哈代一样，要求孩子们遵守学校的合理规定。但是，和玛丽娅一样，我们也要求孩子们成为规则的制订者，并对规则的形成做出贡献。隐含在这个情景故事中的是另外一些做法。首先，公平并非总是显而易见的。一旦我们对某个具体情境有更多的了解（例如，这两个孩子之间以前的事情，观察者不知道这些事实就匆忙地做出这是'恃强凌弱'的反应），那么，一些看起来公平的事情——不许恃强凌弱——就可能会发生改变。其次，我们对什么是公平也并不意见一致。学校关于服装、问候、座位安排和讲话方式的规定涉及许多价值观，这些价值观使教师们之间以及学校和家庭之间产生了很多不一致。这种不一致会扩展到一些更重大的事情上。例如，对于人们总是把'报复行为'说成是错误的，玛丽娅似乎比别人更不信服。从这个不应该受到谴责的道德态度出发，她更愿意让教师小心翼翼地，不要立即引导班会讨论这个问题，即阻止和重新说明某种行为的最好方式。她想要鼓励大家公开地探讨前面的那个问题，就是说，这种行为是否被允许。正是玛丽娅对这些问题的关注，才构成了她更赞成教师在管理班会方面扮演一种更具有促进作用的、较少指导性的角色。

"当然，大多数教育者'什么都想要'：孩子们要服从，要有良好的习惯，要对群体所关心的事情很敏感，同时能做出理性的决定，要能够抵制同伴的压力，要把个人的利益放在一边以及要对权力讲真话。简言之，他们要求孩子们服从、关怀和有自主性。任何一种观点都可能认为它所赞成的东西就是好的，而认为它所藐视的东西就是有缺陷的。为了鼓励形成一种道德的观点，教师们需要有一些复杂的策略。他们必须能够实施权威，也能够放权。要做到这一点，他们就必须意识到自己的个人偏见——他们对某种更具有指导性的和某种更具有促进性的方法所采取的独特倾向——既要**稍许**坚持这种观点，又要不时地依赖它。

"为了对这些复杂的情况进行调整，艾吉，我一直在制作一个模型，这个模型可以对我称之为'教师权威的层次'进行描述和说明。设计这个模型是为了鼓励教师（读者）把他和她自己的基本观点定位在权威问题上，并且要理解，在对那些尽管熟悉但有所不同的情境做出反应时，这种观点可以发生什么样的改变。正如我们已经看到的，有些教师和哈代一样，对是非问题有明确的看法。他们普遍要求孩子们服从命令，'告诉他们，不要询问'就是这种哲学。当孩子们犯了错误时，他们认为要实施制裁，可以有解释，也可以没有解释。另一些人，例如玛丽娅，对于是非问题比较怀疑，不大倾向于使用制裁，对各种后果都采取较开放的态度。还有一些问题，对此哈代比较灵活，而玛丽娅则比较严格。至于唐·唐纳，现在对他很难定位。我感觉有点混乱。（艾吉打了个哆嗦。她想，这不是和我一样吗）他进行了一个广泛的讨论，但是，当孩子们提出他认为是不可讨论的问题时，他又把它关闭了。他征求他们的观点，但对于那些他认为不可接受的观点却并不发表意见。

"我的意图是，我希望这不是一个乌托邦式的意图，建构一个能够调节教师们所持的各种观点的模型。同时，应该帮助他们更多地意识到他们的选择和偏爱。但是我还没有把它展示给任何人看，所以我可能说得不够恰当。或许你愿意和你的小组一起对它从多个角度进行考虑，并且给我一些反馈。它的功能之一毕竟是为了促进对话和反思，而且你们似乎都准备好要这样做了。"

"显然我是在正确的时间来到了正确的地方。"艾吉真正宽慰地承认，"我干嘛不把它带走呢，我们四个人要仔细地看一下。然后，如果你愿意的话，可以和我们会面，直接得到每个人的反应，而我们也可以通过和你讨论而获益。”

“这对我来说也是一次很好的机会，”简·博纳姆回答说。

教师权威的六个层次——简·博纳姆博士[1]

首先，这六个层次中的每一个都可以为一定程度的教师权威提供某种合理的证明，然后对它的应用进行说明。为了澄清起见，在每一个层次也使用了同样的具体内容。有些教育者可能发现，很少有问题适合于第六层次的讨论，另一些人则多半想要在第六层次进行讨论。但是，和考虑把一个问题放在哪里合适的意愿，以及和每一个层次所做的潜在贡献相比，选择哪一个层次进行班会讨论就不太重要了。

证明前三个层次的合理性是，它们有助于形成习惯、对传统美德进行文化移入以及义务的观念。证明后三个层次的合理性是，它们有助于使人们意识到道德的复杂性和模棱两可，意识到宽容和对各种价值观进行多元化的理解、保持道德的警觉和关心生活的道德含义，以及道德同一性的国际化。

（一）**通过权威来强制实施规定。**在我们的社会中，有某些普遍接受的义务和习俗，所有的孩子都必须服从，不管他们有什么个人观点，也不管他们的观点多么相反。在社会上教师有权施行这些传统的价值观，这种观点证明教师的这种做法是合理的。

一些例子：

> 把另一个孩子排除在游戏之外是错误的；谁也不可以这样做。
>
> 垃圾必须扔进适当的垃圾箱。
>
> 孩子们一定不要戏弄其他学生。
>
> 每个人都必须总是对代课教师有礼貌。

（二）**试图通过道德说服来实施规定。**我们所有人都应该遵守一套明确的美德：尊重、责任、分享、关爱、值得信任、公平。但是这些美德是难以理解的，孩子们必须理解使他们强制遵从的这些潜在原则。

一些例子：

> 把另一个孩子排除在外是错误的，因为它引起的痛苦可能会带来长期的后果。
>
> 垃圾应该扔进适当的垃圾箱，这是出于对社区利益的考虑，这样就可以对垃圾进行再利用，房屋也可以保持清洁。

---

〔1〕 最初刊登在《教育周刊》上，2003 年 3 月 20 日，经过琼·F. 古德曼允许而重印。

孩子们不可以戏弄其他学生，因为即便不是故意的，这样做也会造成伤害和不可容忍。

代课教师应该和所有其他教师一样受到同样的尊重，因为他们是在一种困难的情境下尽全力做好他们的工作，而且可以预料他们常常并不完全知道正式教师的计划。

（三）**通过鼓励孩子们进行道德参与和达成一致来实施规定。**当我们给孩子们提供机会使他们能对一个问题进行透彻的考虑时，孩子们常常会做出正确的决定。教师要确信，通过反思和移情就会得出很好的答案。但是，问题并不是毫无限制的。

一些例子：

你为什么认为以下的做法是错误的：
把另一个孩子排除在外
没有把垃圾扔进适当的垃圾箱
戏弄其他孩子
不礼貌地对待代课教师

（四）**在倾听不同意见和找到共同依据的基础上对成人的规定进行细微改变。**在有些情况下，一条规定并不完全适合于某一事件，并且允许有例外。儿童对背景变化（包括以前的经历、动机和结果）的看法在这些情况下都是恰当的。

一些例子：

有没有（这是不是）如下做法并不错的时候：
把另一个孩子排斥在外
没有把垃圾扔在适当的垃圾箱里
戏弄其他孩子
不礼貌地对待代课教师

（五）**合作制定规则。**如果我们想要孩子们心甘情愿地履行所制定的规则，他们就必须有机会通过真正的讨论对这些规则发表他们的看法，在这些讨论中相反的意见都得到了尊重的考虑。如果我们想要孩子们成为参与的公民，那么他们就需要在行动中对民主进行体验。但是，有较宽广视野和较高责任心的教师可以发挥的作用不仅仅是进行一次投票。

一些例子：

我们应该怎样构想出，如果需要的话，对下列问题需要制定什么样的规则：

把孩子们从活动中排除出去

把垃圾扔进适当的垃圾箱

相互戏弄

对代课教师采取某种行为

（六）**由儿童引发主题、制定规则和解决问题。**基本原理和第五层次相同，但要加上这种认识：应该允许孩子们做出“错误的”决定并从中吸取教训，而且正确的决定并不总是显而易见的。当经验导致新的观点时，必须公开地对这些决定进行正式的重新考虑。

一些例子：

有没有你最近面临的希望讨论的道德问题：

××刚才向她的老师抱怨说她受到排挤。这是个问题吗？如果是的话，怎样解决呢？

××建议我们制定一条规则，大家都要把在地上看到的垃圾扔进适当的地方，我们可以这样做吗？

××认为，当你取笑他的时候并不好玩。我们应该怎么做呢？

我们要来一位代课教师了。还有什么我们应该讨论的问题吗？

教师们与博纳姆博士会谈

这个小组的成员很感兴趣地阅读了博纳姆的《教师权威的六个层次》，希望这可以成为他们的研究计划的关键。他们重新聚集在一起和她进行交谈，哈代和玛丽娅热情地向他们以前的老师问好。大家都同意艾吉以她自己的回应作为这次讨论的开场。

艾吉

“我仔细地品味这篇文章有好几天了，我认为对我们来说它有一些真正潜在的含义。就我对博纳姆博士的这个模型的理解，前三个层次全都**假设**是错误的。第一个层次依赖于权威：打另一个孩子是错误的，因为我是这样说的，或者学校是这样说的，或者我们的社会禁止这样做。这是个如此不证自明的真理，不需要对此进行解释；的确，解释就会减轻必须履行的责任。第二个层次**讲述了**为什么某件事情是错误的：之所以使用强力为自己开道是错误的，是因为这冒犯了另一个人的神圣不可侵犯性；它是一种不可接受的强迫方式。第三个层次仍然假设有一个正确的答案，但要询问为什么某件事情是错误的。它所期待的是，儿童将要把正确的反应加以同化，并且要做出恰当的反应，而不是期待将参与一个有多种选择的讨论。

“后面三个层次想要把焦点集中在**是否**错误上。第四个层次只把门打开了一道缝。它承认这种可能性，有时候采取暴力行为可能是适宜的，欢迎孩子们在这个缝隙中加上一点他们的观点。第五个层次扩展了这个缝隙。我们是否应该有一些规则来描述这些情境，在这些情境下可以允许有某些攻击行为呢？处在这个层次的教师必须真正相信，轻微的攻击行为——推搡、愤怒的话语、威胁的拳头——有时候是可以容忍的，以及至少允许有那种可能性。就其较限制性的目的而言，或许他想要考虑的是要有一个针对攻击行为的更宽泛的规定，这个规定不允许打人，也包括侮辱行为。教师可以欢迎大家进行一次讨论，把言语攻击和身体攻击进行比较。最后，在第六层次，这个门敞开着。教师对攻击行为采取一种完全不可知论的观点，准许孩子们提出他们自己的策略。（或者不提任何策略）处在第六层次，当有人有暴力行为时，要相信孩子们会自然而然地发现，或者最终会发现，暴力行为在很大程度上是不可接受的。

“有时候很难设想到一个教师可以‘放手’让孩子们去做的主题（第五和第六层次），不过，我挑选了我能够从自己最近的教学中回想起来的几个例子。我的班上有几个男生，每当他们有机会进行创造性的写作时，他们就选择一些血淋淋的主题，例如杀人，把尸体剁碎，然后喂给动物吃。这个主题我们可以在第五和第六层次进行谈论，因为我看不出有明确的对错答案：全班同学发现这些故事是可以接受的吗？为什么可以接受？为什么不可以接受？

“我的班上有一个女生，她经常梳着新式的（非常精心制作的）发型来上课。她的同学对此以皱眉和大笑来回应。在一次班级讨论中我们探讨了对别人的美学态度的尊重，询问孩子们为什么要表达他们的判断，这样做的代价是什么，并且考虑什么时候对诚实的反应加以限制是可行的，什么时候是不可行的。

“由于很多孩子总是‘丢’铅笔，我不得不坚持给他们提供（并且花我自己的钱给他们补足）。孩子们认为这是公平的吗？

“很明显，你有你自己所要提供的主题，学生们也可以有他们的主题。我猜想实际上我们会发现相当多高水平的主题，而且思想和信任的质量在这个过程中迅速得到提升。这种提升就会使我们现在确定为第一层次和第二层次的主题得到‘提升’。我还觉得，这样的谈话将会使学生们自行承担和相互承担更多的责任。

“对这个冗长的回应做个结论（我对这个模型很感兴趣），在我看来，简的提议就是把我们将要表述的某种道德价值观的重要性、明显性和核心性与你是怎样进行教学的结合起来；错误越严重，教学就越带有强制性。当它发展到造成严重伤害时，就要完全被禁止了。但是，当这种价值观有争议的时候，她可以邀请孩子们参与进来，甚至把权力放给他们；他们成为自己道德的主人。我喜欢这样的分类。

你们有什么样的回应呢？”

康尼

一段时间的沉默之后，康尼开始发言：“我不是班主任老师，所以或许没有发言权，但是我想说说自己的看法。我很赞赏这种改革的观点，我们需要有多种方法来对付各种复杂的问题，博纳姆博士想要解决这个问题，这给我留下了深刻印象。但是请告诉我谁来决定（以及怎样决定）什么是可以争论的和不可以争论的问题呢？如果我们不能明确地对所有的攻击行为说不，我们还能对什么说不呢？在我看来，我们是在谈论本来已经很明确的东西，并且把它弄得模糊了。在这个过程中我们是在打开一个潘多拉的魔盒。我刚才想到一个父亲打来的电话：‘康福特女士，我听说今天孩子们讨论了什么时候打人是可以允许的这个问题。我是不是可能听错了？我想要确定这种事情并没有发生。’那么，下面我要怎么说呢？

“我关心的还有，这些讨论将迅速地摧毁我们试图在家庭和学校之间建立的那道防火墙。我想要做的一直是掩藏家庭和学校之间的价值观冲突，保护家庭的私有性，对于私人的东西有一种开明的看法。例如，我通常会说：‘你和你的家庭在学校之外所做的事情不关我的事；在学校里不能有打架、推搡或者充满敌意的语言。’但是，我不得不承认，我开始对我的防火墙有点怀疑了。这就好像是对一个因为抽烟而被抓住的孩子说：‘如果你想在学校外面吸烟，那是可以的；但在学校里不允许吸烟。’我知道我不会那样说。当吸烟是违法的和有害健康的时候，什么样的成人才会告诉孩子说在别处吸烟是可以的呢？推搡又有什么不同呢？”

哈代微笑着，显然表示同意，而玛丽娅则显得很茫然而且心事重重。“你是怎么认为的？”艾吉问她。

玛丽娅

“《教师权威的六个层次》也很吸引我，但是，我对你所描述的这个看似有序的发展过程感到很迷惑。博纳姆博士，我不知道企图把教学方法和内容相匹配是否是现实的。我可以想象一个显然做了错事的孩子——从水箱里抓起一条鱼，把它扔在书桌上，并且使所有的孩子极其厌恶。这可能是处在第六层次，尽管这是一个严重的错误，因为同伴群体会实施制裁。孩子们常常知道大是大非，教师们可以保持沉默。另外，还有一些从道德上讲相当平凡的小事，例如，只有得到允许才能讲话，这可能是处在第一或第二层次，因为教师对此根本不能容忍。

“但是，即便我们赞成这个程式，犯的错误越严重，干预就越带有指导性，那么一个人怎样来判断所犯的错误呢？和康尼不一样，我属于对此感到很模糊的人。在我看来，要判断皮特和马克之间的纠葛是很困难的。他们跨过那道界限做出不可接受的攻击行为了吗？这两个男孩子谁都没有要求帮助，而且似乎都不认为他们之间发生的事情值得引起群体的注意，根本不在意受到惩罚，难道这不值得注意吗？确实，班里的其他孩子都指责皮特，但是，我们能因此确定他们就不是一个试图取悦于老师的合唱队吗？皮特显然受到过严厉批评，所以大家都假定他一定就是一个恃强凌弱的人。但是，即便承认他有恃强凌弱的行为，对此我看不出有足够的证据，他就应该受到惩罚吗？这会使他发生改变吗，或者可能会通过使他感到受到羞辱和生气而使事情更加糟糕吗？请想一想吧，使皮特发生改变就一定是唐（或者我们）想要做的事吗？或许唐只是明确地想表示公正：如果你不好，你就应该受到惩罚。我可以想象到哈代采取的是这种观点。对吗，哈代？"

哈代

"你倒是蛮肯定的，"哈代急切地接过话头说道，"'表示公正'听起来倒是不错。不过，和你一样，玛丽娅，我并不非常严肃地看待孩子们对错误的看法。如果要我担任法官和陪审员，我最好是能得到明确的证据。正如你们这些有洞察力的同事们所推测的，我倾向于前三个层次。和玛丽娅不同，我的看法并不'模糊'。严重的攻击行为显然是错误的；在课间休息时一次轻微的推搡、一句骂人的话，是可以予以宽容的。后者属于'孩子终究是孩子'这个范畴。但是，我发现康尼从来没有抱怨过这种模糊的看法，她认为所有的攻击行为显然都是错误的，所以我不得不勉强同意，即便是两个像我们这样目光锐利的人，也不可能会对行为做出同样的道德反应。

"真实的情况是，我对班会并不热心。有时候我可能会利用它，但只是把它作为一种手段来解释为什么要采取某种行动，而不是要征求意见。在一个孩子证明他抵制住了诱惑，或者坚持完成了困难的任务，而不像以前那样**之后**，这个学生的行为反应就是受欢迎的。否则，谈论就会退化成为对拒绝履行基本的道德义务、为自己的利益服务的理论说明。"

玛丽娅正打算还击，但是艾吉看了一下手表，打断了她。"简，我认为，在剩下的时间里，要是你能够谈谈对我们的不同观点有什么想法就好了。"

简·博纳姆

"我想我能谈一谈，"简开始说道，"其中包含着一些相当基本的要素。这次非常丰富的谈话表明，接受为了道德问题而召开班会这个原则要比赞成开什么样的班会以及什么时候开班会更容易。在这里，和在道德教育的其他方面一样，有些细节问题是纠缠不清的。

“因为，正如哈代告诉我们的那样，他对自己的判断很明确，也很清楚这些判断基本上是正确的，他强烈地倾向于权威的前三个层次。他还相信，把许多责任强加给一个孩子或者强加给全班，让他们负责建立和实施行为标准，这远远超出了他们十年的中小学生活所能管理的范围。他相信这样一项事业是要失败的。只要孩子们能够负责任地完成分配给他们的任务，并且根据已经确定的、由来已久的行为规范去做，就已经足够了。

“至于玛丽娅，她欢迎举行没有限制的班会，在内容和观点上都是开放的。凡是关系到孩子们的事情，无论其性质和原因是什么，都应该和全班有关。如果皮特和马克之间的问题起源于校外，或者如果和父母们的不同意见有关，这倒是一个受欢迎的主题，因为它影响到了学校的生活。在她看来，康尼要在学校周围建立防火墙是不现实的和不自然的。一个人不能既塑造一个孩子在学校的行为，同时又不关心他的家庭行为。不应该鼓励孩子们把学校的自我和常规的自我分离开来。

“玛丽娅对这些问题的了解也比对问题的解决更多，因此她发现权威的后三个层次更合她的口味。不给孩子们一定程度的做决定的公平责任（并且为其决定的后果负责），就是把他们当作成人权力的工具来对待。她发现这是极不公平的，也是没有效果的。他们不会相信这些规定，因为在建立规则时他们并没有发挥作用，她所关心的是他们对这些规则的**确信**。

“艾吉依赖于大量教学经验的支持，想要对这两种观点进行调解。从以前的联系中我知道，她感兴趣的是用实验来解决同伴之间的争论，给学生委员会更多的制定行为规范和纪律的权力，让孩子们参与到学校的日常管理活动中。她相信，这些活动能促进他们相互之间的忠诚，促进他们对学术事业目标的忠诚。但是，她也关心可能出现的自食其果。给孩子们提供太多的言行自由的机会，将会导致一连串的抱怨。给他们多少权力，在多大年龄赋权，以及在什么条件下赋权呢？对此她还无法确定。

“康尼倒是宁愿让道德教育保持低调，成为‘隐性课程’的一部分。她担心的是，学校与家庭之间的相互渗透，将导致资源和权力有限的学校所无法应对的重大问题。例如，皮特和马克的父母无法在学校的帮助下调解他们的分歧。处在课堂教学情境中的教师是受到很多方面限制的，只有社会所赋予的有限的管理权限，包括不要干涉抚养孩子的实践活动。但是，康尼担心，如果没有更多‘父母的参与’——这是我们这个时代人们普遍赞同而又经常提到的一种说法——学校在学术和道德领域中的有效性就会极大地减弱。”

艾吉看了看手表，给这段时间的会谈做了个结语：“非常感谢你，简，这有助于我们看到每个人的预想。显然，我们必须根据我们之间的分歧，对出于本能而优先思考的事情进行认真的考虑。看起来我们必须要再深入地挖掘下去。”

“艾吉，”博纳姆回答说，“你和你的这些同事们已经做了一些非常重要的挖掘工作。有你们四个人如此明显地投入时间和精力，我坚信某个相当重大的发现就要探索出来了。”

更深入的思考

在改编班会的情景故事过程中，艾吉想要描绘一个普通的谈话，这个谈话涉及一个并不严重的冲突。但是，在讲述过程中，无论是她所讲述的主角唐·唐纳，还是那些“听众”，都发现事情并不简单。教师们的关注是多方面的：课堂讨论的适当主题是什么？它们应该在什么条件下举行？孩子们是怎样解释它们的？实际上他们是对孩子们应该在多大程度上决定其小型社会的道德态度(mores)[1]意见不一致，从根本上说，就是对怎样分配权力的问题意见不一致。吵架的孩子应该由成人、孩子或者由双方共同管理吗？如果由双方共同管理，权力怎么分配呢？博纳姆的六层次图式建议，道德问题越严重，教师就应该保持越多的权力。该图式也承认教师们对怎样确定问题的“严重性”不会意见一致。这是否意味着赋权和收权都是任意的，都取决于教师的主观意见吗？取决于她的人格吗？取决于她所受的教养吗？

并不尽然。孩子们应该在他们自己的学校教育中有一定程度的发言权，这个程度是以一个人在这三个领域的看法为条件的：教育学领域、道德领域和发展领域。对每个领域稍加探究都有希望加深读者对怎样举行班会和举行班会的智慧的判断能力。

课堂讨论与教育学

在诸如让·皮亚杰、约翰·杜威和劳伦斯·科尔伯格这样的著名人物的影响下，许多教育工作者已经习惯于认为，儿童是通过积极地参与解决日常生活中的问题和冲突而获得认知和社会知识的。因为，根据这种观点，知识是“建构的”，而不是获得的，人们经常把这种信念称为“建构主义”。例如，根据皮亚杰的观点，只有当一个儿童针对某个物体做出行为时，他才算知道了这个物体的属性和功能；仅仅是观看并不能使这种知识成为他自己的(Piaget，1952)。这种观点认为，只靠教师(和父母)施加的知识是会被冲走的，因为它不能使一个儿童的思维模式发生积极的改变。因此，用成人选定的价值观而进行的命令式教学，无论是道德教学还是算术教学，都不是一种有效的教育学工具；没有儿童的积极合作，就没有学习。

因此，教师的角色并不是进行讲授、实施规则和强制服从，而是促进建构、指导儿童发展起自主地确定意义的能力。有效的教育者通过使学生们就他们的道德生活产

---

[1] “道德的”(moral)这个词就是由此派生的。

生意见冲突、进行实验、做出妥协，并最终达成合作决定，来促进探究（而不是告诉他们正确的答案）、鼓励他们进行反思和理性的论述。

正是在小组情境中，孩子们才能和别人的想法产生摩擦，激励他们针对这些想法来检查他们的行动。正是通过民主的课堂讨论，才会产生一种扩展的观点，这是提高道德推理能力的关键。该理论认为，通过这样的讨论，孩子们才将超越他们具体的冲突。他们将进行系统的阐述，并且有意地把自己和那些服务于更大的善的东西结合起来。这些讨论也会鼓励他们对（假设的或真实的）两难问题做出更复杂的分析，在这些两难问题中价值观是相对抗的，例如，撒谎是为了帮助一个朋友，伤害一个人而拯救许多人，偷窃那些将会用于不好的目的的物品。

一种相反的信念体系认为，文化不是为了唤起儿童的观点和参与，而是要为选择儿童必须掌握的知识和把知识传授给他们负责。确实，这些主张认为，儿童并没有独立于他们的文化之外的"观点"，他们并没有获得道德理解的任何先天倾向，在解决问题时也不会获得内在的满足。这种和行为主义的教育学有联系的倾向——一种从约翰·洛克（John Locke）延伸到 B. F. 斯金纳（Skinner）的理论——认为，所有的学习都来自对所发生的行为进行的积极和消极的强化，强化是学习最有力的诱因。道德本身包含着对利己愿望的严厉禁止和限制，是很难进行讲授的，不应该对它进行毫无限制的讨论。根据这种比较有强制性的观点，正是由于道德获得是很困难的，使用强烈的刺激才有特殊的合理性。

教育理论家爱德华·温（Edward Wynne）和凯文·瑞安（1997）的论点认为，由于成功的道德教育要求进行严格的行为刺激，所以学校就应该富有思想地和慷慨地通过下述手段对儿童的亲社会行为进行奖励：

1. **引人注目的表扬：**给学生的父母留言和打电话，在学校的有线广播上宣布，在黑板上或班级或学校的布告牌上列出名单，突出地展示照片，在校报上提名表扬；在成绩卡上做标记，在获奖时颁发证书，给父母颁发大型招贴（"我的孩子是×××学校的品格奖获得者"），邀请参加专门的酒会，把名字刻在匾上或学校贴墙报的地方。
2. **象征性认可**（例如运动员证书）：徽章、绶带、像章、称号、奖牌、奖品。
3. **公众认可的头衔：**学生会领袖、团队负责人、荣誉团体的成员（在这些群体中品格是对成员提出的一个要求）。
4. **和重要人物接触：**与校长一起吃早餐。

课堂讨论与道德确定性

一种可能的倾向性差异会影响教师对某种情境下判断正误的自信水平。赞同"建构主义”的教师倾向于认为，道德问题是复杂的和难以理解的。处在“文化传递”阵营中的人则具有相反的倾向。当一个主持班级讨论的教师在道德上确信结果是正确的时候，他或她就有两种选择：把它强加给孩子们，或者努力让孩子们得出这样的结论，支持道德上错误的决定是教师所不能容忍的（见第五章关于道德职责的论述）。一个对正确的结果没有把握的教师显然需要进行更多的练习。

考虑到唐·唐纳的道德立场，要让他和孩子们进行一次公开的讨论是很困难的。你们一定记得，最初的对抗是围绕皮特和马克的冲突进行的。在试图阻止皮特打马克的时候，罗杰提出了一个解决方法：“既然皮特老是找马克的麻烦，那我们为什么不找皮特的麻烦，也把他痛打一顿呢？这会教训他有所收敛的。”

这个主意并不合唐纳的心意，他进一步问道：“罗杰，如果你们大伙开始痛打皮特，你认为他会学会不再捉弄人吗？”

罗杰并没有接受这个暗示：“他会发现挨打的感觉并不好。”

唐仍然感到不满意，带着更强烈的暗示问道：“但是，对皮特来说还可能会发生什么呢？当马克感觉到挨打时他会怎么做呢？”

这种试探达到了预期目的。罗杰回答说，“马克也会反过来打皮特。你的意思是不是说，这会使皮特生气？”对此，松了一口气的唐纳回答说：“是的，就是这样。”

在这个相互交流的过程中，鲁比和唐纳发生了对抗，她所持有的反对意见毫无疑问是其他人共同持有的：为什么只是因为两个孩子相处得不好，他们就必须开一个班会并取消课间休息呢？他们并没有签约，也没有完全理解唐纳所赞同的这种“全班负责任”的规定。由于对这条规定的合理性表示怀疑，乔西回答说：“你无法确定谁应该受到责罚。”当唐纳寻找一个更恰当的回应时，乔西又提出了另一种想法：“也许如果我们知道大家都要遇到麻烦的话，我们就会阻止这种麻烦，对吗？”

在这两个例子中孩子们提出了唐所拒绝的公正的概念。罗杰的这种“以其人之道还治其人之身”的态度表达了一种原始的、惩罚性的道德。唐认为，如果采纳了这种态度，就会使那些想要“通过复仇来扯平”的个体和儿童之间逐渐升级成越来越严重的相互仇杀。追求这样一种伦理道德甚至可能是帮派行为的预兆，而且，再扩展一下的话，就可以作为会毒害国际关系的致命的种族中心主义的例证。唐相信，他的职责是帮助马克，以及通过他来帮助别人，找到一种更有建设性的替代方法——这种方法将使他从打架中摆脱出来，使他获得亲社会满足的经验。

这就给我们留下了两个问题：无论是在道德确定性还是在讨论行为中，唐纳都明显是正确的吗？那些有“模糊看法”的人会论证说，应该更多地审视孩子们的提议。惩罚性的公正毕竟不仅在圣贤书中具有神圣的地位，而且在许多“未开化的”文化中被遵循着，在这种文化中，如果你无礼地对待我的家庭，我就无礼地对待你的家庭，它位于他们自己的法律体系的核心。虽然我们并不赞成人们之间的相互仇杀，但是如果你伤害了某个人，社会（大家公认并不是受害者）就会给予惩罚，不会恢复你的名誉；你犯的错误越大，你就应该遭受越多的痛苦。再者，人们可能会说，这是惩罚在发挥作用。阻止皮特的最有效方式是让他通过体验马克的报复而懂得恃强凌弱并不是可以长期得逞的。因此，罗杰的观点可能并不是那么显然错误的。至于唐在班会上的行为，假如从其他道德角度对此进行考虑，那也是值得怀疑的。如果孩子们拒绝集体责任，并且支持针锋相对的惩罚，他们将合理地把这个班会看作是一种不公平的限制，而不是一次机会。

假如所有这些都是模棱两可的，对这些模糊看法深感痛苦的那些人就可能想让孩子们以他们自己的道德决定来做实验（然后加以修正）。他们就会承认，这是良好的建构主义者所应该做的。

但是，那两位教师大量地使用诱导性的提问是有问题的。哈代发现，唐习惯于“征求意见但却只接受‘正确的’意见”是错误的。玛丽娅认为，阿尔弗雷德在回答唐纳的一再追问时是一个“讨老师喜欢的人”，他相当可怜地承认：“也许我不应该进来告诉你皮特的事。也许我只不过应该再等一段时间，关心一下我自己的事情。”请看以下所引述的这两个孩子的说明。

罗杰：“马克也会反过来打皮特。**你的意思是不是说**，这会使皮特生气？”

乔西：“也许如果我们知道大家都要遇到麻烦的话，我们就会阻止这种麻烦，**对吗？**”

这两句话表明，孩子们试图猜测教师心里是怎么想的，而不是他们自己是怎么想的。

试图通过旨在促进“公正解决”的暗示性的问题而对孩子们的心灵进行渗透，是学校经常使用的一种策略。在教育界工作的人，有谁没有听到过一个教师对他班上的学生说这样的话呢？“在这里我们都是朋友，对不对？”或者“我确信约翰尼并没有伤害萨曼沙的意思，对吗，约翰尼？”儿童在听到这种轻微的暗示时就可能会自愿地予以采纳，就是说，可能会真正地相信。但是，更有可能的是，他或她将和教师的意见一致，因为这就是教师对他们所期待的；可以设想，一个人会按照教师的暗示去进行思考和说话（幼小的儿童是不容易对此加以区分的）。当成人向儿童暗示（或试图使之得出）“正确”答案的时候，孩子的心理就会发生摆动，在我们的这两位教师看来这是很麻烦的，因为这让人觉得是一种欺骗。那个假定的目标——在玛丽娅看来是真正的思想自主，在哈代看来则是对外部真理的遵从——受到了细微但却明显的暗示的侵蚀。产生于获得正确答案的那种明确的自主性成了幻想，因为集体的决定并不是真正由孩子们发现的或被他们真正接受的。

但是，与他们的思想倾向相一致，玛丽娅和哈代都能够举行一个班会并回避领导的问题。唐可能是一个更典型的教师，但他却做不到。玛丽娅由于对道德问题有不确定的看法，而避免通过公开提问和试图接受群体的决定来进行领导。她甚至可能在某些情况下让孩子们用报复做实验，并且用这种经验进行进一步的反思。既然操场上的问题并没有涉及严重的伤害，那为什么要干涉孩子们的行为呢？她相信，有了这些受报复和报复者的充足经验，他们会找到对这些不一致的更富有建设性的解决方法。这种策略的另外一种好处是，它能阻止讲闲话，这是使阿尔弗雷德感到混乱的一个根源。更重要的是，这是和她对建构主义的真正信奉相适应的。

哈代之所以避免领导班会，是因为他把道德的确定性和一种非建构主义的教育学结合在一起。在进行道德教育的过程中，当说服可能会失败的时候，他很轻松自如地行使毫无掩饰的权威。当罗杰建议对皮特痛打一顿的时候，如果哈代在现场指挥，他就会宣布会有更好的解决办法，并把这些办法提出来。

对于唐这样一个（至少在这种情况下）扮演建构主义者的有道德确定性的教师来说，问题就更加严重，假定他对道德真理非常自信（报复就是错误的，其他没有什么可讲的了），他不可能只是让孩子们做出决定。他觉得有义务领导他们得出正确的答案，尽管会对他们的自主性做出可能的妥协。为了证明这种探索的合理性，他可能会说，因为正确的解决方法是很明显的，并将最终使孩子们也很清楚，暗示（用今天的行话来说"搭脚手架"）并不会腐蚀他们的思想；相反，这是一个发现潜在知识的过程，这是一个和得出解决算术问题的正确答案相同的过程。同时，使孩子们致力于一个道德问题，促使他们赞成某种解决方法，即便这是通过教师引导他们得出的，也比得出一个错误的决定或者独裁的宣言更可取。

当然，在现实生活中教师的信念系统要比玛丽娅、哈代和唐的信念系统更加模糊不清。在现实生活中，人们很难区分真正地提出问题、进行说服、暗示和讨论。一个诸如"当我们有来访者的时候，你认为我们应该怎么做"这样的问题可能是一种真正的询问，也可能是一个命令，或者是一种渗透。但是，教师很可能会知道这些差异，知道他是真的对孩子们所思考的东西感兴趣，还是只不过努力想要得出正确的答案。当他确定孩子们做出了正确的决定，即便这样做显然并不符合常规时，那样更好，哈代就会论证说，他不是从他们那里得出他的观点的，并且只要发布命令就行了。

一个像玛丽娅这样的教师很喜欢进行开放的课堂讨论，并且愿意对博纳姆图式的那些高层次的东西进行实验，当孩子们拒绝她的临界底线价值观时，她就会完全改变她的看法。虽然她可能会暂时容忍皮特和马克之间的冲突，并且允许马克进行报复或者接受皮特的恃强凌弱行为，但是，如果一方一再地或严重地受到伤害，她最终会把双方都放弃。如果孩子们坚持其他观点，她就会要么强行提出一种解决办法，要么引导他们得出正确答案。由于非常重视民主的实践活动，她相信，因学校的性质和孩子们自己的不成熟而导致他们自己做出规定是有一定局限性的。因此我们来看看第三个主题，它制约着我们对孩子们参与道德决定的观念，这就是他们发展的成熟性。

课堂讨论与儿童发展

如果唐的班级不是五年级，而是一个四年级的班级，那么无论是他还是别人，都不会把实际的权力授予他们来解决这些冲突。显然，儿童的情绪和认知成熟性程度对任何道德教育的观点都会产生影响。尤其是发展心理学家的研究发现认为，幼小儿童的理性认知能力落后于他们的情绪，而且并不是独立于情绪之外的，这些研究结果将强烈地影响一个教师的教育学观点。

儿童习惯于把经验集中到情绪的两个极端：好和坏是很容易区分的。正如基兰·伊根(Kieran Egan,1988)所观察到的，“在儿童能够走路和说话之前，在他们能够滑冰和骑自行车之前，他们就知道快乐和害怕、爱和恨、有力量和没有力量”。在幼小儿童的道德中，好和坏的特征是和欲望以及害怕紧密联系的。使我们喜欢的，使我们受到表扬的，或渴望得到的任何事物都被视为与好有关的。相反，那些使我们不喜欢的，使我们受到责骂的或谴责的事物，则可能被认为是坏的。

移情(empathy)看起来是人类心灵的另一种“给定的东西”。作为对他人忧伤的一种普遍的忧伤反应，早在一个儿童能够评价忧伤的根据之前，就已经很明显存在了。

随着年龄的增长，移情受到认知理解的调节；它成为一种更精练的反应，有了更认真选定的目标。关心自我的忧伤隐藏到关心他人的同情之中。进而，一个儿童开始感受到对那些遭受持久的而不是暂时的生活痛苦的人有更多的移情，以及对那些亲近的人而不是疏远的人有更多的移情。但是，移情是一种经常变动的力量，常常竞争不过自私自利的内驱力，而且要依赖于来自成人世界的压力才能获得其生命力。

有助于道德社会化的人类的另一种“给定”的条件是，儿童对那些为其提供满足的人所形成的依恋。因为他们爱那些抚育他们的人，也寻求从他们那里得到爱，所以他们热切地对父母的认可和不认可做出反应。在依恋作用的帮助下，父母可以通过对他们最珍爱的价值观给予最强烈的认可和不认可，而使那些甚至处在前理性时期的儿童也能对具有最重大道德价值的东西敏感起来。

起初，儿童是为了避免父母的不认可或避免危害这种依恋关系而表示遵从。但是，随着越来越多地与父母分离，他们加深了对自己的认同：儿童开始分享父母的价值观，并且把它们具体化为他或她自己的价值观。因此，在大约入学年龄时，抵制偷点心的诱惑(到目前为止这是由于害怕被抓住和害怕遭受随之而来的责难所驱使的)在一定程度上依赖于情境的力量(显然是一种自我利益的力量)，这是一种自己提出的命令，以防违背自己的良心。由于害怕而服从变成了由于内疚而服从。成人通过利用儿童的移情而加深了内疚感。他们指出这个孩子要为他对另一个孩子所引起的伤害负责——“你刚才推了比利一下，这样不好”——并且强调受伤害一方的感受——“如果萨利拿了你的玩具，如果萨利不归还给你，你会怎样想呢？”

直到大约7～9岁时，幼小的儿童才处于前逻辑阶段，即科尔伯格所谓的“前习俗”状态和皮亚杰所谓的“道德实在论”阶段。

幼小儿童推理的问题是什么？根据皮亚杰的看法，其局限性在于他们思维的自我中心性或“自私自利”的性质。预先假定知道别人的利益但却使自己获益，这并不是习俗水平的自我中心。相反，这只不过是无法通过别人的眼睛来看世界，不能理解他人的心灵和自己的心灵之间的相似性。虽然像偷窃和撒谎之类的行为被看作是错误的，但这种错误在于对规则的破坏，而不在于所引起的伤害。幼小的儿童很珍视自己的财产，但却没有意识到他人的财产利益，也没有把撒谎理解为是对被谎言欺骗的人的伤害。

幼小的儿童首先是拘泥于字面意义的人。他们是根据其物质后果来判断一个错误的严重性的，而不是根据犯错误者的意图。例如，幼小的儿童相信，"不许咬人"的规定并不意味着"不许打人"，"不许对父母撒谎"的规定并不意味着"不许对朋友撒谎"，有目的地打碎一个盘子并不和无意中打碎许多盘子一样坏。这些看法是逐渐消退的，在某些情况下会延续到小学阶段末期。[1]

至于撒谎，谎话与现实的差异越大，以及对谎言的陈述越虚假，那么，人们会认为这种谎言就越可恶。因此，在一个六岁的孩子看来，说你看见一条比牛大两倍的狗，要比说你得了一个好的等级分数而实际上你并没有得到更糟糕。因为得到一个好的等级分数并没有什么不同寻常的，就等级分数撒谎是没有意义的；这种事有可能发生，而且父母也可能相信这是真实的。"因此这只是一个小谎言，母亲因此而受到欺骗也没有什么害处"，但是，根本就没有狗比牛大这种事(Piaget，1952)。

到十岁时则发生了相反的情况。毫无疑问，对谎言的确信却成了进行谴责而不是进行开脱的理由；用谎言欺骗妈妈，说老师因为他的表现好而感到高兴，这种孩子更坏。**"为什么他是最坏的呢？因为妈妈知道得很清楚，不可能有比牛更大的狗。但是，她却相信了那个说老师很高兴的孩子的话。"**(Piaget，1952)

在更小的孩子看来，道德就是遵从。随着自主性思维的增多，儿童开始出现批判合理性的过程；他们从把遵从看作内在的义务转向越来越关注公平，他们最初认为，虽然命令是不公平的，但遵从超过了公平，而最后却相信公平超过了遵从。

儿童长期不理解道德合理性，对这种观点，父母或教育工作者可能会表示怀疑。毕竟我们一直督促年龄很小的儿童要谦让年龄更小的孩子(把玩具让给他们，对他们的攻击行为不还手)，因为更小的孩子还不懂得公平的规则，我们设想，年龄稍大一点的儿童确实理解这些规则。当我们的话得到遵从时，我们就假设这个论点被接受了。但是，这种假设可能是错误的。一个六岁的孩子可能并不理解，当他扔掉一件东西或者打另一个孩子时，他的父母为什么会生气，而他们却宽容他三岁的弟弟妹妹做出的同样的行为。儿童之所以乐于助人，是因为他遵从权威，或许还因为他对更小的儿童产生了移情。只有到了后来他才开始认识到，对年龄差异的补偿是公平的一种形式；即使在这个年龄段，他也会进行反抗，除非当公平成为他刚出现的道德同一性(moral

〔1〕这种"实在论"对应受处罚的判断所产生的影响，是通过皮亚杰所研究的儿童对笨手笨脚、偷窃和撒谎行为做出的反应而得到例证的。对这项研究的完整探讨，请参见古德曼和莱斯尼克(Goodman & Lesnick，2001)的那本书。

identity)的一部分。

此时，幼小的儿童在很大程度上**摸索着**进入了早期的准道德阶段。他怀着一种强烈的倾向，开始把经验插入道德和情绪的两极之中。在他的心目中，所谓好就是感受到什么东西是好的，这就是他期望得到的和想要得到的。从他身上所期望得到的和在他心中所想要得到的，是培养他的移情感和避免产生内疚感的东西。这是他的道德旅程的开端，但对于获得更多的认知成熟并没有什么好处，这是一种反复无常的和不可预测的开端。

幼小的儿童有自己的感受，人们不应该因为他们有这些早期感受而感到遗憾，这里充满了道德情操，尽管是相当弥散的。随着岁月的流逝，最初只是一些短暂情绪所感受到的东西会转换成自我的一个具有自我意识的成分——我们称之为道德同一性——认知成分变得重要起来。旅途上显然存在着危险，抚养者给予的关注不足，儿童的道德就不能得到完全的发展；如果没有进行敏感的培养，就可能会向歪处发展，过分地歪向认知或歪向情绪。向歪处发展为什么是一种危险呢？因为，如果一个人只**知道**另一个人的利益，而没有从情感上感受到，他就不会有产生行为的意志；而一个人如果只**感受到**某人的利益，而没有**理解**他们呼唤的依据，就会犯道德错误。因此，把认知和情绪交融在一起是道德教育的一个主要目标；确实，我们认为，一个成人坚持始终如一地在他或她的生活中把道德的考虑放在突出位置，是和这两种根源的成功一致性有密切关系的，也和把道德深深地植根于自我意象之中有密切关系。

课堂讨论与重新考虑权威

关于课堂讨论的讨论常常围绕着一些促进儿童成长的步骤，例如怎样把所有的儿童都包括在内，使大家把所有的意见都说出来，轮流发言，不打断别人，对同学的意见提供支持，对建议加以组织，为以后的措施制定计划。我们相信，只有当一个教师严肃地考虑了他的领导角色**之后**，这种忠告才是有帮助的。这个问题应该首先提交给儿童吗？如果是这样的话，要在多大程度上由儿童来解决，在多大程度上由教师和儿童相互解决，以及在多大程度上只由教师间接或直接解决？这些决定又反过来依赖于教师所偏爱的(是建构主义的还是行为主义的)教育学，他的道德确定性以及对儿童发展状况做出的判断。你越是偏向于建构主义，偏向于道德不确定性，以及偏向于做出成熟的推断，你就越会让他们做出决定；反过来也是一样。再说一遍，我们相信，一个教师的特殊倾向性不如他对这些倾向的觉知重要。在这里和在别处一样，“认识你自己”是一个有价值的目标。

那些对自己认识得非常清楚的人将可以避免陷入唐的那种司空见惯的困境：一位教师要求全班开会“讨论”一个问题，但却不接受学生提出的不合他口味的解决方法，然后对孩子们进行严厉的询问，直到他们都提出教师所偏爱的解决方法。我们认为，至关重要的是，一个人**赋予**儿童决策权并不比愿意**接受**他们的决定更伟大。当他们必须做出的是**你的**决定，而且领导就是达到那个结果的过程时，对儿童心灵的侵入就会使他们思想的独立性遭到破坏。假定幼小的儿童可能常常会在诸如攻击性、责任和惩罚这类道德问题上做出**错误的**决定，这种侵犯行为将会经常发生。

理想的教师在运用权力时是很灵活的。在有道德确定性的领域中，以及在和幼小的儿童在一起时，它有一个重要的作用。**有时候**告诉而不是询问也更体现了对儿童的尊重。这是一种诚实的没有欺骗的坚持，就是说，孩子们应该按照我们的规则来生活，例如，即便是在他不理解或无法理解为什么要这样做的时候，他也必须尊重他人的权力和财产。这是可以做到的——形成与基本价值观相一致的习惯，很可能在数量上并不多，但却是一个基本的过程。随着年龄的增长，他们会有所理解，或许也会提出有建设性的不同意见。

在每一个年龄阶段，教师行使权力和尊重儿童之间都必须有一种平衡。经过这样的努力，特别是在早期阶段，一个人就会很注重儿童的感受——移情、依恋、认同以及注重他们的易受影响性，这样，道德生活就会被看作是充满温情的、有活力的和令人满意的。在一个年级内部，以及从一个年级向另一个年级发展时，这个向前迈进一步以实施规则和向后退一步以便赋予孩子们决策权的过程，本身就混合了一系列复杂的教条、情绪和理性的诉求，其中理性落后于情绪。对控制的实施还要依赖于实际的问题（对较严重的问题实施较多的控制），依赖于所涉及的那些人的人格和可以接受的水平。

该轮到你了：什么时候举行班会，怎样举行班会

班会在道德教育规划中的价值是显而易见的。我们确实把班会看作是具有核心价值的。但是，对讨论进行明智的管理却要求教师仔细地考察主题、目标和讨论者的作用。教师必须对许多因素有清楚的认识：

- 人们并没有过早地把所要讨论的事件描述为一个“问题”。
- 进行讨论并不意味着或被看作是要实施惩罚。
- 主题由教师和群体一起提出是最恰当的（而不是由几个儿童，由一个儿童，由儿童和父母，或者仅仅由父母提出）。
- 主题是由儿童和成人提出的。最好是讨论那些与某一个具体的班级问题有关的主题，而不是讨论一些假设的两难故事。
- 主题是不断发展的，并且要把解决问题的方法理解为短暂的。
- 具有基本指导性的主题应该在第一到第三层次进行，那些较多开放性的主题应该在第四到第六层次进行。

（一）心中牢记上述限定因素，选择一个你所熟悉的事件（或者本章所提到的一个事件），和你自己或他人进行一场对话，想象着不断地进行提问和回答。要特别注意，在和孩子们“意见一致”、在“领导”“说服”孩子，或者在“指导”他们时，你在多大程度上感到很愉快。询问你自己这种偏爱的**原因**是什么。

（二）人们对学生的欺辱行为越来越关注。欺辱行为有多种形式：结成帮派、排斥别人、攻击行为、戏弄人、恶作剧、愚弄别人、讲闲话等。设想你的班上有两个女孩被有意地排斥在更大群体的谈话和社会活动之外，她们恰好又“曾犯过错误”，而且你听见了一些嘲笑她们的服装穿着的话语。你会考虑要在班会上说一说这个主题吗？如果是这样的话，是在什么层次上，或者什么层次的结合上说，为什么？

（三）一群五年级的学生要求你（你是他们的老师）开一个关于家庭作业的班会。孩子们有很多的抱怨和建议，有些人反对晚上做家庭作业，并且希望每隔一天布置一些家庭作业，甚至每周一次；另一些人则反对占用课堂时间批改和讲评家庭作业，认为只要把答案的要点告诉他们，家庭作业的效果就会更好；有些学生发现家庭作业本身并没有什么用处，他们认为应该把家庭作业只布置给那些成绩落后的人。你对这些要求会做出什么反应？你会允许讨论某些主题而不是所有的主题吗？你怎样制定讨论的计划？你举行班会的开放程度如何？最终由谁来做决定？

（四）请考虑一下（那个因乱扔面巾纸而闻名的）梅莉莎的行为，只不过现在她还是个幼儿园的孩子，而不是一个五年级的学生。你将会回想起（见第1页）我们提出了七个可供你考虑的反应选择。既然你遇到的是一个年龄更小的梅莉莎，你会做出不同的选择吗？如果是这样的话，你这样做的基本道理是什么？（请考虑一下你的目的，以及你对她的理解力的假设）

第四章 道德教育在职培训

情景介绍

意识到道德教育有着比班会更多的内涵，教师们(很不情愿地)向海尔特表示，他们同意进行一次在职培训。但是，玛丽娅却觉得很吃惊，在他们讨论了班会问题之后才刚刚一个星期，就听见校长在校内通讯系统中宣布即将举行由简·博纳姆博士给予的品格教育在职培训。在走廊里遇见艾吉时，她问道："艾吉，我们真的必须这么快就要进行这个博纳姆在职培训吗?"

"当然啦!"艾吉回答说，"海尔特很快就要采取行动，因为他一直听到很多来自父母的抱怨。这些事情都是我们已经知道的：自助餐厅成了喧闹的场所，孩子们对食堂服务员说话粗鲁，给朋友占位子，随地乱扔包装纸，有时甚至把食物遗留在地板上。这所学校又脏又乱，走廊里到处都是丢弃的东西，卫生间里很脏，墙壁上有一些胡乱涂写的东西。孩子们骂人、胡乱推挤、打架、打断老师讲课以及相互干扰、在课堂上讲话、嚼口香糖。他们看起来糟糕透了，有些年龄大的男孩子炫耀他们染过的头发，少数年龄大的女孩子则描眉画眼，戴鼻环，有些女孩穿着非常紧身的裙子。"

"这么说，简·博纳姆要从象牙塔上下来，给我们讲怎样对付这类事情了?"玛丽娅有点恼怒地问道，"可别把我搞糊涂了。我之所以认为她和我们小组会面确实有帮助，是因为她讲的是一个具体的问题——教师在领导一个班会时的作用——而且她所做的一切有助于**我们**发展我们的思想和提出建议。但是，给全体教职员工讲述道德教育的基础知识似乎有些草率。你难道不能说服海尔特首先在教职员工中讨论一下吗?"

"实际上我确实没有尝试过，玛丽娅。我认为，让博纳姆到这里来要比其他可能的选择更好。"

"难道……"

"'要采取严厉措施'，我认为有人提出了这样的要求。把一些监督员——你可以猜到这些监督员会是谁——安排到走廊上、供应快餐的小饭馆里、卫生间里，以及校外的场地上。"

"哦，谢谢你，我猜想是你阻止了这件事，但是，现在我们都要上一堂关于亚里士多德美德的课，孩子们会停止嚼口香糖的，对吗？”

“玛丽娅，我们不妨给他一次机会吧。我和你一样有疑问。我告诉海尔特我们需要做一些实际的事情，而不是大学课堂中那些空想的东西。但是你看，有时候‘实际的事情’也不起作用。采取严厉措施是够实际的吧，但是你和我都不能忍受过多地这样做。我非常怀疑，有些老师和父母会提议，他们有超越监督员的职权。我已经听说了一些建议：上厕所要经过允许，在走廊里要安静，在自助餐厅里要分配座位，父母要为每一次家庭作业签字，要更多地罚学生课后留校，还有……”

“好了，艾吉，我明白了。我要抱着一种开放的心态来参加。到那里再见。”

玛丽娅很早就来到在职培训的现场，向她以前的这位老师表示欢迎。简·博纳姆热情地向她问好。

“你好，玛丽娅。在和艾吉·赛林以及委员会的其他同事会面之后，这么快就又和你见面了，我真高兴。但是在那次会面之后，我想起了去年的一些课堂讨论，在讨论中你对道德教育相当怀疑。现在你却在委员会里开发这个领域的研究计划了！你还没有改变看法吧，对不对？”

博纳姆轻松愉快的谈话方式解除了她的不安，而且博纳姆对她的回忆也使她很高兴，玛丽娅回答说：“噢，我得承认，和去年五月份时相比，我可能有点悲哀，但却更明智了，不过，你身边还没有一个得意门生吧？”

“或许今天会改变潮流，”简笑着说，“同时，请你帮我整理一下这些展示品好吗？我要把这些小册子摆放在桌子上，把这些图表钉在墙上。”

玛丽娅开始整理那个装了很多东西的大袋子，把招贴纸、有螺旋装订的笔记本、录像材料、免费发送的印刷品、文章等都倒出来。她还模模糊糊地记得这些材料，它们来自那些人们比较熟知的道德教育规划——品格信赖联盟（Character Counts Coalition）、品格教育课程、品格＋（CHARACTER plus™）[1]、儿童设计、关爱的社区、哈特伍德课程、杰弗逊品格教育中心、公正学校、第二措施。玛丽娅很高兴，这显然不会是一次沉重的理论旅行。但是，这种觉察所给予的任何宽慰，都因为她看到的这些材料所带来的本能的不愉快而投上了一层阴影。在具体的道德教学过程中，所有这些教给人们怎样去做的书籍、招贴画、琅琅上口的格言、歌曲，甚至公共演讲通知——其实并不适合她。

她回想起她的眼界狭小的学校生活。修女们会被这种生活吓坏的，她的父母也是如此。这使人觉得很粗糙（即便很吸引人）、很过分，但又很不够——就像是在一个大型超市里购买食物，一排排的食品全都过分包装着、过分装饰着，还有一些言过其实的

〔1〕 品格＋是美国密苏里州圣路易斯市的一个地区性的品格教育组织，Character plus 右上角的英文字母 TM 的意思是商标（Trademark）的英文缩写——译者注。

承诺。

她还认识到，这种经过包装的方法伤害了她的感情。这使她想起了广告上说的怎样在爱情和婚姻上取得成功的话：使你看重的人感到高兴的五种方法，或者把你投资的钱赚回来的方法！当不得不参加怎样教阅读的研讨会时，她感到相当烦恼。即便在这种情况下，她也有一些不同意见。这个过程太复杂多样，太具有个人主义色彩了，以至不能这样规定，但是，和教孩子们成为体面的人相比，写文字材料是很容易做到的事。

她沉思着，礼仪或体面是在潜移默化中学会的。你主要是在家里、在不知不觉中学会礼仪的。你注意到家庭成员是怎样相互对待的，他们是怎样表达对你和其他人的关爱和期待的，什么事情在他们看来很重要，以及当你的行为不符合礼仪时他们作出的反应。学会礼仪行为很像是学会爱。这就相当于培养一种慷慨的精神、把他人的观点包括在内、承认错误、追求更好、接受有价值的挑战。她开始有点理解使她烦恼的那些疑虑了。道德太珍贵了，她对此太敬畏了，以至于无法把它转换成具体的课程计划。或许这就是她为首先把它结合到学校课程中去而担心的原因。

简打断了她的沉思："弄得怎么样了，玛丽娅？你觉得这些材料怎么样？"

玛丽娅只挑选了第一个问题来回答："对不起，博纳姆博士，我被这些材料弄糊涂了。我很快就把这件事做好，以便你能够按时开始。"

在简要介绍了培训的主题及其重要性之后，博纳姆重点讲述了不同的道德教育规划所强调的几个方面，以及这些规划在对每一个父母进行说明时所采取的不同方式。

她开始说道："许多规划都强调**道德品质**（moral character）的教学。他们列举了一个'美德一览表'，一个他们认为可构成良好品格的品质清单。因此，品格信赖联盟提出的著名的六种品格支柱就是：值得信赖、尊重他人、责任（包括有责任心、卓越和自制）、公平、关爱和公民的职责与权利，而品格教育课程（CEC）则确定了十二个所谓基本的普遍价值观：诚实、真诚、慷慨大方、善良、助人、公正、宽容、尊敬、勇气、坚定不移、平等和自由。但是，无论哪一种规划，都不能只命名六种甚至十二种美德就把内容确定下来。品格信赖联盟把另外七种美德包括到已经确定好的六种美德的意义中去，而品格教育课程则在原先十二种美德基础上又增加了十一种。[1]

"杰弗逊品格教育中心把关注的焦点集中在诚实、尊重、责任、正直、勇气、宽容、公正和有礼貌上，而哈特伍德课程则强调要促进勇气、忠诚、公正、尊重、希望、诚实和爱的发展。我建议你们少考虑所列举的这些具体细节，而要多考虑其特性和性质的差

〔1〕 品格信赖联盟把诚实、正直、遵守承诺和忠实包括到值得信赖之中，把有责任心、卓越和自制包括到责任之中。品格教育课程补充的清单把"良好的自尊，责任，预防毒品教育，自己制定和达到目标，批判性思维，制定决策的技能，抵抗消极的同伴压力，尊重规定，法律和权威，承认个别差异，合作学习和经济安全"列入这份清单之中。

别，考虑每一份清单的全部综合的信息。或许你们会发现，这对你们在小组会面时形成自己的一览表有帮助。

"许多这类规划的第二个方面是，它们期望鼓励人们做出我们所谓的**道德行为**。这可以通过各种不同的方法来做到，例如：(1) 督促学生(通过学生委员会、同伴中介和冲突解决)参与学校管理；(2) 要求学生把自己的活动空间安排得井然有序，高质量地完成作业，并且与他人合作；(3) 在学校内部和外部开展义务性的服务性学习活动。在学校内部，要求学生辅导其他孩子或者以朋友的态度对待其他儿童，或者在图书馆、自助餐厅或办公室里帮忙；在校外，他们可以帮助老年人和残疾人，帮助进行动物保护，组织捐助活动(捐助衣服、食物、玩具)，或者参与环境保护活动。

"某些规划中所强调的第三个方面是我们可能称之为**道德思维**的发展。通过小组讨论一些会引起道德问题的班级问题，通过教师呈现道德两难故事，通过对课程中的道德问题进行探讨，或者通过对决策制定过程进行反思，这是要鼓励的。

"杰弗逊品格教育中心的规划就是这种高度结构化的一个实例，其特点是以首字母缩略词 STAR 来命名的决策制定模型，STAR 代表的是停止(Stop)、思考(Think)、行动(Act)和评论(Review)，[1]而品格教育课程则较简单地把课堂教学中的日常问题用作讨论的两难故事：一个人应该放弃他个人的利益而给另一个人提供机会吗？如果是的话，什么时候放弃？泄漏别人的隐私和诚实之间的区别是什么？孩子们把其他孩子排斥在游戏群体之外公平吗？(蒙特克莱州的)儿童哲学规划把促进哲学推理能力作为发展道德思维的一种方式。哈特伍德课程要通过世界文学作品中的传奇故事和民间故事来提高'道德识别和道德判断能力'；而儿童发展项目则强调通过有指导的讨论来建立'关爱的课堂社区'的重要性，课堂讨论的设计旨在促使学生参与对诸如怎样对待代课教师这类课堂问题做出决定。

"第四种观点是强调**道德情感**。例如，第二措施的设计是，通过教孩子重视他人的感受，而不是仓促地做出反应，从而减少攻击和冲动行为。他们有一系列为小学生开设的旨在发展这些社会-情绪技能的课程。

"最后，请注意某些规划是怎样发展**道德动机**的，他们的方法有什么不同。这些规划可能会把某些具体美德挑选出来，作为学校在一个星期或一个月的时间里所要着力培养的，对那些公认表现出色的儿童进行奖励(在学校里发布通知、颁发奖品、张贴照片、在校报上刊登文章)。某些美德得到确认便成为值得学校骄傲的事，并且把它们包含在学校的理念、壁报、返回母校的晚会活动、家长和教师大会、体育事件、集会和策略计划之中。相比之下，儿童发展项目采取的是一种更为内在的动机观，强调合作学习

[1] 对每个词更全面的描述是：停止——花费一段适宜的时间对所要采取的行动进行思考；思考——在心里列举出可适用于某一具体情境的一系列看法；行动——选择可以替代的最好方法并采取适当的行动；评论——询问："我的行动使我离我的目标更近了还是更远了，它是怎样影响别人的？"

是培养儿童渴望相互友善和慷慨大方的一种手段。

"我已经说得够多的了。我们休息一会儿，在休息期间你们可以进行非正式的交谈，更仔细地观看贴在墙上的东西，然后再集中起来进行小组讨论。"

玛丽娅被这些展示的东西所吸引，她不得不承认，这些培训计划不仅在传授的内容和方法上非常丰富多彩，而且每一种都比她最初所认为的要复杂得多，她想要做出判断的冲动再次过于草率了。她被这些没有多少花哨的包装，而是更注重过程的培训计划所吸引，被这些依赖于内在动机而不是外在动机的培训计划所吸引，被这些使用诸如"建构主义"、"合作"、"关爱"这类话语的培训计划所吸引。

但是，她还是有怀疑的。"合作学习"听起来很好，但她现在却了解到了它的脆弱性。她曾亲眼目睹，合作是怎样被那些占支配地位的孩子迅速破坏的，他们对那些顺从的和相互抱怨的孩子称王称霸。根据最近的经验，她认为，过分依赖于从一群孩子们身上自然地生发出善，可能是太理想化了。

当玛丽娅正在时而感到难以做出判断，时而屈从于它的时候，坐在离她几排远的哈代却热情地微笑着。在休息时，他招手要她来到品格信赖联盟的展台前。

"看看这些杰作吧，玛丽娅。这些人真的把他们的行动聚集在一起了。这六个支柱为我们所应该做的事情提供了一个了不起的结构。请看，有一个给人留下了多么深刻印象的成员关系呀！它包含了从威廉·贝内特到玛丽安·赖特·埃德尔曼的全部思想。[1] 我想定购一些，并在我的教室的显要位置张贴出来。你不想这样做吗？其效果肯定会超过现在挂在墙上的这些地图和星体图。不知道我们是否能让海尔特来提供经费。"

玛丽娅疑惑的眼光是显而易见的。"看在上帝的面上，你不会对我说，玛丽娅·拉兹罗不赞成信赖、尊重、责任、公平、关爱和公民的职责和权利吧？"

"不赞成吗？不，哈代，不是不赞成，而是有些东西我想说可又'不能那么迅速地说出来'。我不知道这些美德在哪些方面打动了你，或者说它们究竟是什么意思。在诚实和真理之间，在慷慨和助人之间究竟有什么差别呢？有没有诚实是不善良的，慷慨并不是助人行为的时候呢？而且有些'美德'似乎和品格并没有多大关系。在这份道德品质名单上自尊处在什么位置呢？我还感觉到，在这些表面看来没有争议的品质背后潜藏着某种危险。难道不能把任何要求(命令)都合理地看作是一种尊重和责任吗？你读过《希特勒青年时代学校教育手册》(Brennecke, 1938)吗？该书大谈了很多关于遵守承诺、勇气、忠诚、责任、纪律和无私之类的事情。"

"这全是废话，玛丽娅，"哈代说道，他显然被这种纳粹的比喻激怒了，"当然，任何

---

〔1〕 威廉·贝内特(William Bennett)是里根统治时期的美国教育部长，是具有保守倾向的品格教育的主要倡导者。玛丽安·赖特·埃德尔曼(Marian Wright Edelman)是儿童保护基金会(CDF)的创立者并长期担任会长，该基金会是一个提倡儿童自由的组织。

词语和概念都可能遭到破坏，甚至‘爱’和‘美丽’。我很珍爱这些美德词语，搞不懂你为什么不喜欢它们。不错，它们是属于旧传统的，但这并不能成为反对它们的理由啊！它们表现的是真实的我们，是作为一个国家的我们，是作为相信按照规则游戏、公平和慷慨地相互对待的公民的我们。它们是要我们严肃地承担起责任。坦率地说，玛丽娅，如果我们没有对孩子提出要求，我们就会低估他们，就会破坏他们的潜能。”

“哈代，我对关于青年希特勒的说法表示道歉。我是一个自豪的美国人，只不过我也是一个有批判性的美国人，而这也是我们伟大传统的一部分。或许我们可以在下一次休息时对这些道德教育计划进行一次合理的讨论。我听见博纳姆叫我们回去开会了。”

博纳姆注意到四处进行的这种活跃的谈话，她建议参加会议的人分成几个小组，用20分钟的时间考虑一下他们的反应。“请选择那些最明显的事情进行探讨，但是我要先提出几个问题：你们认为在我称之为‘道德教育计划的诸方面’中，哪些是比较有价值的？也就是说，列举出一些行为目标和品格分析的目标(美德)、参与道德行动、形成道德思维，或促进道德动机，并想想在不同的教学大纲中追求这些方面的手段是什么。”

当教师们以小组的形式聚集起来的时候，哈代和玛丽娅迅速地找到艾吉和康尼，以便他们可以利用这个机会在一起做进一步讨论。康尼首先发言：

“我无意中听到你们两个在休息期间拼命地争论美德的名单之类的东西。我们能退回到我的一个更基本的问题去吗？”

她的三位同事点了点头，于是她开始说道：“坦率地说，我认为学校不具备承担这项任务的能力。我的意思是说，如果我们选择一些小的、非常小的方面——例如，让孩子们在早上或者在走廊里向老师问好——这是可以的，但是，在一份太菜单中选出各种不同的配料，把它们放在一起，组成一个全校的教学计划，我看不出怎样才能实现它。即便我们能够做到，那些父母们——这是我职责范围内的事——也不会允许的，这要占用太多的学习活动时间(为具有重大利害关系的测验做看书的准备)。

“这里有一个能够说明我的意思的例子——或许这是一个极端的例子，但我还说不准。我发现展板上有这个对‘品格教育的十一条原则’的说明。这是由品格教育合作协会(Character Education Partnership)于1996年提出的，是汤姆·里克纳(Tom Lickona)、埃里克·夏普斯(Eric Schaps)和凯瑟琳·刘易斯(Catherine Lewis)写的——其中的一些要点是[1]：

1. 品格教育把促进核心价值观作为良好品格的基础。

---

〔1〕 里克纳为此专门撰写了一篇论文《品格教育的十一条原则》，刊登在1996年3月的《道德教育杂志》(Journal of Moral Education)第1期上——译者注。

2. 必须对'品格'进行综合的界定，以便把思维、情感和行为都包括在内。

3. 有效的品格教育要求采取一种有目的的综合的观点，来促进学生在各阶段学校生活中形成核心价值观。

4. 学校必须是一个充满关爱的社会群体。

5. 要发展品格，学生必须有进行道德行动的机会。

6. 有效的品格教育包括有意义的、充满挑战的学术课程，这种课程尊重所有的学习者，并且帮助他们获得成功。

7. 品格教育应当努力发展学生本身的动机。

8. 学校的员工必须成为一个学习和道德的社会群体，其中所有的人都负有品格教育的责任，并且努力坚持同样的核心价值观，用这种价值观来指导对学生的教育。

9. 品格教育要求员工和学生都发挥道德的领导作用。

10. 学校必须召集家长和社区成员全面参与学校的品格教育建设。

11. 对品格教育的评价应包括评价学校的品格，作为品格教育者的学校员工的作用，以及学生表现出良好品格的程度。"

"这只是为初学者提供的，"康尼继续说道，"以第10条，关于召集家长为例。就这一条标准而言，这条声明指出，'在制定计划的品格领导委员会中应该有家长的代表，学校应该积极地和那些分散的子群体家长建立联系，所有的父母都必须通知到，都有机会对学校提出的核心价值观，以及学校提出的教授方法做出反应并表示赞成'。然后又进而提出要召集更广泛的社会人士来促进核心价值观。

"我不知道你们大伙是怎样对此做出反应的，但我却问自己，究竟怎样做才能达到这条标准呢?"

"虽然这是大家都必须牢记在心的一种来自实践的声音，"艾吉说道，"但是在我听起来，这十一条标准是对志向抱负的一种声明，而不是行动计划。问题在于，如果接受了这种志向，它是否会把我们引向正确的方向，它所呼唤的是否就是一些把注意力比较狭窄地集中在学生的错误行为上的东西。康尼，或许我们应该从你对其中并没有联系的几种变化的观点开始，把我们的注意力集中在它们上面。"

"先别这么快，"哈代反对说，"我希望大家认真地看一看这些标准以及其他内容。我也认为这十一条原则是一种邀请，是你们称之为一套志向的东西。所以，即便我认为它指引的方向是错误的，因为这些标准丝毫也没有关注你们所提出的学生的错误行为，但是，艾吉，我还是并不反对马上着手思考一种以雄心勃勃的方式进行的道德教育计划。"

哈代继续说道："还是出于实践的考虑，我们并没有感到我们已经过早地全盘接受了它们。我很愿意有节制地开始，但不是从在课堂上问好和在走廊里奔跑开始。这是些小儿科的东西，是一些显然必须履行的职责，应该成为我们对儿童的常规期待的一部分。我赞同玛丽娅的观点，没有必要为这些事情制定一个教学计划。”

“很高兴能和你有相同的观点，哈代，”玛丽娅回答说，“但是我猜想，我们反对把它们包含进来是有不同理由的。我并不希望制定一个针对早上问好和在走廊里奔跑的教学计划，或者就脱帽之类的事情而制定一个计划，因为我认为它们只不过是一些习俗。对此并没有什么神圣不可侵犯的。在一定程度上它们是为了管理上的方便而制定的，尽管我认为你，哈代，会把它们视为尊重的表示。”

“你们大伙先等一等，”艾吉打断话头说道，“你们认为康尼提出的问题怎么样？我们应该把这十一条标准的观点看做太雄心勃勃而加以反对，而不管它的哪些具体的方面是应该优先考虑的吗？或者我们可否先看一看这份清单，找出一个来进行深入探讨呢？”

“请看康尼肩膀上方，读一读那些印刷的小字，”玛丽娅抢着说道，“我赞成讨论第5条，关于学生需要有获得道德体验的机会。那些印刷的小字提到，学生是‘建构性的学习者’，他们必须卷入到‘现实生活的挑战’之中。我认为这意味着应由群体制定一些规则，而不只是遵守预先制定的法令。”

“哎，我们现在已经大大超时了，”艾吉说道，从而阻止了可以预见的哈代对玛丽娅观点的反驳，“但是，我们不应该让所有这些非常好的能量都蒸发掉。我们马上查一查约定的时间表，看看什么时候能够再次聚集在一起。”

教师们的思考

哈代

这些胡乱猜疑的女人，怎么会这样呢？我和她们的反对意见及担忧是如此不一致。能够把能量投入到道德教育之中使我深感兴奋和震动，对于可能要发生的事情产生了一种全新的感受，几乎就是一种从学校里解放出来的感受。

这是些如此重要的材料，正是学校应该采纳，把它们作为最优先选择的东西。我发现这些道德教育计划中的美德是很鼓舞人心的，甚至因为那些使玛丽娅如此烦恼的格言和歌曲而感到振奋。如果全体教员在这些美德清单的精神下团结起来，那么孩子们也会这样做的。奖励也同样非常合乎我的心意。为什么不呢？它们是有效的。我们也奖励运动员和学者嘛。设想获得一个品格奖章具有和足球奖杯同样的声誉，这不是一件很好的事嘛！

当然，玛丽娅的话是有道理的。当你追求的确实是遵从时，对孩子们提出的像尊重和责任之类的话语就具有左右摇摆的意味。是啊，这确实是一个问题。但是，我基本上并不相信老师们会滥用他们的权力。提到纳粹可真令人恼怒，这是对久经时间考验的传统的一种攻击，是对我们这些只不过要求孩子们有礼貌和多考虑别人的老师们的一种攻击。这种责备就是我称之为不尊重和不负责任的东西。

不管怎样，我们能够稍稍更赞成遵从。它会以钟摆为中心，它已经移动得太偏向于个体自我选择的权力了(这意味着自动地反对学校的规定)。采取协调一致的步骤，按照告诉你的——合乎情理的要求——去做，是一个有秩序的社会的基础。人类的普遍幸福如果和个体的自我利益针锋相对，这样的普遍幸福又怎么能够流行呢？而且，按照告诉你的去做，随后把这些规则施加到自己身上，是自律和自我克制的基础，是我们保护群体防止个人主义过分膨胀的手段。即使当这些规定可能表达的不是一些大的伦理原则，但遵守它们是证明对教师和教育事业尊重的一种重要形式。它似乎是对当今社会风气的一种延伸，但是我认为，我们必须建立一种对学校的尊敬，就像礼仪在宗教机构中所建立的尊敬一样。

我想要大力推行规则和习惯的养成，特别是那些难以形成的习惯，无论某种具体的行为是否有内在的好处，这就是建立品格的方法。和那些没有接受这种教诲的人相比，教给孩子把零钱存在银行更有可能使他们成为节约的人。和那些只询问他们“你愿意把钱存起来呢还是把其中的一些花掉”的人相比，教给孩子把零钱存起来并把它捐给慈善事业，更有可能使他们成为有善心的人。

在我的班上，从第一天开始，孩子们早晨第一件事就是起立并齐声说“早上好，诺克斯先生”。这似乎有点守旧，但我认为这是个好习惯。通过要求他们对我表示尊重，而且不只是对我，而是对给他们指出更好发展方向的教师角色的尊重，来开始一天的学校生活。更广义地看，这使他们形成了这样的习惯，注意那些指导他们的人，以及注意那些至少从一开始就对他们很有礼貌的人。我认为，对许多孩子来说这种问候是相当没有意义的，就像是说宣誓效忠的誓词一样，或诸如此类听说过的东西(虽然我并不记得它对我来说是没有意义的)。但是，这种宣誓的意义总有一天会表现出来。**到那时**学生们将非常高兴，他们将发自内心地理解它，我敢打赌，他们将骄傲地回忆起，他们每一天是怎样站在这面国旗——我们伟大祖国的象征前，表达他们对某件事情的信念，而不是对他们自己的信念。在这个时代很多孩子(以及他们的父母)都反对进行宣誓。如果它触犯了宣誓的禁忌，那么反对宣誓是可以的，或者如果他们是无神论者，我也可以原谅他们，但是，如果仅仅是因为不赞成当前的政治见解，或者只是因为不喜欢这种强制宣誓，那么，这会使我很寒心——实际上是很愤怒。

当我选修博纳姆的课程时，埃米尔·涂尔干(Emile Durkheim)是最吸引我的哲学家。他谈到了“学校的纪律”。纪律包括这样一些常规行为，如守时，倾听别人讲话时不要打断，以及做好自己的功课和家庭作业。这些纪律不仅仅是它们本身很好，而且是因为它们教授的是节制，使我们能克制自己的冲动，而且有助于自我控制。我认为这要比现在那些乱七八糟的说法——自信、自我实现、积极的自我意象——更重要，或者更有必要。如果没有自我控制，就只有非常有限的自由，因为如果我们被激情所驱使，就无法充分地使自己从这些激情中解放出来，从而做出任何有思想的选择。

玛丽娅

为什么我会对一个进行道德教育的计划大发脾气呢？既然我已经看到学校生活中是怎样充满了道德决定，那么为什么还不愿意有机会认真地想一想，我们应该怎样解决道德问题呢？有一种感受我是和哈代一致的。当孩子们没有向我问好，在选择座位时没有考虑新来的同学时，你瞧，我毕竟是很沮丧的。在我看来，对他人有点礼貌和敏感性会使开学第一天以及以后的学校生活明显好得多。但是我却畏首畏尾。我没有把习俗的规则融会到必须履行的道德责任之中，也没有强行使用权威。

把在教学楼里奔跑变成一个道德问题似乎确实是错误的，它会削弱一些重要价值观的普遍力量，例如基督教《圣经·新约》中的待人规则，夸大一些只是**有时候**不太恰当的微不足道的行为的重要性。在教学大楼里奔跑之所以是个问题，只是因为安全问题，但在别处奔跑却是很好的。当然，我们必须保持教学楼的安全，但**那是**应该强调的东西，而不应归罪于奔跑。更糟糕的是关于礼貌的规定。当老师进入教室的时候，为什么孩子们应该站起来呢？如果孩子们已经很尊重我了，那么这就是一个空洞的礼节；如果他们不尊重我，即使站起来也不会达到这个目的。空洞无用的礼仪要比没有礼仪糟糕得多。

那些美德的词语对哈代产生了如此大的吸引力，却使我产生了这种痛苦的感受，这是一种没有得到公开承认的、危险的政治上的晕头转向。尊重和责任似乎是完全没有害处的，但果真如此吗？对谁负责任，为什么负责任？每一位教师的要求都要成为每个学生的责任吗？当某个要求与其他义务相冲突的时候也要这样吗？甚至当它是一件没有意义的事情时也要这样吗？人们也期待教师对学生负责和尊重学生吗？拥有权力的人和机构（相对于学生而言是教师和学校）有“责任”这样做，以便获得应该得到的尊重吗？当我还是个学生的时候，就有很多强制性的东西潜藏在尊重这个观点之中，我相信它削弱了而不是扩展了我的良心。尊重很容易转换成为奴性（儿童对成人，女人对男人，下属对领导），因此存在着这样的问题：对谁尊重、为什么尊重？

哈代的目标是让学生承担作为学生应该承担的责任，阻止冲动，服从学校的规范，例如听老师的话，遵守她的教诲，按时完成作业。说一说品格的**威力**是对的。一个人必须能够当众说出想要说的话，让人们知道自己是支持还是反对某事。但是，你在鼓励负责任行为的同时，是通过树立负责任行为的榜样来教授这些目标的。你很尊重地倾听孩子们讲话，很认真地备课，很快就把作文退还给学生，你也鼓励进行小组讨论，给羞怯的人壮胆，以及对好打架的人加以限制。

一个人是谁，一个人应该怎样行动，切实地遵守同一性和遵守一个人做出的承诺意味着什么？责任和形成这类深思熟虑的观念有较多的关联，而和服从群体以及服从其规则具有较少的关系。因此在我看来，教师的职责就是帮助孩子们理性地思考他们行为的意义、目的和效果（用教育的话语来讲，就是成为有反思精神和批判性思维的人），有时候，当他们敢于无视别人的意见时，要支持孩子们不按照常规办事。成为一个负责任的人可能意味着大胆地说出违反学校规定和学校忠诚的话，也可能意味着反抗教师的要求，因为教师不公平，或者因为要优先考虑其他更紧迫的事。

更深入的思考

在他们考虑道德教育的初始阶段，艾吉曾希望，这个小组能够提供一套从这个领域得出的活动，然后全体教员就会赞同其中的一小部分。她曾意识到有些活动是可能发生的，如课堂讨论、学生自治、同伴辅导和调解、服务活动、道德两难故事、品格倾向的文献，以及一些重大问题。但是，即便这些早已在计划之中，她和其他人也开始认识到，道德既模糊不清又具有多面性。他们不可能在没有更透彻地分析这种努力的目的以及实现这些目标的有争议的手段之前，就提供一系列活动。这些活动的基础就是要求展现出来的一些内在假设。

为了更全面地评价这些教师的争论，**我们**必须看到**他们**所看到的那些方面。一个孩子从另一个孩子那里偷窃午餐，这种行为很坏吗？如果你孤立地判断这种活动，那么答案是肯定的。但是，假设这个小偷是个相当善良和可靠的孩子，而且这种行为是“出于品格”才这样做的呢？或者如果他是为一个饥饿的朋友而拿的，只拿走了两块三明治中的一块，而把另一块归还了，那会怎么样呢？或者假设他并不知道不应该拿这份午餐盒，他还没有掌握私人财产这个概念呢？这些思考肯定会改变一个人的判断。那是因为道德是一个人的各种活动、品格（美德）、动机和思维（理解）的混合。我们的教师们对这些侧面有不同的强调。

对品格(美德)的强调

在某些人看来，道德主要是成为某种人的问题。哪一种人呢？一个有良好品格的人具有那些可靠的特征，具有那些堪称美德的习惯的反应方式。当然，“品格”这个术语可能还包括一些更全面的特质（幽默、严肃、内倾、外倾），但在这里我们把它仅限于具有道德意义的特质，例如仁慈、勇敢、宽容、坚定、坚持、自我约束、节制、忠诚和慷慨。

美德伦理学家优先考虑行为者（actor）（或者“agent”，就像哲学家们喜欢称谓的那样）而不是行为，这有几个方面的理由：首先，他们宣称，我们的行为实际上是我们是谁的派生物，而我们是谁却不是从我们的行为中派生出来的。其次，一个在直觉上显而易见的现象是，对大部分人而言，当我们对人进行判断时，会表扬他们的品格、他们持久的倾向、目标和全部生活模式；我们会原谅那些有良好意图的人所犯的错误，并且对有不良意图的人所表现出来的好行为表示怀疑。第三，在任何美德中所包含的情感和思想的混合——道德意志、道德敏感性和道德分析——反映了现实生活中道德行为的心理混乱。

美德伦理学家表现为两种变体——一种是传统的和保守的，另一种是当代的和自由的——他们在当今的市场地位中进行着激烈的相互竞争。在许多具有品格教育倾向的思想家看来，诸如以上提到的那些道德上的美德，在要求掌握过去常常称之为我们的“爱好”的东西方面具有共同之处。哲学家菲利帕·福特(Philippa Foot，1978)把美德称为“矫正品”(correctives)，因为它们“在某一点上，有一种可能会遭受抵抗的诱惑力，或使之成为好的动机缺陷。正如亚里士多德所说，美德是关于那些有困难的事……”

所以，哈代·诺克斯在他的课堂教学中设立了许多常规——日常的问候、礼仪、日常事务。在哈代及其有类似想法的同事看来，其中的要点是，虽然这些常规不具有内在固有的重要性，但它们能“建构品格”。良好的品格和习惯的形成有联系：品格指的是具有道德意义的个人特质，习惯指的是行为模式。例如，亚里士多德(1987)曾强调品格和美德的核心重要性，他主张，正如一个人通过建筑活动而成为建筑师，通过弹奏竖琴而成为竖琴师，以及通过做出勇敢的行为而成为勇敢的人一样，一个人通过做出美德的行为而成为有美德的人。

在哈代看来，道德主要是和形成对利己冲动的自我克制有关，它和能够并且愿意怀着并非冷淡的心情或竞争的敌意而关注他人的利益有关。这就是为什么他要求孩子们要做出符合常规的行为的原因，即便某种常规可能并没有独立的道德价值。他认为，孩子们的自我控制越多，就会越有益于他人，并且有益于社会的美好。因此，在哈代看来，遵守合理的规则本身就是一个道德问题，选择他或她将要做出规定的(合理的)规则，是一个教师的选择自由。对教师来说，决定是否规定任何特殊的规则是可以任意选择的；对学生来说，遵守教师选择的规定是应尽的义务。

玛丽娅认为哈代的“常规”是不必要的负担，甚至是危险的，做出那些听起来很好的决定具有比哈代所认识到的更多的情境因素、更细微的差别和更多的困难。这种观点过分地强调习惯，可能实际上会使孩子们更不可能做正确的事情，因为这种观点无视他们最需要发展的东西，无视他们反思的权力。

美德伦理学的另一个变体是，把它当前的看法归功于诸如内尔·诺丁斯(Nel Noddings)和卡罗尔·吉利根(Carol Gilligan)这些女性主义思想家，她们提出了常常被称为“关怀伦理学”(或关系伦理学)的观点。这些作者们发现了在我们对他人所持有的倾向中的道德意义，以及在情感领域而不是在习惯领域的一种更确定的行为指导作用。她们贬低规则道德的重要性，这种规则道德试图使行为准则在儿童(或成人)身上表现出来。这种观点被视为既具有过分的约束力，又在看不到规则的地方使其伦理的力量具有严重的缺陷。根据这种关怀伦理学的观点，追求这一条道路还是另一条道路，这种可能性与顽固地灌输一些习惯的行为模式无关，或者与一个人“约束”和“更正”对自然的爱好几乎没有关系。这种观点也极度轻视理性反思的价值。在儿童之间发生争论时，导致对冲突做出公正解决的并不是对正确和错误的分析，而是相反，每个孩子和另一个孩子一起强调(用诺丁斯的语言就是“善于接受的注意”)的能力。诺丁斯说：“关怀可以在关心的活动过程与公正之间建立一种联系。从年代顺序上讲，我们首先学会受到关心意味着什么，然后，我们逐渐学会既关心别人，又通过扩展来关怀别人。这种关怀几乎肯定就是我们的公正感的基础。”寻求关爱和关怀别人被视为人类天生的属性，虽然肯定需要提供养分和进行培养。

关怀伦理学和较传统的品格观都相信，一个面对道德决定的人将或多或少很快就会知道如何做出正确的反应。这种洞察力在一个对“正直的非犹太人”的动人描述中得到了清楚的说明，这些正直的非犹太人在第二次世界大战期间通过把欧洲犹太人藏在家里而使他们免遭灭绝(Oliner & Oliner，1988)。当人们询问这些救援者，他们为什么要冒着生命危险营救陌生人时，大多数人都引证了他们和支持这些营救努力的政治、宗教以及社会群体的隶属关系，有些人则是受对犹太人的悲惨境地的移情所驱使。当由此而做出以美德来“建构”的决定时，此时他们就是自发的。对他们来说，“帮助犹太人并不是在紧要关头做出的一个决定，而是由一种已经确立的品格和生活方式所预见到的选择”。尽管显然存在着危险，但大多数救援者都报告说，他们是在“一瞬间”做出的决定。确实，许多人都报告说并没有体验到某种选择，他们不可能有其他的选择。

因此，虽然美德伦理学的这两个变体都承认，美德必须经过培养才能发展起来，但他们都对道德决定的理性成分表示怀疑。

对行为的强调

在全面领会美德伦理学的吸引力之前，我们必须暂停一下。谈论美德的特质可能含有和它想要做的事大相径庭的意味。劳伦斯·科尔伯格(Lawrence Kohlberg，1981)曾否定性地谈到一种“美德袋”(bag of virtues)，它包含了一些随意组合的、模糊的行为特质。

> 这种道德品格取向的一个困难是，每个人都有自己的美德袋。但是，问题不在于组成一个关于美德和不道德行为的确定清单，而是可以更深入地探讨。虽然讲授诸如诚实或正直这类美德的观念可能确实不会引起争议，但同样真实的是，模糊地一致同意这些美德的善行，会把人们实际上对其定义的大量不赞同隐藏起来。一个人的“正直”就是另一个人的“顽固”，一个人在“表达你的真实感受”时的诚实就是另一个人对他人感受的不敏感……学生抗议者们把他们的行为看做是反映了利他主义、理想主义、觉知和勇气的美德。而持有相反看法的人则把同样的行为视为反映了不负责任和对“法律和

秩序”不尊重的不道德行为。虽然这种困难可以在大学教育中得到明确的承认，但中小学教师则更容易认为，他们根据美德袋做出的判断是客观的，不受自己的价值偏见支配的。然而，父母却并不认为，一个儿童因某事而没有遵守老师的“不合理”要求就是错误的，即便这位老师把这种行为称为“不合作的”，就像某些教师倾向于做的那样。

其次，美德倾向的道德观无法回避行为的重要性，因为行为就是人们开始怎样知道品格的方式。一个有勇气的人就是做出有勇气的行为的人，一个有关爱之心的人就是因为关爱的行为而受到注意的。问题难就难在这里，因为关爱的冲动和习惯可能会把我们引上歧途。例如，有时候过分的关爱可能会妨碍人的发展，而“粗暴的爱”可能是一种冷水的补剂。英国哲学家沃诺克(G. J. Warnock，1971)坚持认为，行为是内在地比品格、动机或情感更“根本性”的。

> 显而易见，行为不**仅仅**永远是道德思想，或道德讨论或言论的主题……而且，似乎可以合理地说……或多或少总有一些人会直接提到行为，这种提法总是存在的，而且是根本性的。之所以说一个人在道德上是好的还是坏的，至少主要是因为他所做的事或没有做的事。一种在道德上很坏的品格，就是在道德上做出很坏的或非常错误的行为倾向。通常情况下，动机和情感则经常会倾向于导致行为……如果可以合理地说，一本书在道德上是坏的，这可能是因为写作或出版这本书被认为是一件道德上不好的事情，或者是因为有人认为，读这本书容易怂恿人们以道德上不可接受的方式做出行为。由此可见，当出现道德问题时，总是会或多或少地直接包含着某些做或不做的问题，或理性存在的问题。

哈代相信行为的核心重要性。虽然他也赞成美德，但在他看来，品格是在行为中，而不是在素质倾向中表现出来的。但是，对行为做出判断并不是不进行比较。相反，哈代相信，这种做法过分随意了，“让我们尝试来理解你”，这是一种缺乏比较的倾向，因为我们**变成了**我们的行为，正是我们的行为形成了我们。如果一个孩子受一个持有这种观点的成人权威的控制，相当经常地做正确的事情，那么，他就会发现一种在正确行为中获得的满足，这种行为并不是通过其他孩子的反应或经过讨论而做出的。做正确的事情一定会成为习惯。

对行为者情感和动机的强调

玛丽娅观点的支持者更多地关注行为背后的直接动机。他们会注意到，一种行为可能看起来是善意的(或有恶意的)，但是，一旦知道了这种行为的意图或动机，就可能具有完全相反的性质。一个孩子想要下课后留在教室里打扫卫生，一旦我们发现他的计划是想要偷窃食品柜里的东西，那么，这种行为看起来就是不道德的。当学生的饶舌行为(讲闲话)是真诚地想要阻止相互伤害时(就像在唐的情境故事中那样)，那么，和一种自私的利己行为相比，这种饶舌行为看起来要好得多。更容易引起争论的是，当了解到一个学生想要使一个伙伴免受莫须有的虐待或者为了忠诚地保守秘密而撒谎时，那么，我们可能会原谅这种行为，或至少谴责得不那么强烈。

对动机的强调可以从表示怀疑开始，对注重品格的观点表示怀疑，和对注重行为的观点表示怀疑。玛丽娅不赞成哈代热衷于品格建构，或者相反，她对品格的解释比哈代的解释更少道德的拘谨。她也关注人内心的本质，但她发现，比一般的素质倾向更重要的是每一种具体行为的动机。如果在某些情况下一个人撒谎是为了保守一个秘密，那么，就不应该对这个人做出严厉的评判。(我们大家不都是这样吗?)无论美德和习惯是多么拘泥于细节和自我约束，都可能是无心的，有时可能是有害的。确实，她很怀疑那些坚定不移地恪守职责的人，他们从不欺骗和撒谎，但却常常令人无法容忍，而且对自己的良好行为有一种几乎是自命不凡的傲慢。他们缺乏人类天生的同情心，在她看来这才是一种更核心的特质。

当然，只有良好的动机是不够的。不想“陷入困境”或者“使我的朋友对我恼火”，可能会把一个人引上歧途。儿童必须学会，把保护他或她自己的舒适地位的动机与一些更有价值的动机区分开来。表面看来很体面的动机可能是怯懦和卑鄙的一个借口。一个孩子在把作文给他的父母看之前就把分数改了，以便使他们感到高兴，或者想要得到大家的赞成而同意这样的规定，“如果你想加入我们的俱乐部，你就不能和某某成为朋友”，对这个孩子的行为我们是不赞成的。

对推理(反思)的强调

劳伦斯·科尔伯格遵循的是伊曼努尔·康德(Immanuel Kant)和约翰·杜威(John Dewey)的传统，在他(1981)看来，道德是在一种经过认真推理的自愿选择的情境中对多种可能的选择做出的深思熟虑的反思。道德教育就是教会孩子怎样**思考**道德问题，而不是进行规劝或强行命令。一个人作为一个自主的行为者在规定的理性原则指导下，在一定程度上解决了那些有矛盾冲突的要求，这个人就是有道德的人。“我是根据一种道德判断、方法或观点的形式特征，而不是根据其内容来界定道德的。”**道德**(morality)不是复数，就像**美德**(virtues)那样，而是单数，而且它是在儿童的认知发展中找到其根源的。道德的本质是公正，但是，公正和品格教育的倡导者们所提出的美德是不同的。它并不是一种(像关怀那样的)行为倾向，或者是一种(像诚实那样的)人的品质；它是从无偏见的推理活动中产生出来的，通过推理儿童学会了把他们的(天生的）自我利益和他人的利益相平衡。

注意，这种态度是一种和许多学校所赞成的遵守规则的伦理学相对立的态度。他们（我们相信这是一个非常大的“他们”）更赞同埃米尔·涂尔干（1925/1961）的观点，涂尔干是一个关注学校教育的早期社会学家，他认为道德行为就是相当简单地遵守预先确定的规则。

> 使一个人自身的行为举止合乎道德，这是一个遵守规范的问题……这个道德领域就是职责的领域；职责就是做出符合规定的行为……这样一来，我们就可以说，道德就是由预先决定行为的一种行为规则的体系组成的。它们规定了在某些情境中一个人必须怎样行动，行为得当就是在良心上服从。

玛丽娅对遵守规则的怀疑类似于对行为倾向的道德的怀疑。她希望她的学生能够理解规则背后的推理，甚至做出他们自己的推理，阐述他们自己的规则，以便适应他们自己的情境。约翰·杜威（1908/1960）注意到，以规则为本的习惯可能会成为敷衍的理由和成为一层空壳。当情况发生改变时，此时要求对情境进行重新考察，坚持习惯就会把我们引向歧途：“这个‘好人’要停下来休息一会儿，使自己只受所获得的正确习惯的力量推动，这时他就失去了警惕；他不再警惕地注视着。由于这种丧失，他的善行也从他身上脱离开。”

G.J.沃诺克（G.J.Warnock，1971）赞成这种观点，他强调选择的经验在道德行为中的核心重要性。

> 成为一个“道德的行为者”，这种能够做出道德的或不道德的行为，并且能够根据他的行为而做出道德判断的生物，就是……正视在这些情境下可供选择的行为过程，就是对支持还是反对这些选择的考虑进行把握和衡量，就是做出相应的行动。所提出的要求就是要有某些理解和思考的能力，某种进行选择的能力，当然，如果想使这些能力得到实际的实施，也要有一些可以替代的行动过程，至少有时候要有在它们之间做出选择的行动过程。

强调反思和选择会引起一种小心翼翼的关注，这种强调比对动机的强调具有更广泛的应用价值。当有人说某个行为者可能没有进行选择时，人们通常不会对他做出道德谴责。一个人由于受到严重的身体伤害的威胁，致使他做出错误的行为，这在正常情况下会免除罪责。要明确地表达“某种选择能力”是不容易的，沃诺克把这种选择能力似乎合理地描述为应受谴责的状况。虽然这种免除罪责超越了对身体伤害的威胁，但它强调的是，无论多么强烈地渴望得到，损失了所期待的利益显然是不够的。在“如果你不把某件东西从那个女孩的书包里偷出来，在课间休息时我就会痛打你一顿”和“除非你偷了某件东西，否则我就不是你的朋友（或者不让你加入我们的俱乐部）”这两种说法之间有一个重大的差异。那首关于同伴压力或羞于失败的含有诱惑力的歌曲（“在考试时除了作弊我别无选择，我必须通过课程考试得以毕业，我的父母交了那么多钱供我接受教育，我不能让他们失望”），可能在当今时代的许多人，听来都很让人同情，但是，如果认为这种观点有任何意义的话，即把道德观念视为对选择的一种限制，那么，就必须把这种观点的正当理由或借口排除在外，即我做错误的行为要比不做错误行为更好。

找到平衡

在解释某种行为时情境是很重要的，这一点向我们表明，把注意的焦点集中在这种行为上，常常使人无法做出正确的道德判断。当一所学校变得如此受规则约束，以至放弃了对儿童意图和理解的注意时（这常常就是因为有太多的孩子违反太多的规则，才使一种富有思想的、灵活的、有个人特色的考虑得以流行），道德教育计划就只能徒有虚名。

在采取行动之前，品格、动机和决策过程的性质会公正地对人的判断产生或多或少的推动作用，这要依赖于情境而定。这些特征还应该推动人们进一步思考这个问题：当发现一个孩子的行为在道德上有缺陷时，一个教师或学校怎样才能最好地对他施加影响呢？但是，按照我们的观点，无论一个人把行为的性质、行为者的特征、他或她的动机视为主要的，还是把深入到行为决策中的思维的性质视为主要的，这些都不是最主要的因素。最根本的是，一个人在那一方面的偏爱不至于如此强大，使他或她有意地轻视那些不太喜欢的因素。和在其他地方一样，最重要的是，我们每个人都要觉察到，并且都**稍微依赖于**所设想的选择，警惕一些特殊情况的出现，这些特殊情况可能随时都会建议我们做出更广泛的判断。

该轮到你了：品格与动机

实施道德教育的学校最有可能采纳美德教育的观点。正如博纳姆的在职培训经验所建议的，他们要么采纳现存课程中的美德，要么选择他们自己的一套美德，并且“提倡”其中的一种或多种，使之持续一周或一月之久。

（一）要么你自己一个人，要么和别人一起，设计一份你自己的简短的“美德”清单，并且描述每一种选择的意义。

1. 选择把哪些美德包括在内，对此你有什么问题吗？
2. 当从一个抽象的术语转向某些具体实例时，你发现对这种美德的阐明变得更难懂了吗？

3. 你能想象一个批评美德教育的人发现，美德是如此模糊，以至于就像是一个空的容器吗？
4. 有没有办法解决这种争论，并坚持一种具有美德倾向的观点呢？

（二）你班上的一个孩子总是和别人“分享”，无论这是他的财产、食物或者甚至是钱。他也是第一个做日常杂务的志愿者，而且有时候是主动做的。他当然非常善良、慷慨，对班集体做出了贡献。不过你却怀疑他是在“收买”友谊和好意。

1. 你关心这件事吗？
2. 你觉得审查他的动机有道理吗？
3. 你会怎样说明这个问题？

（三）你的一个学生身上有股难闻的气味，邋遢，杂乱无章。他的书桌上乱七八糟，他用袖子擦嘴，他迈着笨重的脚步走路，而不是正常走路，他的背包因为沾满了果汁的污渍而黏糊糊的，他很少对人说请或谢谢你。但是他的脾气很好，除了你之外，似乎没有人认为他的行为不适当，而且他也关心学校的工作。

1. 这些行为代表品格缺陷吗？
2. 如果是这样的话，他不具备哪些美德？
3. 这种情况应该成为教师或班级关注的事吗？
4. 你会怎么做？

（四）你的学校的校长决定进行一次品格教育观点的实验，并且提出每月选出一种美德，让所有的教师在认为适当的时候在他们的课堂教学中推行。第一种美德是诚实。

1. 你（一个五年级的教师）对接受这项任务感觉如何？
2. 你现在在你的班里是怎样处理诚实问题的？
3. 当你对不诚实的现象做出反应时，可能会引起什么样的变化？（如果有变化的话）
4. 你会怎样预先采取行动以免使孩子们对这种美德产生敏感？
5. 你对校长们有什么忠告？

第五章
道德教育和家庭

情景介绍

艾吉向康尼建议说，她打算召开计划小组的下一次会议，因为迄今她仍然感到轮廓不清晰。康尼马上同意了，她被经常举行班会的**观点**所吸引，但担心班会可能会失去控制。至于一般意义上的道德教育，简·博纳姆的在职培训展示只不过使她的这种观点具体化了，即这可能会损害传统的家庭或和学校分离。在她所列举的担心中，有三种位居前列。

第一，个人问题，她总是认为这属于指导咨询员的职权范围，担心这会成为大家的事。康尼认识到，对孩子们的谈话进行检查是和创造班级的凝聚力相对立的，也是和共同的道德使命相对立的，必须为展示情绪和坦诚的集体对话留出可用的空间。但是，即使在这些开诚布公的场合，也必须为教师和学生之间那些半私人性质的秘密保留一个空间，为儿童和家庭完全私人的生活保留一个空间。面部痉挛和口吃、肥胖和恐惧症都将在众目睽睽之下接受群体的检查吗？现在连花钱的习惯和穿衣的习惯也要接受公众的评论吗？

第二，她担心，如果孩子们可以自由地谈论这种个人的事，那么，家庭和学校之间的界限由于公认是可以渗透的，就会完全消失。人们所关心的这两件事情之间并非没有联系。当一个孩子的某种行为或不可接受的行为成为讨论的主题时，关注的焦点就会自然而然地转向家庭，就像在唐的讨论中一样。一个孩子会因为父母对报复行为的鼓励而打架吗？在学校中的恃强凌弱行为和邻里之间的小集团有关吗？

康尼意识到，这是一件很冒险的事。如果儿童不能坦诚地谈论遭受拒绝和悲伤的感受——这些感受常常植根于家庭生活之中，那么，他们就不会发展起“关爱之心”。一个人不可能通过避免暴露个人问题而学会区分正确与错误，不允许对可能属于“个人的”问题做出判断，就更不可能学会区分是非了。可以夸耀你父母购买的东西吗？把一个贵重的电子装置带到学校里来，而且不和大家分享，可以吗？还有各种各样潜在的问题充斥着她的头脑。当一个孩子首先提出了个人问题时，教师需要经过父母的同意才能对此进行讨论吗？教师要为一些个人的细节问题而询问家庭成员吗，例如如果一个孩子对父母即将离婚很忧虑？教师们已经发现，当开始考虑一些隐私的事情时，自己的心态是很复杂的。只要一提到家庭的事情，有些教师就会闭口不谈了，而少数教师则未经许可就(正如她所看到的)轻率地涉足到家庭事务中。但是，学校已经在设法缓慢而费力地探讨……直到现在。

第三，使界限消失是在两个方面发挥作用的：把学校的事情透露给家庭和把家庭的事情透露给学校一样，都是令人头疼的事。如果我们对家庭进行控制，家庭就会越来越多地对我们进行控制——这可不是一个吸引人的前景。没有一个教职员工愿意让他们有限的自主性被更多父母的监督和干涉进一步侵蚀，每年都有很多学校活动引起某些父母的胡批乱砍。

康尼反复思考着，对我们来说，这项任务就是形成一些指导方针，怎样在保护父母自主性和家庭生活私密性的同时，也保护教育工作者在学校的生活自主性，从而使这两个机构更好地结合起来。她设想，拒绝某些和学校的道德生活无关的个人主题是很容易的，例如兄弟姐妹关系或家庭政治党派。有些主题可能需要加以说明，如果这个问题涉及课堂教学，侵害了学校中的一些关系的话，例如离婚、疾病和伤残。但是，划这个界限是一件很困难的，甚至是有危险的事情。例如，当孩子们意识到学校对"酗酒和吸烟习惯"持反对的看法，想要和他们的父母谈论这些事的时候，他们会怎么做呢？

父母对学校进行控制似乎是一项更棘手的任务。她知道，过去有些父母曾对给孩子们指定的图书、修习的课程、提供的课外活动，提出过反对意见。随着道德教育所提倡的家庭与学校之间透明度的增加，学校该怎样回应父母的反对意见呢？学校想到的是**孩子们**的最大利益，而父母所想到的是**他们自己的孩子**的最大利益。回想起哈代最近曾提到过一个诸如此类的问题，康尼在计划小组关于家庭与学校问题的下一次会议期间，建议应该从他所提到的这件事开始。

哈代急不可耐地要讲话了。还没等康尼把她的主题介绍完，他就脱口说道："康尼，谢谢你把这个问题提出来讨论。和你假设的大家所关心的那些事不同，我有一个需要马上采取行动的事情。我以前没有发现它和道德教育任务有关，但现在我认识到，它和那些界限以及我们的专业自主性有关。我希望听听你们大家的意见。"

"我们都全神贯注地听着呐，"康尼说，她很高兴一位教师有这种不同寻常的境界，征求这位指导咨询员的意见。

"好的，这个总的主题是，谁来决定我们是否开始实行一个服务性学习计划，我认为这件事应该成为道德教育计划的核心。不过，请允许我先描述一个已经解决了的问题。几个星期之前，我无意中听到我的班上几个女孩子计划把最近死去的两只仓鼠埋葬。有几个学生甚至在这个年龄还不愿意接纳她们的悲伤，他们宣称，埋葬这些愚蠢的动物是很愚蠢的。谁还在乎这些愚蠢的仓鼠呀！他们希望班里有一些真实的动物，一只狗或猫。但是，当然啦，他们抱怨说，对这种事学校是决不会允许的。这简直是在鼓励开玩笑。

“我决定通过召集——玛丽娅，请注意——一次班会来引导这些强烈的感情。我给孩子们解释说，虽然学校的规定几乎肯定会禁止养狗和猫，而且向一个显然已经很合理的规定挑战是没有意义的，但我认识学校隔壁的一个动物保护所的主人，并且相信他会欢迎每周有几个孩子来帮一次忙。我们一直坚持作为一个小组进行谈话，我要补充的是，我们不是在第六层次上进行的，而是很大程度上在我的指导下进行的，他们还提出了其他一些提供‘帮助’的建议：在秘书办公室里帮助复印，在图书馆里帮助把书重新摆上书架，打扫院子，播种植物，在幼儿园和一年级帮助辅导‘小孩子’。

“我到弗雷德·海尔特那里，告诉他班里想要每周利用一个下午开展‘帮助’活动。他很热情地说：‘真是个好主意，哈代。在这个学区还没有别的小学开展服务性学习，因此，这项计划应当使我们在上级那里看来很不错。如果你先在小范围内开始，我们就可能会得到一小笔钱，并且使它成为明年全校的活动。’到目前为止，一切顺利。我们迅速地制定了计划，我发了一份家庭通知，向父母们做了**通告**。

“有几个父母做了赞同的回答，但大多数父母没有回答。正如我们准备遇上的——麻烦！一群父母绕过我，直接向海尔特提出了抗议。他们的论点是，服务性活动对孩子们来说，当然是对他们的孩子来说，是不合适的。教师应该提高学生的数学和阅读分数，而不是让孩子们把时间浪费在做辅导活动上。让那些不会阅读的小孩子得到外界的帮助吧，五年级学生需要为将来更紧迫的学习活动做好准备。再者，如果学校想要进行‘道德教育’，就应当和培养品格有关，而不是在图书馆里把书摆上书架。他们评论说，我在控制住孩子们使他们规规矩矩、有礼貌和坚持使他们形成有纪律的工作习惯方面做得不错。我应该坚持既定程序，不要被冲昏了头脑。

“他们没有先到我这里来，这使我很生气，但我却要努力平息他们的怒火。有一天傍晚我们在学校里会面，我请求他们同意这些可供选择的活动，指出我们会使服务性计划自愿进行，为他们的孩子提供其他可供选择的学术活动。别的什么也不会做。父母们却坚持不动摇。他们在教室外面交谈时警告说，如果这个问题不能迅速地解决，就要告到地方教育官员那里去，然后告到学校董事会去。

“第二天，我的一个学生戏剧性地转达了他父亲强烈否定的回应：‘我好心地把税款交到这所破学校里来，是为了让你们能关心动物吗？没门！我决不允许！如果我要你从狗笼子里铲除粪便，那是我的事。我对诺克斯先生评价很高。我认为他知道铲除粪便不会使你得到一份体面的工作。’因此，对于把他们召集到海尔特的办公室，我并不感到惊讶。但是，我感到吃惊的是，当他告诉我那些父母们已经到拉尔夫·森特，那位市教育局长那里去了，而且他已经完全否定了这项计划，并遵从了父母们的意见。他告诉弗雷德：‘我认为，实在不值得为这么一件事而引起如此大的轰动，所以，请再换一种方式吧。’这就是我们现在的处境。弗雷德要我回到他那里去，商量一下怎样向这位上级做回答，以及在更广泛的意义上说，思考一下服务性学习在我们道德教育提议中的作用。”

“这正是我所预料到的那种两难问题，”康尼沮丧地评论说，“话已经说出去了，我们要进行道德教育，所以，现在到动物保护区进行郊游，在以前这只不过是一次附带的短途旅游，如果有父母反对的话，只要略施巧计就可以解决，现在却成了大事。现在它是‘服务性学习’的一部分，而‘服务性学习’可能是学校核心使命的一个核心成分。如果它就像数学和阅读那样，具有核心的重要性，怎么会成为一件我们允许父母加以否决的事情呢？但问题的另一面是，当它成为核心成分并呈现出道德的方面时，触及到了父母们的内在本质，触及到了他们对学校教育目的和孩子们对他人值得怀疑的义务的一些感受，这些感受是根深蒂固的，通常被深深地埋藏着。因此在这一点上他们要和我们进行争辩，我们越是使它成为一种强制性的、全校范围的首创精神，就越会引起更强烈的愤怒。”

“这事简直糟透了，”显然深感困扰的哈代说道，“我认为这个主意是非常好的；它是从孩子们的牢骚中产生的，这本身就特别令人满意。我相信这件事是对的。海尔特也相信，而且也符合学区自己的指导方针。父母们常谈论纪律的必要性。那么好吧，还有什么比打扫一个脏笼子，然后再一个，然后再一个，更符合纪律的要求呢？铲除粪便，是啊，太对了。我倒是没有想到。不过这倒是个好主意，真是在进行品格建构。

“而且，父母们说，孩子们增加几个小时的学习时间将会得到更多的收获，这种说法是错误的。他们不可能得到更多。他们将失去一次与世界接触的机会，对此他们极少体验，也失去了一次在其中感受到自己有用的机会。至于学习上的损失，哪一项研究表明，每周少花两三个小时在五年级的数学上，会损害你的学习能力测验(SAT)的分数呢？

“但是我很同情海尔特。一旦父母们被激怒，一切就会大乱起来——铺天盖地的新闻报道、电子邮件、传真、法律威胁，压力、压力、压力。”

“虽然你遇到的是合理的麻烦，哈代，就像这种陷入混乱的麻烦，但是，我对它的发生感到很高兴，”艾吉加入进来，“这正是我们作为提醒者所必须做到的，我们不能在真空里实施道德计划。我们的某项提议要被学校的所有成员接受，即使在这种不可能发生的事件中，也需要有一种更广泛的一致性。哈代，我很想知道你和海尔特是否有什么办法，能够使服务性学习成为今年一项自愿参加的实验，同时我们在一起对这件事进行思考——特别是要考虑父母们的作用——把它作为我们道德教育总体计划的一个成分。”

“我最初也是这样想的，让大家自愿参加，”哈代回答说，“但是现在我倾向于反对这种做法。父母们的反对告诉我，通过让孩子们注意别人的利益而把他们令人难以置信的自我利益放在一边有多么重要。”

“让我们面对现实吧，哈代，你对父母们不礼貌的言行和粗暴无礼深感愤怒。”康尼说，“我也理解，他们和你商量的时候应该是有礼貌的。哈代，还是现实些吧。不管服务性学习有什么优点——我希望从来没用过这么个术语——我们都不能使它成为强制性的，人们不会广泛接受的。”

“康尼，为什么你和别人会认为‘现实一些’就是这么一张王牌呢？现实是可以改变的。我们是强制实施健康教育的；记住，最初有很多人反对。我同意，征求更广泛的父母社群的意见是至关重要的，但是他们的态度和以前不一样了。通过几次精心计划的会议，我们就可以使他们同意让孩子们每周花几个小时从事服务性活动。而这样做并不是为了丰富他们的个人简历，尽管这是一个令人烦恼的动机。不管怎么说，是成功还是失败，我都不想这么快就放弃这项事业。”

认识到他们两人之间不可能迅速地解决问题，康尼便问道：“哈代，我们能暂时宣布停战吗？并转向学校和家庭平衡的另一边——也就是，我们站在他们的立场进行思考，而不是让他们站在我们的立场进行思考？”

听到这个建议，玛丽娅才第一次发言：“康尼，我很高兴沿着这些思路提供一个事件，这件事使我非常生气。或许你们大伙都有多年的教学经验，已经经历过这种事，不会认为这件事很复杂，但是我却处在一种真正的两难境地。”

“我们不妨听一听，玛丽娅，”为了消除疑虑，哈代说道，“同病相怜啊，不管怎么说，我们并不常有这么好的机会来相互分享两难问题。”

“这事和我的评分有关，”玛丽娅继续说道，“班里有一个孩子叫肖恩，他的家庭处境很困难，我在打分的时候已经有所考虑。当我在他的试卷上写道，我并不认为 F 是他在这个学期的等级分数〔1〕，因为我知道他最近承担着很重的家务（实际上，家庭的重担已压在他身上了），尤其是他还要照看他的侄女，这一定会干扰他做考试准备，这时他的母亲 S 女士却很生气。这位母亲并不认为我的姿态是一种友好的表示，相反，她谴责我对富人和穷人的孩子有不同的标准。有一天晚上她在电话里对我大发雷霆。她的孩子在上学前和放学后做什么，这不关我的事。我怎么会了解到这个家庭的活动情况呢？而且假定我以前就知道，在采取行动之前，怎么会不和她商量一下呢？如果不提出更高的要求，我怎么能够期待她的孩子在这个世界上成就任何事情呢？然后她开始说起那些本意良好的教师来——至少她使我注意到这些意图是良好的——但是，这些教师躬着腰拼命做事造成的伤害要多于带来的好处。‘不要躬着腰，’她说，‘和他一起站直了。告诉他，他都干了些什么。这就是我的做法，这也应该是你的做法。’”

玛丽娅停顿了一下，以便看看大家的反应。“玛丽娅，我们大家都听到过这样的抱怨，”哈代安慰道，“这经常和你听到的抱怨相反。更多的抱怨有‘我们对家庭的紧张情况不够敏感’、‘妈妈刚被解雇，而爸爸酗酒’、‘你要对付这类牢骚的方法就是’……”

“等一等，哈代。”这次是艾吉打断了话头，“我还没有听到玛丽娅寻求大家的忠告。我们必须更多地思考一下这些差异的意义，而不仅仅是考虑怎样‘对付’它们。”

〔1〕在很多西方国家，学生的考试成绩是按照 A、B、C、D 等来评价的，F 是个成绩相当低的分数——译者注。

玛丽娅继续说道："我对这位母亲提出的要强硬起来的要求深感烦恼。S女士说，她要求对每一个等级分数都要进行计算，要求把孩子因为没有完成作业而提出的任何借口都要和她进行核实，当作业是在规定的日期之后交上时，她要求进行严厉的惩罚。她的意思是要严厉：第一次迟交作业要罚学生课后留校一周，第二次迟交要罚两周。这是我万万不能做的事。

"我很同情这位母亲以及和她类似的其他父母。他们生活在一个严酷的世界上，我猜想，他们除了用'粗糙的'方法解决所面临的任何问题之外，不可能有用任何其他方法解决问题的经验。这并不是我在对他们进行判断，当然也不是严厉的，但我确信，他们的这种态度是可以理解的，但他们的方法却丝毫也没有解决问题。我认为S女士并没有认识到，即使肖恩非常负责任，要他跟上学校的学习要求也非常困难，如果我给他记上F等级，他会变得多么沮丧。我还认为，她并没有认识到，在他周围总是有电视的噪声和很多的人，他是无法做好作业的。我已经就此和她进行过讨论了，但是她还是不肯接受我的'干预'，她是这样说我的。我怎么知道她的儿子做作业需要有什么条件呢？她倒是说对了，我是个教师，我应该对学习方面的事情有所了解。"

"好吧，玛丽娅，"艾吉说，"你给我们布置了一个艰巨的任务，再说一遍，这正是我们所需要的。你不用担心，这不是一项简单的任务。我们大家，甚至哈代，都无法轻易的向你提供解决方法。"哈代对这些打趣的诋毁未置可否，这时康尼开始发言了。

"我认为，像玛丽娅和这位母亲那样来讨论问题，她们会在一系列问题上争论不休。我以前也遇到过这类父母。玛丽娅会发现，S女士的很多生活方式是不利于学习的，而这位母亲也肯定不赞成玛丽娅的'软'教学方式。"

"康尼，你真是不可思议，"玛丽娅突然打断说，"S夫人已经对我不直接回答孩子们的问题，而是征求他们的意见，或者征求一些论点以支持其他观点的习惯提出了怀疑（而且我猜想这种怀疑很快就会变成抱怨）。"

"这位母亲的话有一点道理，"康尼继续说道，"玛丽娅认为是鼓励孩子们**参与**的事情——大量的参与、自由发表意见、有机会向教师挑战——这位母亲却认为是**迎合**他们。她很可能相信，孩子们应该尊重他们的长辈，首先要尊重教师。一个孩子怎么可能把教师作为权威人物来尊重，而同时又坚持向她挑战呢？那是尊重的对立面。尊重就意味着服从，当肖恩在家里试图和**她**辩论时，她已经很清楚地表明了这一点。教师应该很聪明，知道很多事情，而且确实能够给孩子们提供知识，而不是从他们身上吸取知识。如果孩子们已经拥有很多知识，足以论证他们的观点，他们何必还要来上学呢？她不会赞同玛丽娅关于孩子们**建构**知识的观点和进行**反思**的价值观。

"当生活在危险环境中——这种危险可能来自邻居或警察——的一个穷孩子开始对成人的规则进行争论和拒绝服从时，他就会遇上真正的麻烦。那些外部环境很安全的孩子说出他们的想法，进行冒险，不受严格责任的限制，这是很好的。有什么害处呢？但是在有些环境下，如果你进行冒险，甚至在错误的时间呆在错误的街道上，你肯定不会很快就进行另一次冒险。”

“康尼，你为一个新教师描绘了一幅凄惨的图画。有什么办法能避免这种冲突吗？”玛丽娅问道。

“呃，对此倒没有什么新颖的东西，”康尼回答说，“如果没有发生危机，我们就倾向于把它们消灭在萌芽状态。既然有些问题可能已经上升为**道德**问题，我认为我们需要有一些更明确表述的指导原则。其中有一些——例如，家庭的宗教仪式或他们所吃的食物，甚至怎样用纪律（不太残忍地）惩戒他们的孩子——毕竟不会经常渗透到学校里来，因此我们不必对此进行争论。但是，当这种因为在家里发生的事情而导致需要更宽厚地进行等级评定时，呃，这确实是一个关于公平的问题了，对此你和你的学生的母亲是强烈不一致的。因此我们需要加以说明。”

“但不是现在。”意识到会面的时间悄悄逝去了，艾吉这样说道。

教师们的思考

康尼

所有这些关于指导原则的谈话，使康尼开始思考自己所担任的指导咨询员角色的道德强制力。教师经常会要求她对一个孩子进行观察或谈话，而有时候一个学生也会独立地要求她提供帮助。主题通常限于课堂中的社会问题——孩子们相互打闹作弄人，孩子们遭到冷落，不怀好意地讲人闲话——但有时这些问题会扩展到在家庭中遇到的麻烦。她没有想到会要求她向父母们通报这些会谈的情况；他们的人数毕竟很少，还没有达到进行治疗的程度，但是，难道这是进行过分“干预”的一个例子吗？她设想，向父母们通报会严重抑制学生自信心的发展，但父母们会认为她这是没有经过他们的允许而擅自闯入吗？从直觉上讲，她并不想获得这样的允许。应该告诉父母们的至多是她在学校中担任的角色，他们可能已经知道了。这就足够了。她对侵害家庭与学校联系的反感再次得到强化。但是她不得不扪心自问，她的这种本能是否主要出于自我保护，是不是一种在道德上值得怀疑的“让我自行其是”的态度。

最近教师们的治疗安排在增多，这全都是因为这种预防性的谈话，全校都处于过度警觉的状态。从森特的办公室里传出话来，要求他（她）们对那种有可能服药过量或带着枪进入学校的孩子做出预测。再进一步，在作文中看到的，在谈话或流言中偶然听到的那些抑郁、孤独、愤怒的表露，都会引起她的注意。她要对这些迹象进行评价，当然也会**做些事情**。但是，她怎么能够私自看学生的作文，并决定其阴暗的方面究竟是创造性的还是个人的呢？她有什么权力不经过父母们的同意，更不用说经过孩子自己的同意，就刺探孩子深刻的内心世界呢？

这可真是乱套了。是的，学校需要对惹是生非的孩子保持警觉，但是，不，教师和咨询员要把一个孩子在作文中倾诉出来的幻想披露出来，这是不对的。如果一个孩子害怕自己暴露在他人面前，教师又怎么能够对“创造性的写作”(这是课程的一个目标)进行鼓励呢？对探听消息和打报告还是要有些限制。父母和孩子都应该有一些隐私；教育要求师生之间要相互信任。

哈代

虽然因为最近的遭遇使他受到一些挫折，但哈代仍然还是提倡，家庭与学校之间要保持紧密联系，但不能让父母们干预学校的课程决策。他认为，要进一步提高学生的道德，学校有很多事情可做，而又不必涉及他们现在刚刚注意到的那些不愉快的事情。他列举了一个给人印象深刻的名单：学校可以为学生、教师和职员中有礼貌的、善良的行为制定一些规范(如果你愿意的话，说规则也行)。如果这些规则涉及校外的生活，这样就更好了；如果没有涉及，作为一个教师，他也不会有被挫败之感。学校还可以要求孩子们为他们的所作所为负责，并根据他们的表现做出判断。教师不应该默许学生的邋遢、迟到或忘记做作业的行为。在家里所发生的对某些行为的鼓励或阻止——在此他赞同S女士的意见——这不关他们的事。但是，只有体面的社会行为和做出学习上的努力是不够的。它们只包括制止伤害的道德观。他还想看到孩子们变得更有责任心，玛丽娅可能称之为对他人更有关爱之心。这就需要有第三个要求：法定的服务性学习，用来衡量儿童在发展上的理解力和能力。

哈代相信，幸运的是，这些成分都没有侵犯家庭隐私。如果一个孩子因为另一个孩子的古怪行为而戏弄他，对那个孩子伤害他人行为的本质就没有必要进行讨论。应该坚定地告诉孩子们放弃这种行为，如果他们不肯放弃，就要给予适当的惩罚。对恃强凌弱和粗暴的行为也应采取同样的方法。对玛丽娅提出的反对意见，即没有进一步深入探讨攻击者的行为根源和动机，就只是在掩饰问题，而不是在解决问题。哈代回答说，学校的作用是有限的，如果教育工作者想要随心所欲地做好他们的工作，就不应该装扮成心理学家的样子。教师们要适应群体的要求，就应该有适合于全体的正确的规范，只有很少的例外，孩子因能力不足而显然无法做到的那些规范也被证明是合理的。

玛丽娅

玛丽娅认识到，哈代的观点会使他们的工作，尤其是使康尼的工作，容易很多。她还认识到，她想要把家庭问题带到学校中来讨论是有些价值的。但是她发现，康尼不停地摇动着潜在的家庭-学校冲突这面象征危险的红旗，这很让人烦恼。人们一如既往地把焦点集中在使孩子们遵从学校的规范上，这是她不愿意接受的。作为这个领域中的一名新手，她强烈地相信，或者至少在她遇到S女士这件困难的事情之前曾经坚信，合作就是这个行业的名声。在学校里制定一套家庭所不接受的规则和义务，是没有意义的。你在告诉孩子打人、戏弄人、排斥他人等是错误的时候，无论你给他们提供了什么样的信息，但那都是教师的观点，在家里这些行为却可能是可以的呀！另一方面，她并没有得出结论认为，不了解有关环境的更多信息，就认为这种行为是错误的。这就是在做出判断之前，她为什么必须获得有关还会发生什么事情、曾经发生过什么事情、施加了什么压力、有什么假设和流行什么等方面信息的原因——所有这一切都是通过"情境关系"总结出来的。

玛丽娅现在认识到，轻视学生因为情有可原的环境而导致学习成绩差，**可能**毕竟是不太公平的。或许她犯了一个错误。那么，肖恩在得了一连串的F之后，他在学校里的行为还会发生什么变化呢？谈论平等是非常好的——每个孩子都要接受一套绝对标准的判断——但那是在躲避失败成为一个不可逾越的障碍之前的事。然而，如果肖恩和他的母亲认为她不公平的话，那就不会有很多的道德教育发生。不，道德和教学不一样，它不可能被包含在学校的围墙之内。她发现，"合作"虽然在原则上很不错，但在实践中是很难实施的。

或许她应该在等级分数上让步，她能够看得出来，为什么S女士把这种姿态解释为傲慢的，虽然这样做的目的是为了防止孩子感到沮丧。但是，她当然不打算在教学方法上让步。如果学校不鼓励孩子们积极参与，那么，关于发展**批判性思维**的所有谈话，就只不过是许多空洞的修辞而已。她不可能让父母们在这一方面对她下命令，对不对？父母参与的限定范围是什么？她希望他们参与进来，并希望这种关系是没有裂痕的——或者说，她是这样希望的吗？

艾吉

正是这些问题吸引了艾吉。难道真像康尼所建议的那样，道德教育就意味着学校和家庭会增多双向的参与吗？如果是这样的话，怎样才能以双方都满意的方式使这个概念得到普遍认可呢？在他们的学校里，收入、民族、宗教和政治观点都非常混杂，这可不是一个小的挑战。有些学生是商贾权贵的孩子，有些则是长期失业者的孩子。有些学生是无神论者的孩子，有些则是严格的宗教信徒的孩子。有些家庭的父母正在监狱服刑，而有些父母则是把他们投入监狱的人。有些人可能应该被关进监狱，有些人则是被囚禁者的受害者。就公平问题达成一致是一种白日梦。当学生们感到可以在校外随意地不承认这些道德规范时，那么，寻求灌输这些道德规范不就是一种无效的道德教育规划吗？

当她听到康尼谈论隐私方面的紧张情况时，艾吉问自己，道德究竟**是**个什么样的动物啊？学生不可以拿其他孩子的东西，相互打断，或者使学习区凌乱不堪；教师不可以喜欢一个孩子而不喜欢另一个孩子，不可以羞辱一个学生，甚至把约定交论文的时间提前。是什么使这些规则成为一个道德问题，而不只是良好的课堂管理的？使一条戒律带上道德的特征会有什么**结果发生**呢？应该在**所有**类似的情境下都得到尊重，难道这不是显而易见的答案吗？当一个教师对孩子说："我不在意你在校外和谁打架，但是在学校里不要打架"，这可真的不对，或至少不应该这样说。当即将发生严重事件时，即便我们不是教师，作为公民，也要关心孩子们是怎样行为的。如果他们戴着许多珠宝到电影院去，我们可能并不在意，但是如果他们拿别人的珠宝，我们发现这就令人厌恶了。因此，我们需要父母在这些严肃的问题上予以合作。

另一方面，对隐私的保护，包括对家庭隐私的保护，本身不就是一种道德环境吗？艾吉得出的结论是，他们一定要概略地叙述一下康尼所奋力争取的这种指导原则，无论这种叙述有多么粗糙。

更深入的思考

适用于家庭

教师对儿童的大量行为施加控制，从语言到行为，到个人的外貌，常常并不考虑父母可能提出的反对意见。他们对大多数人可能认为相当微不足道的事情（"不要用手挖鼻子"，"把桌子摆正"，"不要跑"，"说话声音小点"），以及对大多数人判断为严重的事情（"你不可以排斥另一个学生"，"你一定不要打架"，"你不能把别人的论文当作你自己的"）都"非常重视"。第一类例子，虽然是在教师适当的判断范围之内，但一般被认为是违背习俗的事情，而第二类则是违背道德的。两者之间的区别非常重要，教师在考虑"做出"判断时一定要牢记在心，理由如下。

第一，人们通常认为，违背习俗不像违背道德那样值得同样严肃地注意。我们更多的是被违背道德的事情所警醒，而不是被违背习俗的事情所警醒。就是说，和孩子没有穿某件校服相比，当他伤害另一个人时，我们会更多地给予关注，并且要求孩子更多地关注。这并不一定意味着你不会对非道德的违规行为横加干涉，但信息是不同的。例如，如果一个孩子忘了让父母填写允许他参加班级郊游的表格(permission slip)[1]，你可能会把他留在学校里，后果是严重的。但是，你在劝告他时的声调将会不同于另一个孩子的情况，另一个孩子拿了别人的允诺书，把他和他父母的名字与原持有者的名字做了替换，从而获准参加旅游。这两种情况你都想要了解其动机。在第一种情况下，这个孩子真的忘记允诺书了吗？他丢失了吗？是父母疏忽大意吗？在第二种情况下，他之所以拿了另一个孩子的允诺书，是因为他不想失去这次

---

〔1〕 Permission slip是由父母填写的一种表格，授权他们的孩子可以参加学校组织的郊游。在北美国家的学校里，如果一个孩子想参加学校组织的郊游活动，父母必须填写书面允许的表格，否则就不允许孩子参加，这样，他就只能留在学校里——译者注。

旅游机会吗？另一个孩子之所以同意，是因为他或她宁愿留下来吗？你对于真正的遗忘、真正的偷窃和伪造所做出的反应也将大相径庭。遗忘并不是一种道德上的卑鄙行为，偷窃和伪造却是，而且儿童必须学会加以辨别。学习将部分地通过教师的反应而表现出来。

在遗忘的情况下，你将提醒孩子注意这条规则：没有允诺书，就不能去参加郊游。你会努力帮助这个孩子学会记住事情的方式，例如，采用有规律的日常工作方式，倒空他的书包，为第二天上学做好准备。你将希望他形成更好的习惯，以便不再因为粗心大意而受到处罚。你可能会对他很生气，也可能会为他而感到遗憾，但是你对他的责难将是温和的。在偷窃和伪造的情况下，你的判断往往超越这种行为本身，而直达这个孩子的本质。他为什么会这样做呢？对另一个孩子的反应他会怎么想呢？如果事情发生在他的身上，他会怎么样呢？这件事公平吗？他怎样才能消除他所造成的伤害，改变这种错误的做法呢？你将会让他知道，事情是严重的，需要进行更广泛的思考。

在我们看来，吉尔伯特·赖尔(Gilbert Ryle，1972)非常明智地讲述了做出这些区分的方式。

> 我们还记得，我们的父母是怎样以相当不同的音调来申斥某些行为的，他们用这些声调对我们的遗忘提出批评，或者对我们所犯的大错表示痛惜……我们还记得这两种情况之间的严重性的全部差异，一种情况是当我们受到严厉惩罚时，另一种情况是当我们因为违反了学校——或家庭——的规定而受到通常的惩罚时。
>
> 以这些方式以及无数有关的方式，我们在一种熟悉的"被教诲的"意义上接受了教诲，我们要对待，并且要真诚地对待某些压倒一切的重大事情，因此，我们最终接受了这种教诲，要更多地关心我们是否有欺骗行为，而不是关心在游戏中取胜还是失败；要更多地关心我们是否伤害了那位老妇人的感情，而不是关心是否非常厌烦她的小茶会等等。

第二种区别是，我们并不承认，一种具有习俗特点的规范像违背道德的行为一样"适用"(于家庭)。请考虑这两种说法的不同，一种说法是对一个孩子说，"在家里穿短裤和T恤衫是允许的，但在学校里不能穿"，另一种说法是，"在家里偷窃是允许的，但在学校里不行"。如果学校选择强行实施穿校服的规定，而父母并不赞同，我们可以毫无问题地对孩子说："在学校里你必须遵守这种规定，但在家里你要穿你和家人所确定的衣服。"这似乎是家庭和学校的一种合理的区分，因为没有发生道德问题的危险。但是，偷窃却是在任何(实际的)情况下都不能宽恕的事情。因此，如果一个孩子意外地告诉我们，“我的父母说偷东西是可以的”，我们大多数人都不会说，“好吧，你可以在学校外面偷，但不能在学校里偷”。再说一遍，这种差别在于，穿衣服的风格是一种任意确定的习俗，围绕这种习俗我们可以接受各种不同的品味和选择；道德却不是一种与品味有关的事情，它既是强制性的又是普遍性的。我们有责任在校内和校外都要做出道德行为。虽然这些差异的很多方面都可以直觉地感受到，但是道德与习俗和普遍性概念之间的区分却是非常重要的，也是非常棘手的，我们需要更详细地进行思考。

这并不意味着，当一个教师发现自己在道德问题上与一个家庭不一致时，他应该首先抢占道德高地，正如我们将要看到的，在道德和非道德的违规行为之间划一个界限不是一件容易的事情，更严重的是，在争论时孰是孰非也不是显而易见的。在与父母们谈话时，道德教育工作者义不容辞的责任是，把嚼口香糖的违规行为和欺骗行为区分开来。

道德行为与习俗行为

爱弥尔·涂尔干(Emile Durkheim，1925/1961)非常令人满意地宣布：“道德领域开始于社会领域开始的地方。”约翰·杜威(John Dewey，1922)虽然经常和涂尔干意见不一致，但有一点是一致的。他说，道德“是一个人与其社会环境相互作用的事情，就像走路是腿与自然环境相互作用的事情一样”。最近，罗杰·斯特罗安(Roger Straughan，1982)把道德定义为“那些需要对他人的幸福、利益和权力加以考虑的情境、两难境地、问题、决定和选择；而非道德指的是处在该界限之外的一切事情”。

当然，习俗也涉及社会问题，但是，和道德问题相反，它们对他人的利益没有**内在的**影响。它们是一个特殊的社会在某一特殊时代的文化规范，因此很容易受变化的影响。例如，男人为女人把住门，扶好座椅的后背，为女人拿着衣服，走路要走在靠近马路一侧的边上，为她们的约会付餐费；以及主动提出约会的提议等，实际上这些做法现在都有些过时了。

运用这些区别，就可以把打架、戏弄他人和偷窃划归到道德领域中，它们是一些会对他人造成伤害的行为。服装、音调和礼貌对他人只有衍生性的影响，而且只是在某些情况下才会影响到别人。在海滩上穿着很随便的衣服，在足球场上大声喊叫，以及在野餐时用手抓东西吃，都是可以接受的，但是在学校里，这些行为可能被视为失礼的，可能会使别人的生活更难堪。(因别人的衣服而心神烦乱和嫉妒，当有人大声说话时无法听讲，因为邋遢和肮脏而引起别人的厌恶)这些行为在大多数情况下被称之为与礼貌有关的行为，都处在**派生性的**道德问题的参数之内，根据人们是怎样对它们进行**解释的**而呈现出不同的道德色彩。

只有当有人把它解释为不尊重的行为时，在班上直呼老师的名字、递纸条、打嗝才是有害的行为。可以想象，在不同的时候和在不同的情况下，每一种行为都可以被解释为适当的行为。请考虑一下婚前性行为这个更重大的事情。一代人(约三十年)之前,这种行为被认为是明显违背道德的,会激起社会的道德责骂,使当事者产生强烈的焦虑和罪疚感(Kagan,1984)。经过一代人的时间之后,社会已经在很大程度上(虽然不是完全的)从把它视为不道德的,转向了只不过是违背了习俗,转向了一种可以接受的实际的行为。

当习俗代表一种表示服从社会秩序的习惯时,尽管其本身并不重要,但也可以解释为具有道德的效价。这正是哈代在赞成摘掉帽子时所持的论点,正如詹姆斯·Q.威尔逊(James Q. Wilson,1993)所提议的:

> 自我控制的日常表现,在任何特殊的情况下,都没有明显的道德含义。即使是当你把食物抓起来狼吞虎咽地吃下去会更方便时,你也是很斯文地吃饭;即使是当你赤身裸体地去开门会更快些的时候,你也会先穿上衣服,然后再去开门。我们不能说,狼吞虎咽地吃饭和赤身裸体地开门本身就是不道德的行为。但是,我们可以说,一再地重复这种行为,就会使别人相信,当道德问题就在眼前并处于中心地位时,你不会具有这种品格状态,使你宁愿不去满足你自己当前的利益,而去满足正当的、比较遥远的他人的利益。

与派生的道德范畴有关的问题在于,它是没有界限的。因为习俗的事情可以轻易地划归到道德之中(反之亦然),人们常常很难做出区分。例如,一个孩子没有把铅笔带到学校里来,或者没有按照教师的指令把它们放在书桌的上方。如果教师的选择是,把这种行为视为不守秩序的习惯,他会认为这是一种道德的过错,但是,当我们把仅仅是粗心大意作为不道德行为看待时,就会冒着把一切行为都视为道德行为的危险。在这样做的时候,我们很可能会把道德问题琐碎化。

因此,道德与习俗之间的区别可能会在极端的基础上受到质疑:要么所有的行为都可以在道德的基础上进行判断,要么相反,所有的行为都是与习俗有关的事情。前一种观点支持把传统的习俗强加给不遵守规范的人,其追随者会劝告教师、学校和学校系统,把坚持尊重习俗的行为视为具有道德的重要性,他们不愿意发现传统的习俗(例如反映性别角色的传统习俗)在道德上是令人不愉快的。后一种观点则不太注意道德规则的惯常做法,宁愿认为道德价值能够促进人们形成对传统规范的批判性态度,并且发展起对道德选择的事情进行反思的、独立性的思维。这种观点认为,传统的习俗不仅常常缺乏肯定的道德价值,而且有时候在道德上是令人讨厌的。显然,一个人对这两种极端观点的喜欢(和厌恶)的程度,强烈地影响着一个人运用道德与习俗二分法的方式,这反过来又将影响一个人怎样对待父母的"忠告"。

（以牺牲道德为代价）扩展习俗的领域，使人们更容易接受家庭与学校之间的差别。玛丽娅不喜欢揭露穿衣服方面的行为，但她认识到，虽然她有一些无可置疑的感受，但这种穿衣行为已变得习以为常，许多人不再对此表示反对。这就是为什么她倾向于认为这种行为更像是一种与习俗有关的事情，而不是与道德有关的事情的原因。尽管她，或者其他人，可能会要求学生为了礼貌而不要在她面前涂抹绿色的指甲油，但她不愿意对此加以禁止。在极端的情况下，比如说，当她发现这种服装太过于性感的时候，她可能会这样做，但她会明确指出，应该排除在道德界限之外的是学生不在意地对别人造成的冒犯，而不是这种穿衣行为本身。结果，穿衣问题就不是一件她觉得应该提出来与父母进行讨论的问题。

但是，被视为确实错误的行为，例如偷窃，如果是在学校外面发生时，就不再这样对待了。虽然在某种意义上说，一所学校的"权限范围"并不扩展到在家庭中的行为，但是，如果玛丽娅认为自己要进行道德教育，她无论如何都必须就一个孩子的偷窃行为与家庭成员进行对话，即便他们认为，例如，冒充顾客到商店进行小偷小摸的行为并没有造成什么伤害，这是因为人们把道德规则普遍解释为强制性与普遍性的结合。

道德：普遍的、无私的和强制性的

说某种行为在道德上是错误的，就是认为，它在所有的或实际上所有的情况下都是错误的，对所有的人或实际上所有的人来说都是错误的。当人们说撒谎和欺骗是错误的时候，大多数人的意思说，无论在下雨天还是在晴天，撒谎都不是正确的，无论对弱者撒谎还是对强者撒谎，无论是为了一个良好的后果还是为了一个不好的后果，撒谎都是不对的。玛丽娅思想斗争的一个方面是，当发生了很多被学校禁止的行为时，例如骂人（这是与撒谎和欺骗相对立的），她无法确定它们是普遍错误的。

因此，普遍性的一个意思是，我们愿意把这种行为（或信念）的正确与错误推广到类似的情境中和类似的人身上。你可能宁愿要撒谎，你做出撒谎的选择，或寻求证明撒谎是合理的，但这不会损害这个命题，即至少可以假定，这是一种错误的行为，并且要施加一种限制的责任。作为道德本质的普遍性原则深深地植根在人们的道德传统中。伊曼努尔·康德（Immannel Kant，1993）的道德哲学核心就遵循这条原则，"除非我也能以这样一种方式行为，使我的准则成为一种普遍的法则，否则我决不这样做"。这就是他的著名的范畴规则，是和这个宗教格言类似的：你想别人如何对待你，你就应该如何对待别人。

上面提到的"类似情境"的规定为普遍性原则提供了一点可以松动的空间。例如，玛丽娅可以决定，**除非你个人遇到危险**，否则，进行以牙还牙的报复就是错误的。一个孩子在学校里是不会遇到危险的，因为成人会保护他，因此打架是被禁止的。在街上他可能会遇到危险，因此，进行以牙还牙的反击是可以允许的。把针对以牙还牙的报复规则缩小为包括“除非个人遇到危险”，你就是在保留其普遍性。但是，这个“类似情境”的范畴看起来并不是一个微小的或封闭的范畴，可能很难最终决定什么样的“例外”必须要在道德上加以说明。例如，假设一个人自己并没有遇到危险，而一个比自己年龄小的朋友或兄弟姐妹遇到了危险，这种情境可以进行以牙还牙的反击吗？允许人们关心“情境”的类似性，同时又必须使这条规则在道德上是合理的，会使人们对所批准的这条原则进行相对性的处理，并且有使它遭到完全破坏的危险。

这条普遍性原则要求一个道德行为者接受一种**无私的**观点，它要求人们用某种更大的善来代替个人的利益。用伦理学家西德尼·卡拉汉(Sidney Callahan，1994)的话来说就是：

> 支持这种道德生活的核心洞察力和个人承诺是，其他人及其利益是和一个人自己的利益同样有价值的。虽然一个人的私人利益是被生动地体验到和受人们直接关注的，但道德的人往往接受这个现实，即他人的某些基本利益具有和自己的利益同样的要求。

如果一个人独自生活在一个荒岛上，那就不会有道德问题，一个人可以随心所欲地做他喜欢做的事情(除非他考虑到把保护环境和其他生物作为无私的一个方面)。但是，在这个社会中，就一定会有利益的冲突和对抗，特别是在年轻人当中，一定要恰当地重视他人的利益。儿童不仅难以做到为了他人的好处而把自己的需要搁置一边，而且还常常看不到他人的需要。这就是哈代在把道德问题留给儿童，让他们通过自己的判断来解决时所遇到的一个难题。正是由于儿童的这种局限性，因此在一定程度上道德必须是强加的。

道德也通常被认为是**规定的**。道德并不描述行为，而是对行为进行评价。道德告诉我们应该做什么，不应该做什么。义务(obligation)这个词本身就带有其拉丁词源“ligare”的意思。用英国哲学家黑尔(R. M. Hare，1952)的话来说，“(一种)道德判断就是，如果一个人同意它，他就必定会同意由此而派生出来的某个祈使句”。这样，我们就会发现在下面的陈述中有些错误的东西，“我知道欺骗是错误的，但不管怎么说我都要进行欺骗，因为这将帮助我获得一份更好的工作或更好的等级分数”；但是，如果有人说，“我知道我不应该吃很多甜食，但我今天就是想吃点冰淇淋”，我们却不太为此而忧虑。当这是一种道德的错误时，我们就一定会注意它；当这种行为只是一种轻率鲁莽的行为时，我们就会不太严厉地予以宽恕。

因此，道德是有点让人难以承担的。它要求我们有时候就不能顾及自己的安乐窝，它带有规定的和普遍的影响力。我们不可能、不应该想要放弃它。同时，在决定所要忠诚于的价值观时，我们是有某些自由的。假定所有这一切都是由于把某些事情划归为道德而产生的，那么，对于哈代和玛丽娅的情况，人们会怎么认为呢？

教师对两难问题的道德侧重

哈代认为，服务性学习是道德教育的一个有效的和重要的方面，这个观点部分地起源于一种道德行为和品格的概念，这个概念比仅仅避免做出错误的行为更深入了一步。它要求一个人至少要付出一部分能量从事亲社会行为，以某种方式对他人的需要和痛苦做出反应，以此作为对注重自己的利益、对已付出的大部分努力“过分”关注的一种制动器。哈代重视服务，不仅仅是为了它所带来的直接的好处，而且是为了使儿童形成亲社会行为的习惯，他们将习惯于在做出决定时严肃地关心他人的利益。

除此之外，哈代的观点还有一种教育学的前提，把体验式学习作为一种必要的教学方法。可以肯定，儿童通过阅读道德榜样的范例，无论是历史上的英雄人物，还是周围的普通人，他们就能够学会“良好行为”的价值观。但是，服务性学习的倡导者们认为，如果他们实际上贯彻了这些很有思想地设计出来的、与他们年龄相适合的服务计划，并且致力于对它所引起的这种体验、洞察力和观点，以及对它所提出的问题进行聚精会神的反思，那么，这种教育的效用就会在家庭中强有力地显现出来。

按照这种观点，把时间花费在服务性计划上并不是“浪费”，因为这和阅读乔治·华盛顿和樱桃树，甚至阅读罗莎·帕克斯以及小马丁·路德·金一样，也是在进行道德教育。正如耶稣会教师威廉·J. 奥马利(William J. O'Malley，1998)所观察到的：

> 努力使一个住在小型疗养院的人笑起来，或者感受到一个受伤的孩子明显地需要爱抚，或者给一个盲人读书，都是比看完《李尔王》更深刻的教育体验。它会打开你的眼界，这正是作为一个人所应该具备的。

对担心“浪费时间”所做出的回答隐含着关于学习和成绩的几个核心观点。这种回答主张，比方说，一个人在数学上付出的努力和学好数学的程度之间并没有那么紧密的联系。根据这种理论，和老师毫不留情地坚持让孩子埋头从事艰苦的学习相比，一个孩子的学校生活在学习活动的几种方式之间保持平衡，以及在“做作业”和“游戏”之间保持平衡，能使他学到更多的东西。使儿童一整天完全服从学校的生活，而不是为了获得更好的学习成绩而休息一会儿，当今时代的这种现象不仅是一种粗暴的限制，而且也使自我的学习目标不可能得到实现。

这种观点与教育的道德方面有着特殊关联，对世界上的其他人所持的道德态度，要求一个人对担心在生活的竞赛中“落在后面”的焦虑有一定的节制。我们完全可以说，这种担忧就是反社会行为的主要根源。确实，按照这种观点，通过阻止住担心不能取得成功和优胜的焦虑，学术上的价值观也可以得到最好的提供。把时间花费在服务性学习上可以教导学生，他或她是能够做好的，**而且**做的是好事，这些目标并不是非常顽固地相互对抗的。

玛丽娅也把她的教学观点——这就是S女士所反对的那种“软”教学观——建立在关于道德行为的本质和有效教育学的前提下。她的想法是对“无私”这个概念的例证。在她看来，过道德的生活就要求发展起一种进行道德判断的能力，对选择和经验进行反思的能力，站在自己的观点和优先考虑的事情之外的能力，以及想象别人是怎样看待它们的能力。课本是进行这种练习的很好的载体。表示怀疑、提出问题和对回答提出质疑，都是理解他人思想的一些至关重要的手段，无论那些他人是当代人还是历史人物。我们还是引用奥马利教父的话：

> 当我们不再问为什么的时候，人的生命就开始消亡了。孩子们就开始觉得，太爱打破沙锅问到底总是有点不礼貌。一个孩子……不断地烦扰、纠缠、询问一些尚未解决的问题、占用课时计划……这和学校教育是相对立的，但却正是学习所需要的。

玛丽娅认为，知识并不是绝对的和完全给予的，而是自然发生的和部分给予的。“错误”是学习过程的一个基本的方面，只要教师鼓励学生承认它们，从中吸取教训（并且相互学习），然后再进行尝试即可。“把事情做对了”是一个终生的过程，而不是教育学每天的目标。

学生们在成长过程中最需要的是，学会不断地与困难的问题做斗争。在玛丽娅看来，这种学习既具有道德意义，也具有学术意义。使师生关系（多少）保持平等，可以鼓励学生终生保持更平等的关系，无论他们发现自己处在一种不平等关系的“高”端还是“低”端。在玛丽娅看来，这是一种主要的道德德行，是“尊重”的一个有效来源。

玛丽娅致力于使期待适应个体的需要，这是她的受道德驱使的教育学的另一个方面，在她考虑肖恩的F分数时是很显而易见的。她相信，在对一个学生的作业进行评判时，不考虑这是在不同寻常的压力下进行的，是完全错误的。她设想，和要求幼小的儿童不成熟地“承担责任”相比，在对待幼小的儿童时感同身受地适应个体的需要，将使他们更坚强和更自信。除了自己的道德感之外，她还在教育学生们获得道德感。他们将从这些体验中学会，一种适应个体需要的平等观比一致地对待更可取。她期待她的学生将开始根据情境做出类似的判断，对那些挡住他们去路的人，对**他们**将在未来做出判断的那些人的实际生活保持同情的警觉。

但是，这种预言实际上既是对希望，也是对期待的一种声明。她的观点（以及她希望的他们的观点）是有志向的，是朝向一个应然的（能够成为的）世界，而不仅仅是把规范的指令建立在实然（是什么）的基础上。当她和哈代在一起的时候，哈代的“现实主义观点”，其涵义是不提出疑问，不去摇动（任何人的）小船（不进行捣乱），是不足以制止人们的谈话的。她不允许她的教学方法受这种民间智慧的驱使，例如，“你必须随大流”、“这就是最终的结果”、“你要么是个胜利者，要么是个失败者”，或者“你不能指望一致通过”。

但是，或许哈代和玛丽娅的道德态度是错误的。当问题真的涉及，道德究竟是由什么构成的，什么才是好的教学方法，以及他们（和他们的孩子）应该怎样对付社会生活的不完善时，父母们听到的却是大相径庭的鼓点声。在这种情况下，至少某些父母们认为这是“错误的”，而且认为，推行服务性学习是一种错误的教育。他们的价值观是和学校的价值观相抵触的。由此而产生的问题是：一所学校或学校系统（在哈代的服务性学习的提议中）或某一位教师（在玛丽娅的教学例子中）应该怎样对父母们真诚持有的和强烈坚持的反对意见做出反应呢？

使各种观点保持平衡

面对这样的冲突，学校和教师就会倾向于做出实际的考虑。从严格的实用主义观点来看，要想避免争论，海尔特或哈代就可能决定同意父母们的意愿，使服务性学习成为一种课外活动或自愿的活动。学校可以提出一种原则性的正当理由，通过提出一种**多元主义的**要求来表示对父母的支持。和主张没有正确或错误答案，只有不同观点的**相对主义**不同，多元主义是以这种信念为依据的，确实**有**某种不确定的正确和错误，一个人可以相信他或她**知道**什么是对、什么是错，但仍然认为，最好是不要**坚持**让别人也根据那种观点来采取行动。因此，多元主义的论点承认，在道德信念上是有显著性差异的，但却认为坚持下述观点是不恰当的，即**他人**要根据自己的道德判断做事，即便一个人可能相信这种判断是正确的，而他人的判断在道德上是有缺陷的。（参见第七章对这些区分所做的进一步讨论）

对坚持优先考虑自己的道德观采取克制态度，是被称为“认识上的节制”的一种形式。这种现象会引起一种尊重他人道德观的责任感，它有几种不同的来源。或许，最广泛的看法就是认识到，无论在持有这种观点的人看来有多么清晰，一个人的判断可能实际上都是错误的，而一个与他观点严重不一致的人则可能是正确的。它还可能依据这种认识，即使另一个人是错误的，他也应该受到尊重，他或她负责任地和正直地得出了不同的结论。最后，而且与当前情况最相关的是，一个人可能由于下面这种认识而倾向于持有多元主义的观点，即认识到另一个人之所以这样回答，是有特殊的利害关系的。S女士毕竟比任何一个人都更发自内心地和更持久地为她的孩子的幸福和发展负责。

多元主义思考的适当作用显然是有局限性的。虽然这些局限性在人们的心灵中是不同的，但要假设一些常见的例证并不是困难的事，在这些例证中，所提的要求显然是不容忍另一个人的观点。例如，把孩子不情愿地学会把钱放在适当的地方严肃地看作是把流行的观点“强加”给那些不遵守规范的人的一个例证。艾赛亚·伯林（Isaiah Berlin，1992）的话一语中的：

> 如果我们遇到某个人，他不能理解，为什么（举一个有名的例子）他不应该为了减轻他小手指的疼痛而去毁灭这个世界，或者遇到这样一个人，他真的认为，宣判无辜的人有罪，或背叛朋友，或折磨儿童并不是什么伤害，那么，我们就会发现，我们无法与这种人进行争辩，主要不是因为我们害怕，而是因为认为他们在某些方面根本就不是人——我们称之为道德白痴。

在学校情境中，多元主义的界限既非不证自明的，也不是有明确立法的。有一种松散的，主要是内隐的一致看法：父母们在"学校教育"的核心问题上遵从教育者的意见，而教育者在"儿童教养"的一些核心问题上则听从父母们的意见。因此，父母们在正常情况下并不指望学校不让儿童参加竞技体育运动，而教师也不要求父母禁止孩子观看某些电视节目。这两种要求都"出了界"。学校与家庭之间权力的划分可能会在某些困难的情况下发生摇摆——如果教师认为，家庭在儿童教养的方法上进行了非常错误的引导，如果父母强烈反对某篇课文，或对要求他们放学后参与一些活动表示反对——但在正常情况下人们有一种相互期待，这些领域是各自独立的。教师和父母可能都不得不容忍他们并不喜欢的东西，甚至认为不道德的东西，但是，教师有很好的理由相信，父母对孩子进行了身体上的虐待，那么，人们就会正确地预料，这个教师会把父母的权威搁在一边，并且将以某种方式进行干预。

可是，越是要求学校承担父母的角色，这些界限就会变得越不清晰，这正是使康尼感到焦急的。她问道，无论一个人的意图是多么仁慈，深入到一个孩子精神（而且不可避免的还有家庭）生活中去的界限究竟是什么呢？什么样的孩子才会对卑鄙低劣的父母不抱幻想呢？灰姑娘的故事之所以流行了这么长的时间，或许是因为孩子们有时候就认为他们的父母是恶毒的。有多少儿童因为觉得他们没有得到爱，因为他们的父母打架，而考虑过要离家出走，甚至对此进行过仔细的考虑呢？有多少儿童梦想着要通过自我毁灭而"获得公平"呢？这些思想的展现，很可能对孩子来说是精神宣泄，通常不会引起人们的干预。要对可能发生在家里的不幸进行检测有点力不能及。学校建立一种充满信任和开放的气氛是正确的。教师和指导咨询员在孩子们遇到麻烦时，以及在父母与他们的孩子有麻烦时，出现在他们面前，也是正确的。如果儿童表现出不同寻常的没有精神或烦躁（不做作业，采取挑衅性的行为），提出疑问是对的，但在没有什么明显的表现时，就可能会有过多地侵入家庭的麻烦。

这种权力的分离是让自己活也让别人活的多元主义的一种形式。这两个领域之间的界限的标志不是一堵墙，而是一张薄膜，可以渗透但又是真实的。但是，这样一个可以渗透的界限可能就是产生合理争论的根源。例如，假设一位教师相信，一个父母可能会对一个孩子学习成绩不好"做出过度反应"（但不会有明显的虐待行为），因而决定不把父母们会正常收到的信息发布出去。在这种情况下，父母确实有理由反对教师对多元主义反应的拒斥。甚至是当父母强烈批评教师的做法时，教师也应该表现出某种“认识上的节制”，尊重父母具有对什么是适当的和不适当的纪律做出判断的权力。

父母们也可以对这个界限进行检测。例如，当一位教师的纪律被视为不适当或无效时——要么是因为太严厉，要么是因为太宽松——或者当一所学校采用一篇课文，这篇课文对有些人造成了严重的冒犯时，父母们可能不愿意对这些内隐的界限表示同意。在这些情况下，父母们可能会反对教师的行动，或者要求把自己的孩子从这个班调走，或者不让他们读这本书，迫使教师必须在对抗和听从父母的观点之间做出选择。

对前面例子中提出的问题并没有明确的答案。生活的令人不愉快的现实就是，在每一层次的人类关系中，有时候一个人必须为了社会和谐这个更大的善，而容忍他所强烈反对的东西。但是，同样真实的是(就像在有明显虐待的情况下那样)，这种容忍就不是无界限的了。有时候是需要不容忍的。

在我们的情景故事中，哈代的服务性学习的提议和玛丽娅的教学法显然是需要学校做出决定的事情，得出这样的结论，就要求有些父母对他们所不喜欢的东西表示容忍。如果这显然是一些需要由父母决定的事情，那么，某些教师就必须对**他们**所不喜欢的东西表示容忍。(前者如教学，后者类似于看电视)作为专业机构，学校或学校系统，有时要通过教师来做事，可以公正地坚持将其观点强加给全体学生。做出雇用玛丽娅和哈代的决定，就表明了一种(或许是临时的)判断，他们应该有以课堂教学的形式和风格来处理事情的权限；教师和校长把个别父母提出的采取不同观点的要求搁置一旁，这可能是恰当的。

决定

情景故事中的问题是，教育当局是否应该听从父母们的反对意见或要求，以及在这种程度上允许父母做出决定。我们首先转向玛丽娅和S女士之间意见不一致的问题。

我们曾在前面建议，粗略地说，在课程和教育学问题上，教师具有更大的发言权，并且要予以坚持，但在孩子教养的问题上，应该更乐意听从父母们的意见。这条原则相当强烈地表明，赞同玛丽娅不愿意听从S女士对其课堂教学风格的反对意见，她的课堂教学风格是，鼓励学生提出问题并形成和表达他们的观点，批判性地看待他们所阅读和听到的东西。她可能已经把自己的观点看做是研究和经验的结果，她得出结论认为，(在这个学生的情况下，以及在一般情况下)这是一种合乎需要的教学方式，至少在她看来是这样。玛丽娅应该认真地倾听父母们的反对意见，但是，如果她的职业风格就是要具有特色，就是要遵循她认真考虑过的决定，那么，她也必须是自由的。(如果这位母亲把她的反对意见提交给校长，那么，我们相信，校长会被迫拒绝否认玛丽娅的看法)除了这些原则性问题之外，让玛丽娅把她的课堂教学方法适应个别学生的需要，这实际上是行不通的，除了在一些有余地的地方之外。但是，即便这样做行得通，她也不应当这样做。

玛丽娅的第二个问题是，她是否应该接受这位母亲的迫切要求，在认识到这位学生在家庭之外的责任后，不要“按照常规”来对一个学生的表现进行评价。在这里也有一种支持教师的专业自主性的论点。但是，这是一种比较接近的要求，我们可以看到根据这位母亲的愿望采取行动的正确性。玛丽娅的判断是以她对这个孩子家庭生活的看法为依据的，他把在校外的时间用来做什么和不做什么。依赖于她自己的判断会扩大学校界限的范围，而更多地进入到父母的领域之中。尽管玛丽娅相信，这位母亲是错误的，但认识上的节制可能要求她承认，不仅她“可能实际上是错误的”，而且即便她是对的，这位母亲的“特殊利害关系”也值得听从。另外，当父母要求教师不要把他们的孩子作为例外来看待时，和当他们要求作为例外来对待时(就像关于服务性学习的例子)相比，父母可能会有更高的要求。

至于服务性学习的问题，虽然与父母和父母群体进行广泛的协商是明智的，但是照我们看来，经过协商不听从父母们的反对意见的考虑是很明确的。服务性学习对于一个正确的道德教育计划是至关重要的，它是促使学生意识到一种更具有包容性的“我们”感受的主要运载工具。和父母们不同意其他课程要求的价值相比，他们不同意服务性学习的道德课就更是不正确的。

再者，使它成为一种要求(有或者没有“宣布放弃选择权”的规定)并没有阻止父母广泛地参与教学大纲的设计和进展——有多少服务、什么样的服务等等。它甚至没有阻止父母偶尔地免除这种选择权，但是宣布放弃选择权的阈限是很高的，要求一个不得不相信这一点的人，在浪费时间的反对意见之外要进行很好的推理。一般来说，对许多不同形式的体验式学习，外行的人往往比教师更持怀疑态度，服务性学习是对“真实学校”的一种改变的观点将会在父母与教师的会议上得到认真的倾听。但是，作为专业人员，教师不仅在把他们的观点“强加给”全体学生方面是完全有道理的，就像在对编制一门课程和教育学的所有其他决定时所做的那样，他们还有义务实施他们对学生的教育利益做出的最好的判断。

该轮到你了：究竟是谁的事

假定道德会模糊私人和非私人的区分，并且当问题出现时对它们进行认真的考虑显然是至关重要的时候，道德对于谁将占主导地位却不能提供明确的指令。理想地说，在教室里发生的道德冲突要作为一个小组来进行讨论，但是，只有当全班确实足够关心其成员时，这种讨论才有可能进行。教师和医生一样，其主要职责就是不要使事情变得更糟，他们应当保护儿童避免遇到尴尬和羞辱，而对违规行为的注意不应该引起更糟糕的违规行为。请考虑一下这些例子：

(一) 一位家长写了一张字条，这不是第一次了，他的儿子特罗伊下个星期将不来上学，因为全家要去旅行，参加一个表兄的婚礼。你认为，这种一再缺课的行为对这个孩子是有害的，他刚到这所学校来，正在努力克服学习上的困难。你已经提出了你的关注，但是，这位家长却“听”不进去。他是在告诉你，而不是在征求你的意见。你应该怎么办？

1. 告诉这位家长，上学是强制性的，而表兄的婚礼不是缺课的正当理由？
2. 用比以前更强硬的话来重申你对这个问题的关注，告诉他，仅仅把家庭作业发送过来是不够的？
3. 召开一次讨论会，在会上你询问他是怎样理解特罗伊的学校表现的，在他本人看来这意味着什么，他今年以及未来的期望等等？
4. 不去管他？
5. 其他？

(二) 比尔，一个五年级的很酷的孩子，放学后在等公共汽车的时候和他四年级的弟弟相遇了。近两三周来，你注意到，在他们周围每天都有一帮欣赏他们的学生，很高兴地讲述着一些粗俗的笑话——他们这一帮人似乎没完没了。最后，你一气之下告诉这两个孩子别说这样的笑话；这个谈话是冒犯性的。他们很吃惊：“这有什么要紧的？你为什么管我们的事？我们的父母都认为可以。言论自由怎么了？”

1. 这是一个道德问题，一个衍生的道德问题，还是一个违反习俗的行为？
2. 这是一个教师应该管的事吗？
3. 如果是的话，怎么管？

(三) 前提是在学校外面，在回家的路上，艾吉发现梅莉莎不停地把口香糖的包装纸胡乱丢弃在马路上。艾吉提醒梅莉莎，在街上乱丢东西和在学校乱丢东西一样，都是不顾及他人的自私行为，并且要求她不要再乱扔了。梅莉莎回答说：“现在放学了，赛琳小姐。”她继续往前走去，现在她似乎是在故意丢弃包装纸了。请根据学校“所能及的范围”来考虑一下这个问题。

1. 艾吉进行干预对吗，或者说她应该不理睬这种放学后的行为吗？
2. 这种行为是一种道德上的冒犯吗？
3. 假设她把一块口香糖放进嘴里，或者把化妆品涂抹在脸上，但没有乱丢。这有什么不同吗？
4. 假定艾吉的要求遭到拒绝，她应该以其他方式继续追究下去吗？在学校里还和梅莉莎一起交谈吗？还和梅莉莎的父母一起交谈吗？简言之，这关她的事吗？

(四) 伯莎是一个六年级的学生，她在她的英语作业中一直在写一些阴暗的故事：一个小女孩因为拒绝放弃友谊而不停地受到鞭打；一个小女孩和她的父母吵架并且出走了，最后只好露宿街头；一个小女孩，非常孤独，没有经过认真考虑就把她父母的药箱清除干净了。

伯莎非常文静，她的老师并没有发现她有任何不恰当的行为，还谨慎地询问其他教师（艺术、体育、西班牙语的教师）伯莎做得怎么样，也没有发现什么问题。

1. 除了给作文打分和写出你的正常评语之外，你还应该做些什么？
2. 你会询问伯莎，这些故事是否碰巧就是给自己做参考用的，她是否愿意和你就此事进行交谈呢？
3. 你会和伯莎的父母交谈吗？如果是的话，你必须首先征得她允许吗？
4. 你会安排让咨询员做一次咨询吗？如果是的话，你需要征求伯莎的允许吗？需要征求她的父母的允许吗？
5. 还应该通知其他人吗？

第六章 道德纪律

情景介绍

正当康尼为道德教育的范畴问题而苦恼的时候，玛丽娅却在热心于扩大班会的试验，也许班会能够取代她曾一度无奈求助，然而却从根本上反对的道德纪律。在讨论之后的几周内，她请学生们提出他们所关心的话题供小组讨论。没有一个人提。很显然，要想使这种活动成为**他们**文化的一部分并非易事。然而，不久机会就来了。促使事件发生的核心人物就是她的学生托尼，就是我们在第二章介绍过的那个男孩，你会记起来，他常常习惯性地带着一堆书，一个人躲到远远的角落里。他的帽子、脏兮兮的衣服、满是泥浆的鞋子让他看上去不像城里人，更像一个乡巴佬。同班同学都认为他很"古怪"。

在玛丽娅持久而温柔的敦促下，托尼已经开始"社会化"了，不过他却矫枉过正了。几周前，为了讨好几个学生，托尼开始在班里传纸条，不是偶尔为之，而是经常性地。之后，当面对玛丽娅的质询时，他矢口否认做过此事。这种公然否认比传纸条本身更让玛丽娅气恼。对他经常撒谎的行为，她不知所措，不过，比撒谎和传纸条更糟糕的，是他向其他孩子投去的那种得意和嘲弄的表情，好像在说，"我们现在学乖了，她阻止不了我们，她管不到我们"，引起了一种"我们与你作对"的心理倾向。不过，对于那些纸条，玛丽娅只是没收了事，看也没有看。她对这种捣乱行为基本上采取了不理睬的态度，心想孩子们很快就会对托尼的把戏失去兴趣的。凭着大家目前的合作精神和良好的愿望，她认为可以依靠学生们去抵制此类破坏性的捣乱行为。可是，这些行为还在继续，玛丽娅于是决定召开一次班会，希望通过自由交换想法(博纳姆模型的第五层次)，学生们会给托尼一个矫正性的"反馈"。

班会一开始，玛丽娅就关切地提醒大家注意班里兴起的"我们与你作对"的不良倾向。有些孩子否认有这种倾向，而另一些孩子，则好像怀着真正的后悔，列举了班里一些如何有意妨碍玛丽娅教学的事例。尤其值得一提的是，他们都只是责备了自己，而不是托尼。班会后的几天，大家对托尼的纸条及其传递频率的兴趣开始减退了。

托尼在得不到班里同学对他的注意之后，开始变本加厉。一天早晨，他有意无意之间，打了一个长长的饱嗝，引来同学一阵窃笑。这一反应让托尼倍感兴奋，他开始频繁地故意打嗝。有时，他还会走到另一个孩子跟前对着人家的脸打嗝。这种做法让少数同学感到恼怒不已——有几个孩子很明显感到厌烦——更多的人则感到好笑，托尼觉得这很值得。玛丽娅本能的做法还是尽可能地对托尼视而不见。她推想，严厉的纪律管教只会为他赢得更多的捧场，增加托尼业已激起的“我们与你作对”的情绪。但她对再召开一次班会的做法也存有一定的怀疑。于是，这一次她稍微地利用了一下她的权威。在托尼又一次大声地打嗝后，她走向他，在众多同学的面前说道：“我知道你认为你现在所做的很高雅，但请你放学之后再做。大家都知道，这种做法在上课时间是不被允许的。现在你必须停下来。”

托尼没做回答。在他又进行一轮打嗝之后，玛丽娅带他到大厅里谈话：“托尼，假如你是班里的老师，你会让一个学生打嗝吗？”

“不晓得。”

“我想你肯定知道。我们两个都清楚地知道，大家都在笑你的时候，我就无法继续上课，对吗？”

“我想是的。”

“或许那就是你想要的结果：我不上课，你得到大家的注意。”

托尼沉默不语。

谈话又是不欢而散。托尼的胆子更大了，即使玛丽娅开始给他记过也没用。除了打嗝，又加上了放屁和吐泡泡。他好像越来越从对玛丽娅的嘲弄中得到乐趣，比如上课前在黑板上和自己的夹克衫上画鬼脸。玛丽娅很肯定，鬼脸一定是模仿她的样子画的。孩子们虽然没跟托尼说什么话，不过，他们明显地从他的古怪行为和故意捣乱中得到了乐趣。玛丽娅认识到，她需要采取断然措施以制止这种行为了。她的选择既不是再举行一次班会，也不是由校长来惩罚。在玛丽娅看来，这是一个非常明了的选择。

她把全班同学都召集在一起。“我知道你们都觉得托尼好笑，”她说道，“现在我们大家来谈谈，为什么你们觉得好笑，而我却觉得不好笑呢？”她原认为学生们可能会指出，放屁和吐泡泡的行为，像所有在洗手间里的幽默一样，本质上并没有什么可笑之处，之所以可笑，是因为它们在教室里是被禁止的，托尼的行为不端，又违反了社会禁忌，正是这些让作为班级主管的她觉得，托尼的行为是无礼的而不是可笑的。她觉得孩子们可能会给出这样的解释。但是，孩子们没有（或不愿意）做任何回应，只是说托尼显然是太可笑了，然后就窃笑不已。玛丽娅于是考虑提高自己的权威，也就是说，通过集体惩罚来威胁他们不要再胡闹的办法，转向低一层次的博纳姆模式。但是，不行，这不正是她批评唐的那种做法吗？所以，看到很难让孩子们顺从自己，她草草地结束了这次班会，让孩子们去参加班级活动，但没有让托尼参加。

玛丽娅准备让事态再持续一阵子。尽管托尼的做法不适当，但也可以看做是一种进步。多年以来，他一直不能融入周围的环境，一直是一个局外人，他的做法正是想让自己成为一个内部的人。他采用在班里扮小丑的方式来融入班集体，不足为奇。他就像一个五岁的小孩子，为了在伙伴中挣得人气，不惜傻乎乎地吹牛皮（诸如"我爸爸是世界上最强壮的男人"之类）。玛丽娅依然觉得，随着时间的推移，这些幼稚的做法会让位给与其年龄更相称的行为。但是，就在托尼磕磕绊绊地走向"社会化"时，班里的同学却在"去社会化"——抛弃了得之不易的礼貌的美德。

使玛丽娅心烦的主要是这种不尊重。她之所以一直对托尼百般容忍，因为在众多的孩子当中，是他触发了她的同情心。她知道作为孤独者，被同伴们排斥、被人看不起是什么滋味。多年来她自己也一度是一个被人讨厌的书呆子，这损害了她心灵的完善。由于对托尼的不幸很敏感，她构想了若干个计划来让他回归同伴群体：给他分配"合适的"伙伴参加各种各样的班级活动；在交流时段里请他跟同伴谈论宠物出生的话题，以突出他的存在；邀请他做班里的合作摄影师，记录同学们的实地考察过程；她甚至还准备了一堂电动工具课，使托尼看上去很"酷"，因为只有他才懂得这些工具在农场上的用途。现在他却让她失望。她感到挫败、不被尊重，甚至还有被嘲弄的感觉。

就在玛丽娅冥思苦想下一步的对策时，托尼的行为达到了高潮。和以往一样，这一天托尼还是玩弄他打嗝和放屁的把戏。当玛丽娅转过身去，在黑板上写算术题时，班里突然爆发出一阵大笑声。玛丽娅觉得，成为这种暴笑的对象是对她的嘲弄和侮辱，她再也无法忍耐下去了。"我的天啊，"她把粉笔摔到地上，大声吼道，"你们到底在搞什么？"孩子们都吓了一跳，脸上露出委屈的表情。一个女孩脱口而出："是你的裙子，拉丝罗小姐。裙子的后面有一些白色的东西。"的确，她的身后沾满了白色的粉末。她看了看自己的桌椅，她刚刚坐过的椅子上被撒满了粉末。她于是瞪着托尼说："那么，这又是你的把戏了？"沉默。"托尼，你到底准备承认，还是不准备承认？"还是没有回应。她又想到了开班会，但立刻认识到，不应该使用班会这种形式从孩子们当中获取关于孩子的信息。

"好，大家现在告诉我，是谁做的？"还是沉默。恼怒之下，玛丽娅说，"是托尼吗？"刚才说玛丽娅裙子上有粉末的那个女孩迟疑了一下，不易察觉地点了下头。

在当时的情况下，这已经足够了。"托尼，过来！"托尼没有动。玛丽娅几步走到托尼跟前，抓住他的胳膊将他拖到讲台前，将他按在满是粉末的椅子上，然后又把他拉起来，让他背对着大家站定，说："挺好，你现在跟我一样了。"接着，她又把他推到那把沾满粉笔末的椅子上，说："在这儿坐，不到下课不准起来。不准动，不准笑，不准张嘴。下课后，再把这张椅子擦干净，教室里的每张椅子都擦一遍。今天做不完，明天接着做。至于其他人，"玛丽娅转向孩子们说，"你们可以休息，然后，我们一起把这事说清楚，做个了断。现在，都坐好，一动别动，不准讲话。我去给托尼找些他所需要的海绵和洗刷工具。"

她大步流星走出了课室，激动得肾上腺激素增加，心跳加快，不过，她知道班里没人敢违抗她的命令——至少现在不会。当她回来时，课室里还是寂静一片。孩子们从来没有这么顺从过，或者从来没有被这么吓过。在她的命令下，他们做算术题时速度很快，也更加集中注意力，这是她从来没有见到过的。她的脑海里闪过一丝念头：这次行使权力难道真的出乎自己的意料，起到了作用吗？

下课铃响时，没有任何人提醒，托尼自觉地开始了打扫。他做得很好！很明显，这是个习惯于打扫卫生的孩子。他是在擦，而不仅是在抹。当他首先努力地擦完了她的椅子，又逐一擦其他同学的椅子时，玛丽娅感到，她的同情心又开始展现了，她开始为她的行为感到一点点懊悔。

为了赶快弥补她给托尼带来的伤害，玛丽娅开始了另一种策略。她说："托尼，我知道，你为在班里没有朋友而非常苦恼。你也试图通过搞笑让其他的孩子喜欢你，但你忘记了，我也有感情，也会受到伤害。还记得别人取笑你的衣服和帽子时你是多么地厌恶吗？那伤害了你。当你用粉笔画鬼脸来取笑我，现在又在椅子上撒白粉捉弄我时，你也伤害了我——大大地伤害了我。你明白吗，托尼？"

"我想是的。"

"我想你一定想到了，当其他孩子看到我裙子后面的粉末时，他们一定会哄堂大笑；可是你有没有想过，这会让我非常沮丧甚至让我想哭？"

"哭？没有，我没有想到过。"

孩子们休息之后又回到了教室，玛丽娅也增强了信心，将他们安顿下来，准备再来次谈话。不过，这次，她准备将谈话降到博纳姆等级表的第二级或第三级的层次。

"孩子们，你们瞧，"她说道，"我们已经把这里的气氛改变了一下。你们一定要明白，为什么捉弄老师、跟着起哄是不对的；为什么控制好自己的本能，甚至有时互相监督很重要。以后我不会继续容忍这种情况的发生。直到现在，我还没有选择对你们进行粗暴的惩罚，因为我想让你们认识到，你们是多么的不公平。既然那种惩罚还没有发生，现在就让我向你们解释一下。"

她开始问孩子们，如果父母让一个男孩子在家里摆好桌子，这个男孩却故意漏掉了叉子，他的姐姐感到很好笑，就拿了一把叉子放在了椅子上而不是桌子上，那么父母会怎么做？学生们一致认为，父母会认为两个孩子都错了。玛丽娅又假设说，如果姐姐只是嘲笑一番，继续怂恿弟弟就这样摆餐具，父母又会怎么做？大部分学生仍然认为姐姐应该受到惩罚（理由是"她是从犯"）。最后，玛丽娅问学生们，姐姐应该怎样做才会不耽误按时吃饭？

一个学生说："姐姐应该告发弟弟吊儿郎当。"

"不行，"另一个不同意这种看法，"不能做长舌妇。她应该自己去把叉子拿来，把它们放在该放的地方。"

"但那样不公平，"第三个学生插话了，"那一天又不是她值日摆桌子。那天轮到她弟弟值日，她弟弟就该把它做好。否则，姐姐就是做分外之事了。"

“好，你说得对，”第二个学生说，“让姐姐告诫弟弟不要再做傻事，这种办法如何？难道他不知道桌子不摆好就不能吃饭？难道他不知道这样吊儿郎当会使每个人都不好过？用这种方法，既不用打小报告，又能让弟弟继续把事做好，因为轮到他了。”

“如果他还是‘我行我素’；如果饭已经准备好了却无法上桌，那么父母该怎么办？”玛丽娅继续追问道。

学生们谈到了父母应该不给孩子们饭吃，以及其他更为严厉的惩罚。

玛丽娅将这个话题跟班里现在的情况进行了类比。她指出，同样道理，学生们应该尽力阻止托尼的恶作剧行为。如果大家都阻止不了，就应该告诉老师；最重要的是，他们不应该哄堂大笑，这只会让他受到鼓励。如果他们或者他还不停止这种行为，就应该受到惩罚了。这么说公平吗？

那天晚上，玛丽娅对这次课堂讨论进行了反思。的确，这次讨论是由她**领导的**，而且她还发出了进行惩罚的威胁，但是，孩子们都很听话——她想应该是真正的听话——所以，或许这次他们就不会对这些结论视而不见了。

玛丽娅向哈代咨询

教室的门上响起了熟悉的哒哒哒的敲门声，接着，就露出了哈代那张和善可亲的脸，他手里还拿着一袋香喷喷的爆米花。“你把这里当成自己的家了吗？”他问玛丽娅。

“我在想事情呢，哈代，想把今天的事梳理一下。有时间就坐一会吧，省得你煲一个晚上的电话粥。”

她向哈代详细地讲述了与托尼有关的事，包括她因在同学们面前批评托尼而感到内疚。她自己和托尼之间可能存在的互相信任被永远地破坏了吗？他会继续大胆地交朋友吗？她的坏脾气会不会打消托尼的首创精神？如果那样，事情可就糟了！

哈代打断了她的话，说：“玛丽娅，我们俩可真是很不一样啊。你感到遗憾的行为我却想举双手赞成；你所支持的我却感到遗憾。你对托尼的惩罚是十分恰当的。你采取的措施相当温和——跟他谈心、召开班会等。就拿他做的那些讨厌的事来说吧，即使你大发脾气、让他难堪、让他紧张地冷汗直冒都绝对不为过。天哪，他是在请求你打断他不断升级的恶作剧。让我看，你的错误在于没有早一点制止它。如果在**我的**班里，他第一次传纸条同时也会是最后一次。至于你发火的事，呃，我倒不怎么赞成经常这么做。不过这也会让孩子们明白，老师和他们一样，也是血肉之躯，而不是机器人——只会机械地回应，没有任何感情。

“恕我冒昧，玛丽娅，对于你所推崇的那些谈话方式，我并不完全赞成。你打破沙锅问到底的那种努力——为什么孩子们觉得托尼可笑而你不觉得，托尼这么故作傻状到底想得到什么，这是不是孩子们或者说群体的责任等等——在我看来有些误导之嫌。玛丽娅，我们不是在搞什么‘谈话治疗’。我们是教育者，不是心理治疗者。还有，你不能指望11岁的孩子能够理解他们行为的动机，然后在增长见识的基础上有所改变。就是在我俩之间，你觉得能够做到这一点吗？你的最后一招，把摆桌子的事拿来类比，做得很聪明。可是，你最好不要认为，下次再有人胡闹的时候他们还能够想起这件事。孩子们可没有那么成熟。他们不会把假设推广到真实的，以及仅仅有点相似的情境。”

“哈代，你真是先知先觉。我们在开学第一天的谈话跟今天的谈话多么相似啊。你认为我天真得无可救药，我却认为你严重低估了孩子们的能力。”

“还不到无可救药那么严重，”哈代反驳道，“只是天真而已。”

“你需要明白，”玛丽娅接着说，“我是合作教育模式和建构主义教育模式的坚定信仰者。这有多重内涵。首先，我不想根据‘因为我是这样说的’这个基本原则来强行实施规则。大部分规则应该通过课堂体验和对这些体验的反思（讨论）来建立，这些规则必须对孩子们有意义才行。

“其次，我认为我们不能忽略‘一点儿’。任性稍多‘一点儿’，将会使我们失去很多同心协力解决社会和道德问题的机会。我知道看到孩子们传纸条很不爽，看到他们打嗝就更糟糕。但是，如果孩子们对托尼的恶作剧能够做到置之不理，那该有多好啊！进一步说，如果孩子们能够找到某种方式让托尼回归到班集体中，使他不必通过恶作剧来博得同伴的注意，那岂不是更好？相反，如果我通过羞辱他而使他被迫屈从，那么，这样做除了让他对自己感到泄气，以及可能因此而放弃加入班集体的渴望之外，还能带来什么好处呢？我想让孩子们自己成为道德的行为者，而不是顺从的小绵羊。要达到这个目标，只有让孩子们自己思考和讨论‘托尼事件’，包括其背后的动机及附带责任。

“还有，哈代，大部分人际问题都是集体的，而不是个体的问题。如果没有接受的人，托尼就不会传递纸条。如果学生们对他的行为能够表现出愤怒，他就不会来嘲弄我。我们有一点是一致的：他们确实让我很失望，不过，罗马并不是一天建成的，他们自己也这么说。”

尽管哈代感到很不耐烦，玛丽娅还是继续说道：“总而言之，哈代，你有你的发言权。跟你不同，我确实认为谈话的做法是很重要的。正是通过谈论什么是公平的，孩子们自己才能关注公平，才能做到公平。我认为，至少有些孩子，至少在‘粉末事件’上的确感到很愤怒，但不敢讲出来。如果不作为一个群体来谈论这些事，我们怎么能够帮助孩子们形成一种良知，一种看到别人受到羞辱就不能让自己袖手旁观的良知呢？仅仅因为事情现在搞得很糟，是的，简直一塌糊涂，但这并不意味着这不是一种‘好的学习体验’。当然，这不包括我发火。惩罚和羞辱一个孩子，是不利于他的成长的。”

“玛丽娅，你的立场合理、辩解有力，一点也不天真，但在教育学上可能是错的。你听我解释。我们的目标相差无几，我也想让孩子们能够考虑到老师或同班同学。尽管孩子们应该把成人的判断作为默认的观点来加以赞同，但是，我也同意，尊重并不意味着是对强加规则的盲目服从。而且，和你一样，我也想让孩子们能够熟练地对道德情境进行分析，找出正确的应对方案，坚持不懈地追求，最终成为负责任、受人尊重的社会成员。道德麻木可能是我们这个社会最大的问题。和你一样，我也想让孩子们有勇气抵制群体的压力，对错误的行为进行指正。

"我们的分歧之处在于如何达到这些目标。我坚定地认为，'通过谈话来讨论'不良行为，或者像你所说的那样，讨论哪些行为构成了不良行为，这种做法并不是达到我们共同目标的有效工具。孩子们通过体验正确的行为从而获得美德，这就意味着，孩子们应该生活在一个有秩序的、规则明确而且不断得到加强的教室里。成人应为他们提供一个公平的榜样，他们自己不会构建榜样，他们还没有能力这么做。是的，跟你相比，我更不相信他们。在这个世界上，无数个小托尼的恶作剧总是会不断升级，因为他们代表了其他同学的反叛精神。他们越是过分，就越是在成功地挑战权威，其他的学生也就越能乐在其中。

"确实，少数几个孩子可能会因为你的利益受到侵害而生气（而不是因为他们自己建立起来的某些道德系统），可是我从来都不依赖这种情感，尤其是你试图影响的是群体，而不是一个孩子的时候。群体总是对破坏性的行为有着认可甚至崇尚的不良倾向。托尼把班上同学们对被规范和被文明化的本能排斥的、然而却被抑制了的那种心理表现出来了。对这种违规的行为进行讨论虽然不一定错，但是朝好的方面说，这种做法徒劳无功；朝坏的方面说，则会降低你作为班集体领头人的合法地位（这种地位是必须的）。

"至于你告诉托尼，你是多么受伤害、甚至要哭了，试图激起他的移情之心，在我看来这彻底错了。玛丽娅，你已经认识到，托尼对自己的行为没有洞察力，你又怎么能指望他理解这些行为给你造成的影响呢？我妹妹还在抱怨我感受不到她的反应呢，尽管我很努力。退一步说，就算托尼的确知道他让你伤心了，又能怎么样？又能有什么作用呢？他又不是你的孩子。作为教师，就算像你这样敞开心胸的教师，对孩子们来说，远没有那么重要；不管我们如何在他们的生命里出现和走过，也都一样。我们应该诉诸于公平，而不是感情。

"一个公平的、有秩序的班级至少可以让所有的孩子清楚地知道他们行为的限度。当他们试图挑战这些限度的时候，（他们也一定会这么做）一定要给他们一些适当的教训。适度的惩罚——我更愿意把它看作是提升良心的体验——会在他们又想入非非的时候给以警示。一旦他们为自己的错误行为付出了代价，他们就会得到原谅，一种新的平衡也因此得以建立，这就是公正。如果只是告诉孩子们他们做错了什么、应该怎样做，他们永远也不会有什么赎罪的意识和正确地回归什么道德秩序。

"我的意思是说，你好好想想。一个孩子狠狠地打另一个孩子，当受害者坐着救护车去医院的时候，你却去问打人者为什么这么做，这样只会让犯罪者的行为合理化，同时又漠视其他人的利益，让犯罪者为自己开脱。有人犯了规，我们于是进行一系列的调查，想搞清楚人家为什么这么做，那不是正义。

"当我在海军服役时，玛丽娅，没有人在乎和探究我对规则的感受如何，为什么我有时会冒犯少数的规则，之后再通过自己的努力而使这些规则得到改进，但是这并不妨碍我遵守规则。不仅仅出于'如果我不遵守会怎么样'的考虑，我尊重规则，尽管实际上反对某些规则，但我明白，我的反对在纪律面前是无效的。你可能会说，学校毕竟不是军营，我也同意，在学校里有较大的灵活性。不过，成年人仍然需要为全体学生设计一套完整的期待，让他们按照我们的规定向前发展。

"适用于纠正托尼的也适用于整个群体。即使他们能够搞清这种类比的意思，我也不会让他们钻研熟悉的家庭活动，并从中归纳出适当的规范来维持课堂教学的良好秩序，我会告诉他们：作为一个群体，我们必须尊重老师，尊重彼此。我会讲清楚什么是尊重，什么是不尊重。然后，建立了框架之后，我会就相关话题组织一次群体**活动**，而不是讨论。比如或许会让他们就尊重的话题写一篇文章，举出一些例子来。或许会把那些优秀的文章贴出来，并向同学们解释为什么他们写得最好。最后，只有在大家都清楚了尊重和不尊重的标准之后，我才会让他们了解一下怎样在家庭里也要表现出尊重。"

哈代觉察到自己态度太强烈，就突然停了下来，可是玛丽娅点头示意让他说完。

"你看，玛丽娅，我理解你的担心，认为教师会强加许多武断的毫无道德价值的规则给学生。他们确实会这样。所以，作为规则制定者，我们必须根据公正和仁爱的原则，为了所有人的道德良善，非常小心地选择那些有价值的条款。孩子们应该明白他们必须遵守的秩序。我们希望他们大量吸纳这些规则。但是，玛丽娅，他们必须习惯于这些规则，必须感受到自我约束的压力；体验没有规则的感受；能够进行自我控制，改掉自己的老毛病。只有这样，他们才能够负责任地为自己和同学构建和实施某种道德规范。"

这两个同事带着一种无奈的微笑彼此对望了一眼，无声地表明了他们想相互达成一致的愿望，也表明了他们对这个主题的共同关切和执著，双方显然都筋疲力尽了。

"玛丽娅，我们谈了这么久，分歧依然存在，"哈代说，"我们把这个'案例'和提出的有关权威和处罚的那些较大的问题都带到下一次小组讨论中去，你觉得怎么样？作为道德教育计划的一部分，很明显我们必须要重视如何解读和应对不道德行为。"

"好主意，哈代。我愿意相信我们之间的分歧能够缩小，或者能够达至互相沟通。事实上，如果我们想让这个计划运作起来，就必须互相沟通好。如果因为无法达成一致，就将其束之高阁的话，那就太没有意思了。"

"我会把我们的信息传达给艾吉，要不，你去传达，玛丽娅？"

"不，还是你来吧——哈代，谢谢你听我唠叨。"

"开什么玩笑，这可是我做老师以后所参加的最好的对话了。"

教师们的会谈

当哈代向艾吉简单描述了玛丽娅的事以及他们俩随后就此展开的讨论后，艾吉欣然同意将这个话题列为下次小组会谈的焦点。她请求哈代同意邀请简·博纳姆来参加此次会谈，并解释说，她一直使简和他们委员会的发展保持一致；她们两人在当地的国家教育协会支部中都很积极，而且简现在正研究纪律问题，她早已表明心迹：如果有这一话题的讨论，她无论如何都要参加。

"从班会到纪律，"好怀疑的哈代评论说，"这两个议题看起来只是临时的伙伴。"

"是，同时也不是，"艾吉答道，"正如简所示，班会在基础层次就与道德相连，但是关于对与错的观点并不能真正对小孩产生影响，除非他们触动了彼此的道德感受。当他们急于释放这种不适的时候，才会真正参与这一话题的讨论，并催生出迥然不同的立场。纪律在高级层次与道德相连，它更多是外在强加的而不是主动创制的，更多的是政策而不是特定事件。简竟然把它们放在一起，对此我并不感到惊讶。我们从她关于班会的议论中得知，她所理解的好的道德教育应该把设置学校的期望和允许孩子们帮助确定那些期望结合起来。像往常一样，这是一种保持平衡的做法。那么，在什么情况下教师应该对孩子们实施纪律，以及使用什么样的惩罚手段呢？"

"我的触角是否已经涉及另一种《教师权威的六个层次》了？"哈代问道。

"好了，哈代，"艾吉说，"我们还是先不提博纳姆吧，她想亲自品味一下现实的情况，而我们想——或者说，我想——使我们的分歧达成一致，即使是一点点也好。可能听完我们的话以后，她会提出一些建议。"

"是呀，在和其他人协商后，我认为这种美好的前景使这个邀请变得很有价值。"

对此没有人反对，简于是坐在房间的一边。会议一开始，玛丽娅和哈代首先总结了先前的讨论。然后，艾吉建议说，他们应集中讨论显然处于道德教育计划核心的纪律问题，这应通过有步骤的思考：首先，他们需要理清哪些成分构成不道德，然后，要弄清通过纪律要达到哪些目标，最后还需要考虑他们更倾向于哪种惩罚方式。艾吉首先就第一种方式提出了自己的观点：

"我从玛丽娅的故事里看到三种不道德：首先是托尼对玛丽娅所做的行为，包括直接羞辱她和间接地联合同学们对抗她。第二种不道德在于托尼对班级所做的行为，包括传纸条、打饱嗝、放屁以及挑起对立的情绪。最后的不道德在于班级同学对托尼行为的跟从。你们觉得我的分析是否公平？"

每个人，包括玛丽娅，都觉得艾吉的区分有可取之处，也都认同第一种冒犯行为是最糟糕的，第三种最轻微。故意羞辱老师绝对是不可接受的，班上同学对托尼行为的默许，虽然表明同龄人群体中存在着被动的、容易受暗示影响的风气，这多少也是意料之中的事。孩子们好像天生就有附和淘气鬼的倾向。然而，玛丽娅对艾吉所说的第二种不道德拿不准，也就是托尼对班上同学做的事。

“在我看来，”玛丽娅说，“只有当遭到他人反对的时候，打饱嗝和放屁才算是违反了道德，我们也可以选择不反对。是的，我被托尼搞得心烦气躁，是的，我也发火了，但这并不表明打饱嗝和放屁本身很糟糕。我希望，要是能把这些仅仅当作可以撇开的烦心事来回应就好了。”

哈代当然不同意：“打饱嗝与放屁无论从本质上还是从其自身来看都是错误的，玛丽娅。当然，它们可能不像扔石头那样直接伤害某人，但是确实像骂人那样对人有伤害。这些行为与漠视社会规范有着深深的关联，它们表现的是一种明目张胆的漠视，我们无法容忍其存在。”

艾吉担心出现另外一轮难处理的争论，并且也非常想让他们的任务有所进展，就说：“暂时把打饱嗝与放屁的问题放在一边吧，我们都同意羞辱老师是不可接受的，对不对？如果这是事实，那么，我们难道不同意我们的第一个目标是压制这种行为吗？”

基于不同的原因，康尼与玛丽娅都提出了异议：“是的，这种行为必须被制止。但是仅仅用粗暴的惩罚来告诫，（如果这是她的想法）很有可能会产生坏的后果。不，无论如何，他们也不能支持压制。压制往往有很长时间的不良影响，他们必须考虑到这一点。”

玛丽娅认为，在发生这种（和多数）不良行为的情况下，纪律的目标就是使这个孩子恢复过来，并纠正这个不良行为儿童与她自己，不良行为儿童和他的同学，以及班级同学们之间的关系。为此，她就要成为一个可信赖的、宽容的存在，因为如果托尼逐渐感激她的好意，随着时间的流逝，她也会逐渐放弃他的恶意。她说：“从根本上说，没有谁**想**去嘲弄、折磨、讽刺别人。我们都知道托尼的不道德行为是他没有安全感的外在表现。我的工作是克服他源于恐惧的行为，我需要认清他的本真的自我（authentic self），也就是他渴望和给予友爱的那一部分本性，而惩罚则对这些更深层次目标的达成极为不利。”

康尼表明了一些不同的观点：“对我来说，制裁托尼可能不会有效，并且也有可能造成相反的结果。对他粗暴只会增加他的恼怒以及降低其自我控制能力。接着任何事情都有可能发生。我认为托尼是一个‘心理不正常’的孩子，应该寻求专家的帮助。学校不能对他的行为负责。这是超越我们能力范畴之外的问题的一个很好的例证。他（可能还包括他的家里人）都需要进行深度的治疗。所以，我认为最紧迫的目标是给他找到合适的心理治疗师。”

哈代赞同地说道，他的目标以及制裁托尼的目的，就是使他遵从班级规则。但是哈代认为主要的目标应更关注行为。他说：“我认为应该在班级里恢复有秩序的学习环境，我想让同学们表现出他们值得**我**信任——我并不介意**他们**对我的信任，这是不需要用言语来表达的。我还需要他们做出保证，下次他们会拒绝附和捣乱分子，对我以及对道德规矩的忠诚将压倒一切其他的诱惑。”

艾吉仍然希望达成一致意见，于是提出了第三个问题：“我们是否能重点探讨一下，如果想要实现你们的目标，你们将采用何种制裁手段，或者说下一步如何做？”

哈代抢先发言。他看到康尼反对教师有责任对托尼实施纪律，以及玛丽娅遭受到托尼的如此打击后仍然不愿发怒，简直有些火了。“对我来说，这很简单，”他说，“托尼违反了重要的行为规范，而这是有代价的，惩罚是一种补偿形式，是一个人偿还应得之责的方式，一旦偿还，一种新的平衡就得以建立，但是，如果不去努力清除不道德行为也不成。”

“如何清除呢？”艾吉问。

哈代继续详细地对惩罚作了认真的分析。他反对以牙还牙的报复，这不是他所谓的“偿还”。因为他反对像托尼羞辱玛丽娅那样来羞辱托尼，他也将避免诸如罚学生戴纸帽之类的任何形式的惩罚行为——让他坐在一个显著的位置上、写十遍以上的检讨书、公开地反省忏悔、报告家长。最后，他不赞成与过错无关的任意惩罚，比如做额外的家庭作业、不准课间休息、记过、课后留校、报告校长。“我所说的清除，”他解释道，“是**使**（而不是邀请）托尼从事一系列尊重玛丽娅的行为。他应该帮她做任何需要帮助的事：维护墙上的展览；保持黑板干净；整理教室内的器具；和她一起管理学生的午餐、课间休息以及汽车宿营。这些杂事要花费时间，这样他就没有时间做其他更想做的事情了。他也会发现这些杂事多是出力不讨好的。当然我也知道这样做有危险：他可能会更加怨恨，更加与学校对立。但是如果能以恰当的态度对他实施纪律——而且我们相信玛丽娅会有这种恰当的态度——这将对托尼形成好习惯有帮助，促使他对教师这一角色产生尊重。”

玛丽娅也在努力弥补自己与其他教师之间的差距，她承认，托尼在不尊重秩序、不顺从、不受约束方面太过分了。偶尔打饱嗝或放屁是一回事，针对老师的恶作剧和组织班级同学对抗老师是另一回事。无论如何，他的“表演”必须受到限制，但是不能用哈代的方法。

“那么，你用什么方法呢？”艾吉问道。

“我想继续就关于托尼和我的反应与他交谈。尽管可能我不会再谈论关于我想要流泪的事。哈代曾明智地告诫我，显露这些没有用。也许我可以找一些书，这些书对别人的生活进行了类比，或进行了辛辣的戏剧化描述。我会继续寻找那些有利于托尼出彩并能赢得同学们赞赏的学校活动。”

“还有，”她继续说道，丝毫不理会哈代那掩饰不住的恼火表情，“也许我会与托尼签订一份合同。对于传递纸条、怂恿同学、嘲弄老师这些行为，他认为合适的制裁是什么？如果他还是一如既往地沉默，我会给他提供一些选择，我们会一起分析、评价每个选择。一旦达成一致意见，我就会请班级同学参与。尽管，正如你们所知道的，我不喜欢归纳出来的规则，但是，这样一份在托尼事件之后出自**全班同学**的如果-那么式的合同，可能会奏效。这一约定与规则比起来具有更多的不确定性，还需要进行评论和修正。”

更为根本的是，玛丽娅接着解释，她不赞成没有经过班级讨论的任何制裁。她认为班级讨论对了解学生们的内在不满非常重要。玛丽娅猜想，很多同学都对她和学校的日常程序抱有不满和埋怨。他们很可能就是因为托尼大胆表现出了他们自己的愤怒而欣赏他。其他人，她猜想，是被托尼的恶作剧吓坏了，但又不敢反对他，以免显得“笨头笨脑”。整个托尼事件，如果不去关注处理埋怨者的不满以及受惊吓者不敢反抗的懦弱，那么就会丧失一个道德教育的绝好机会。玛丽娅认为暴露内部矛盾没有什么问题，正是通过矛盾与对话，孩子们才得以形成负责任和刚毅的品质。对玛丽娅来说，清除不道德实际上意味着使全体同学达成对他们动机和行为的更好理解。她将在各种可能的未来场景中，让学生们通过角色扮演来增加新的识见，集体参与将会有更好的结果。

艾吉一边关注着预期的道德教育计划，一边思考着自己长期的教学经历，她试图强调教师们的共同之处。“玛丽娅，”她说，“我明白，虽然你非常强调动机和情感，但也承认教师是需要尊重的，学生必须受到某种约束。行为很关键。哈代，虽然你想在班级里树立礼貌和规矩，但我听到你说，权威必须受到限制，以及惩罚和压制一样应在有指导的情况下进行。你们两人都有共同的终极目标，那就是，托尼应成为一个有责任心的、尊重人的社会成员。

“在我看来，儿童对于纪律方法的回应很可能也依赖于他先前对学校、对学校和老师的价值观的依恋程度，就像他们对待某些具体技术的态度一样。道德纪律，如哈代所言，与其说是为了**养成**尊重的品质，不如说是为了**强化**现有的态度，这有点像我们熟悉的一种划分：你做什么并不重要，关键是看你是怎样的一个人。像哈代和玛丽娅这样的老师，工作热忱、乐于奉献——如果你愿意的话，可以称之为他们的**品格**——并不依赖于他们对纪律的选择。孩子们注意到玛丽娅在他们的作文上写的长长的评语，注意到哈代每周都要去图书馆借来有趣的相关课外读物。正是因为老师们的这些行动，孩子们受到感动和激发，从而主动地成为行为得体的好孩子。所以，我这儿有一个旁门左道的想法：可能你们选择什么样的纪律方法并不是那么重要。”

她继续解释说，人与教学法的这种准分离能够解释为什么“粗暴的”和“温柔的”方法并不像它们看起来那样走向两个极端，为什么运用这两种方法的老师们既有成功的，也有失败的。如果哈代和玛丽娅被学生们认为是心怀公平、动机友善的教师，那么，只要他们提出合理的要求，无论他们用什么方法，学生们都会做出回应。否则，所有的纪律方法都将是无效的，甚至可能导致坏的后果。

“如果我是对的，”艾吉总结道，“就是说，纪律的方法并不比儿童事先参与学校的风气重要，而这种参与依赖于师生之间持久友好的信任，那么，从一开始就必须建立一种道德气氛，我们将不得不把与道德气氛有关的事情作为道德教育计划的一部分。”

“你说得很不错，艾吉，”哈代说道，“确实不错。刚才你所做的，虽然很委婉，实际上是要告诉我们，如果想让孩子们在意纪律，我们首先应该在意自我的完善，这是再次见面后我所吸收的睿智之语。”

“你自己也不错呀，哈代，你一直偷偷地想早点结束这次会谈。但是，在我们散伙之前，我想请你，简——像隐形人似的，我们差一点忘记了你的存在了——谈谈你的看法吧。”

“哈代还有其他人差不多快要被挤在门外了，所以我最想说的就是，谢谢你们让我坐在这里面。这真是一个伟大的时刻。你们的谈论，尤其那些对立观点的讨论，对我自己迟滞不前的研究有非常大的帮助。我一直在试图构思一种考虑到这一领域意见的纪律观点。给我几周时间，我会给你们一个书面的东西，对你们制定纪律政策可能会有帮助，如果它不会进一步挑起争论的话。”

更深入的思考

艾吉勇于调和哈代和玛丽娅之间的观点差异，她的努力包含着一个重要的识见：教师的品格是一项道德教育计划能否生存发展的必要条件。正如英国哲学家玛丽·沃诺克(Mary Warnock，1992)所说：“如果你自己本人不服膺道德，你就不能教道德。”虽然在实践中孩子们更留意你是谁而不是你做了什么，这也可能是事实，不过，艾吉如果认为她这份新提出的道德教育计划能够避免引起哈代和玛丽娅之间差异的话，仍然会招致挫折。这些差异源于互相矛盾的世界观，要提及这些世界观就必须先考察它们。接下来，我们要考察他们每个人是怎样“解读”托尼的外显行为的，因为正是这些解读促使或者提高了他们在教育学上的不同反应。尤其是——这里展示了前述几章提及的区别——要考察教师在下面几条之间的相应差异：

他们对**学生不良行为的反应**
他们的**道德侧重**
他们对**纪律的界定**
他们对**人性的诠释**

对不良行为的解释

在《心灵的习惯》一书中，罗伯特·贝拉(Robert Bellah，1996)和他的同事们讲述了一个关于清教徒领袖约翰·温思罗普的故事。约翰·温思罗普是马萨诸塞湾殖民地的首任长官，有人通报他，在一个“特别漫长而寒冷的冬天”，一个贫穷可怜的异教徒正在从他的木柴堆里偷木柴，他就把那个人召来，告诉他在余下的冬天里可以随意拿走他需要的木柴。“这样，他对他的朋友说，他是不是很有效地治疗好了那个人偷窃的毛病呢?”

正是因为一旦得到主人允许，拿走木柴就不算是偷了，因此，传递纸条，甚至打饱嗝和放屁等行为，只有在遭到在场的人们反对的时候，才能算是道德上的无礼冒犯行为。玛丽娅，尽管她被托尼搞得很郁闷、恼怒，尽管也明明知道托尼的动机就是扰乱班级，但是她仍然不愿意(不像哈代)直接把他的恶作剧斥为“搞破坏”、“目中无人”或“捣乱”。她没有哈代的那种道德愤慨，因为她像温思罗普，能越过某种行为的错误而看到为饥饿所迫的穷人，玛丽娅是基于对托尼行为动机的理解而做出回应的。托尼的动机有即时的动机——他努力通过这些讨厌的行为在同伴中实现自我——更主要的，还包括他更长期的动机。玛丽娅关注人，更主要的是关注人的存在，而不是他的外在行为。

从这个视角来看问题，玛丽娅对传递纸条相对而言就不甚在意了(尽管对随后的行为不见得如此)。她把这些行为，至少是想把这些行为，不太看做是对她的权威的威胁，或者是力图使她尴尬的行为，而看做是托尼只是想引起别人的注意而已。然而，这些行为实际上的确使她深深地陷入尴尬境地，使她感到无助和失控，托尼也得到了不该得到的恶名。这些事情都使玛丽娅为之烦恼。但是，尽管她为此大发雷霆，但却更愿意把托尼的这些行为仅仅当作烦心事撇在一边。

在恶作剧以及那些看起来很不友好的嘲弄行为背后，玛丽娅看到了一个被剥夺了健康的社会体验的孤独的小男孩。他第一次奋力地挣扎，想在同龄人群中赢得地位和友谊。玛丽娅是对托尼的动机——而不是他的行为——做出反应，她深怀着同情和理解，试图把她的道德判断和指责置于这种背景之下。做错了事，对她和对那些主要考虑行为以及要求学生为之负责的教师来说，并不具有相同的道德耻辱。

从这种倾向中，也凸现出了一种界定正确行为的相当流动的概念，相应地，与那些把正误观集中在行为上的人相比，坚持流动概念的人对不正常的行为表现出了更大的容忍。玛丽娅可以扭过头去，不去理会纸条的传递，不把它认为是错误的。她能够不理会那些大声讲话、有些过分的喧闹、自然本能的爆发、甚至打饱嗝的孩子们。玛丽娅想让孩子们在学校里享受最大限度的自由和最小程度的限制，因为她把班级看做是一个实验室，在那里，儿童通过社会要求的压力，获得鼓励**成为**他们自己，才能够成为更好的自我。她觉得，平时学校的气氛没有必要如此乏味，对古怪的人如此不容忍。

玛丽娅主要从关系的层面看待她与困难学生相处的工作，她被那些行为古怪的人和失落了灵魂的人所吸引，想成为托尼学校生活中的一种所谓的“友好的存在”，并试图藉此来影响托尼的行为。当然，她会向托尼提供一套对待别人和教师的适当行为标准，但她会以一种特定的方式来完成，这种方式能清楚地表明她对他作为一个人的尊重，以及她对他情绪和道德状况的关心。仅仅让托尼知道人们对他行为改变的期望，以及如果他不做出回应将遭受怎样的不良后果，她并不满足于此。

因此，玛丽娅预先倾向于这样的哲学立场：强调关心是道德的基础。这就意味着不随便做判断，不随便将自己的观点强加于人，摈弃传统师生关系中的角色定位，维持

“可接受的注意”(Nodding,2002)。简而言之，这意味着，持有这种立场，需要至少暂时放弃自己的决定，而多吸收别人的立场。

玛丽娅也想让孩子们作为一个群体参与制定道德规范。正是在群体情境中，孩子们才感到是在一个安全的场所进行行为实验；一起分清楚，对他们来说哪些行为重要，哪些有点重要，哪些根本就不重要；以及哪些行为是可以接受的，哪些行为会损害到大家的利益。在玛丽娅看来，他们相互提供的反馈以及合作制定的规范，是孩子们建立一个道德共同体以及自己的道德同一性的最可靠的方式。孩子们制定的价值观之所以能够得到遵守，是因为他们在价值观里融入了自己的意愿、他们深层的渴望和基本的自我感；强加的价值观无法做到这一点，因为这些价值观仅仅使孩子们顺从他人的意志，当那些他人消失时，这些价值观就会消散。

可是，这一过程要想有效，群体就不能简单地成为强加给班里的那些托尼们的另一种外在力量。教师必须警惕地保证群体的安全，这意味着反馈不能成为讽刺和排斥，合作不能成为变相的教师控制。教师不能一手放开控制，而另一只手则在加强，正如唐因此被批评的那样(参见第三章)。可是，以这种方式指导一群孩子(也包括她自己)进行工作是很困难的，但这并没有削弱玛丽娅的信念，她认为付出这种努力很值得。

哈代对托尼的“解读”是完全不同的。对他来说，正如我们所看到的，行为是核心，动机是附属的；成年人的判断是至关重要的，理解是边缘的；价值观表现的是不朽的真理，而不是由班级群体制造出来的不断变更的协议。根据哈代的观点，制定正义的标准不是托尼的同学们的职责。普遍接受的价值观不需要由个体的抑或群体的小孩子们创造出来，它们来自更大的社会，并由一个教师进行传授例示。由群体生成或强化的规范在某些背景下有效用——比如为了号召对既定规范的支持，为了将精神、能量和忠诚注入规范之中——但是，为了进一步扩展群体的权威，则并不能收到预期的效果。儿童群体尤其不愿促进道德目标，给自己加上纪律的约束，或者促进节制、谦逊、坚韧或审慎的美德。的确，主要靠自己的权威运作的群体很有可能走向错误的方向，“冷酷”的群体规范可能包括嘲弄弱小、考试作弊、偷窃、说谎、逃学等等。在《苍蝇的主人》一书中，那些进行自我管理的男孩子们有着令人毛骨悚然的杀人道德观，这可能只是为了吸引人而虚构的小说而已，但是，其中的教训需要我们清醒地关注。

如果托尼被一个把守这个界限的成人权威所控制，经常做正确的事，那么，他将会从正确行为中找到满足感，而这种满足感无法通过其他孩子的反应或者通过夸夸其谈而得到。从做正确的事情中体会到的尊重和自尊感，归根结底要比通过互相捣乱获得的短期的群体快乐更令人愉快。

阐述道德侧重

哈代不像约翰·温思罗普，他永远也不愿意把“偷窃”放在背景里考察，然后宣布这是无害的。在他看来，偷窃很简单，就是为了自己而拿了属于别人的东西。无论在什么情况下，他都不会支持这种行为。为什么这样严格？因为哈代倾向于严厉的美德：限制、自控、自我否认、勤奋、工作努力、顺从、刚毅。这些是体现人的高贵与尊严的素质，是人骄傲的源泉。但是，如果没有在坚持对抗那些容易满足的事情中进行长期的训练，人们就不能获得这些美德。

从孩童期开始，哈代就在本杰明·富兰克林的故事教导中成长，哈代经常为学生提出一些爱国者崇尚的美德条目：节制、缄默、秩序、果敢、节约、勤奋、真诚、公正、中庸、清洁、平静、纯洁、谦逊。（Franklin，1963 年）下面这些摘自富兰克林的《可怜的理查德的年鉴》的格言对今天的哈代，就如同对 18 世纪的美国人一样中肯：

> 不能服从的人也就不能发布命令。
>
> 伟大的善良人性，若没有审慎的美德，就是一种极大的不幸。
>
> 无所奢求的人受到保佑，因为他从不会失望。
>
> 压制第一个欲望要比满足随后的所有欲望更容易。
>
> 没有什么能比过度的享乐招来更多的痛苦。

这类严格的忠告并不适合于玛丽娅。她倾向于那些从人们之间的相互依恋的关系中产生的“温柔的”美德。这些美德包括，正如英国哲学家大卫·卡尔（David Carr，1991）所提及的，那种“关涉他人”的素质，比如“不自私、善解人意、同情、仁慈、善良、慷慨、礼貌、尊重、慈善，或许还有耐心和容忍……谦虚与谦恭”。这些美德之所以是温柔的，是因为迎合了人们天然渴求联系的愿望——相互联系，与更广阔的社会联系。

玛丽娅反对灌输那种“冷硬”的美德。与哈代相反，不管这些美德被引向何种目的，她都不把它们看成本身和本质上都是有价值的。的确，当强度很大，然而目标有误时，这些美德就可能有害。何况，没有必要把勤奋与自律当成道德教育的目标，这些美德是兴趣和热爱的天然副产品。当一个孩子看到一头牛正在生产而狂喜，他就会想知道更多有关这一动物的知识，就会去研究它的生命周期，去理解它繁衍的生物学知识，去学习以艺术与讲故事的方式来描述这些情景。要想满足这种好奇心，就要求勤奋、努力学习和自律。他开始与另一个孩子合作研究，于是他们之间就建立发展起来一种关怀的关系，从他们的友爱中又显现出耐心和节制自我欲望的美德。需要激励的是兴趣而不是压制。

这些道德侧重是教师们的世界观的一部分。它们根源于埋藏在心灵深处的资源，然而，在解释其教育学偏好的问题上，他们走了一段很长的路。为了促进关心的伦理，托尼必须与他的老师建立好联系，这样他才敢于和其他人建立联系。玛丽娅通过她自己的关心，给了托尼必不可少的、面对社会拒绝时必备的自我毅力。回想一下我们第一次遇见玛丽娅(第二章)，那时她断言："我要对孩子们表示友善和关爱；给他们提供好的榜样；期待他们，有时我要提醒他们，相互之间要友善和关爱。"她现在仍然认为，严厉的纪律、惩罚、压制，以及来自成人的义务和责任的灌输将会限制一个自然的、快乐的、尽责的、关心的共同体的成长。

像节俭和小心这样的素质已经被菲利浦·哈里(Phillip Hallie，1997)界定为，保护我们安全、远离危险的"小美德"。哈里以他的书《防止无辜的流血》(1979)而著名，书中描绘了法国村庄勒·沙堡的居民保护被纳粹迫害的犹太人的英雄主义。他并不崇尚小美德，认为更高级的是同情和慷慨这种"大美德"，这些美德尽管与谨慎的自我利益相对立，并且"经常不现实"，但是，它们是构成真正的利他主义者心灵的美德。

哈里曾描写过这样的一个英雄，她叫玛格达·乔西米。像节俭和审慎这样的美德在她的生活中几乎没有体现出来。每一天，她家里的钱箱以及她的房间对任何有需要的人敞开，她不断地努力救助那些绝望的陌生人，她的这些努力是极不审慎的，正如哈里所叙述的：

> 在法国沦陷后的第一个极为寒冷的冬天，第一个难民来到了勒·沙堡的长老会的门前……当玛格达要求市长给她所需的证件时，市长——非常理性地——说："什么？你竟敢为了一个外国人而使整个村庄陷于危险吗？你将为救一个妇女而把我们都毁掉吗？我要对这整个村庄的安宁负责，明天早晨你必须把她赶出勒·沙堡，不能再晚了。"
>
> 健谈而有口才的玛格达很有智慧，她没有反击市长的小美德……从那个冬夜开始，她就没有再向勒·沙堡或者法国的管理者去证明拯救难民是正当的。她只和有着更为丰富的情感世界，而不仅仅为了保护自己的安乐窝的那些人紧密合作。

当然，哈代会因为哈里对于"小美德"的贬低而深感不快。他会指出，玛格达的勇敢无畏不大可能是在一个关心的班级里(这里的老师、同学都很友善)度过童年期的必然结果。的确不可能，勇气这一素质只能被那些不断实践自我约束、拒绝简单满足和盲从的人获得。他崇拜玛格达(对本·弗兰克林也同样)，不是因为她富有同情心，而是(借用马丁·路德·金牧师的名言)因为"(她的)品格构成"，因为她每日甘于冒险去拯救生命的行为。作为一个教师，哈代并不关心儿童是否愿意靠近他或者其他什么人，他对一个儿童内部的心理活动(他或她的自尊、社会自尊或者爱的动机)也不感兴趣。他感兴趣的不是正确的关系，而是正确的责任，而这些责任常常植根于哈里所讥讽的"小美德"之中。自尊(假设它存在)将从做好事的过程中产生，但它却不是做好事的源泉。

的确，哈代重视的道德与玛丽娅的同样具有情绪的基础，但是对重点关注宽心抚慰的谈话的不同态度却使他与玛丽娅“区别开来”。在他看来，乔治·艾略特(George Elliot)的亚当·贝德说得好：“我喜欢全力做事而不是夸夸其谈。”(Eliot，1985)当然，从人性的角度来看，所有的人都应该得到尊重，并防止他们的基本人权受到侵害，但是，不是所有的人都应该得到赞扬，承认和赞赏应该通过努力获得。

“关心的共同体”这个观念中的关心是朝向内部的，强调人们彼此互相关心，而不是朝向外部，去关心诸如环境、动物权利、贫困、疾病、扫盲等世界问题。然而，对这些世界性问题的完全无知会造成群体的自我陶醉，这令那些持哈代观点的人很厌恶。人们彼此互相关心简直是太过安逸、太过舒服、太过容易了。这种“使人感觉愉快”的治疗学意义上的道德仅仅要求“要友好”，别无他求，这就导致人的自我本性被剥离得空洞无物，这就是罗伯特·贝拉和他的同事(1996)所谓的“根本不受妨碍的和即兴的自我本性”。如果只是彼此关心，而完全不管彼此的表现，如果我们的价值不作为别人赞赏的前提，那么，谁还会冒险去反抗不公正？我们从伟大之中感受到的敬畏、获得的鼓舞就会在对司空见惯的可预期得到的“好”的赞赏中失去光泽。

道德纪律的方法

哈代由于认同那些严厉而难以养成的美德，自然就觉得审慎地运用惩罚没有什么不道德，惩罚和同情之间也没有什么矛盾。托尼服从道德共同体的约束，就能享受到作为一个共同体成员的权利；不服从，他就会受到惩罚；偿还他的应得之责，就会被重新接受。只要惩罚是合适的，也就是说，不是太过苛刻或者持续过久，而且显然应该进行惩罚，它就达到了道德教育的目的。

恰当的惩罚还是一种好的心理学工具。它很管用。正常权利缺失的适度痛苦，与羞耻感(一个人的不道德行为被揭露而在公众面前表现出来的尴尬)以及负罪感(因为做错了事而在内心里自责)一样，会限制利己的冲动。它们是道德增益——即不舒服——的源泉，的确如此，不过，对孩子们而言并不是不好的经验。

但是，惩罚不仅仅是一种工具而已，好的结果并不是惟一的目标。在与托尼的纠葛中，惩罚不单是要改变托尼的行为，而且是行使公正。认清这一点才能产生负罪和悔恨感。当儿童理解了惩罚的道德意义，而不是把它看做单纯的行为矫正时，那么，正如英国教育哲学家P. S. 威尔逊(P. S. Wilson，1971)所说：“因为做错了事而被惩罚，就如同确认事物存在着道德秩序，以及人在道德秩序中的位置一样，如果不受到惩罚，在这种情况下，就会导致迷乱、绝望或者冷漠。”

痛苦的刺激是惩罚的一个基本要素。没有它，人就不会因为做错事而感到心情沉重。正如法国作家西蒙娜·韦尔(Simone Weil，1986)所说：“人的灵魂有惩罚和尊敬的需要，一个人只要犯了罪，就被善驱逐出去了，他必须通过受苦以求重新回到善的王国。忍受这种痛苦的折磨应该怀有这样一个目的，那就是，使灵魂有一天会自然地认识到所受的折磨是公正的。人的灵魂向善的王国的复归，正是惩罚的应有之义。”

在哈代看来，特意给予犯错误者以痛苦的折磨(在教育的背景下理解，这种痛苦更是一种心理上的而不是肉体上的)是合埋合法的。有人冒犯你(或其他人)，你(至少暂时地)拒斥他，这是合适的。在这种情况下，给予痛苦和承受痛苦都被合理化了。威尔逊的提问很有说服力：“如果一群孩子，打个比方，冷眼看待或者斥责一个不断给他们添乱的成员，或者如果两个朋友之间因为一方或者另一方的迟钝或者误解，而出现了令人痛苦的疏远，或者一位家长因为孩子故意做出了某些荒唐的、破坏性的或有点残忍的行为，而拍打了他几下，试问，对于以上几个案例中的痛苦，我们**必须**说它就一定是有害的吗？”

基于教育的、心理的以及道德的原因，玛丽娅不喜欢惩罚儿童。尽管有时不得不强制儿童去“长点记性”，比如当这个儿童或别的儿童面临极度危险的时候。但是，必要的并不等于是道德的。虽然哈代相信，道德纪律能提高儿童对教师的**尊重**，但玛丽娅则认为其增加了儿童的**恐惧**，恐惧可能是哈代所重视的压制和自控的一个成分，但是，它却在玛丽娅所致力追求的那种开放式的、与儿童充满信任的关系中没有位置。她还怀疑哈代的这种观念：当儿童扰乱了正常的“公正”秩序(对玛丽娅来说它本身就是模糊不清的)，惩罚就是恢复秩序的有效方法。玛丽娅认为，如果儿童不承认他犯错了，没有什么惩罚可以使他明白错误；如果他承认了，惩罚就是不必要的。被强制擦椅子的托尼，是否感到去除了犯错的恶习？是否觉得被恢复为班级的成员很值得？不大可能。更为可能的是，他在同学们面前受到了羞辱(丢脸了)，对她可能很生气甚至产生怨恨情绪。

惩罚作为一种心理工具也是不符合要求的，因为它压制的不仅是行为，还有正在出现的自我。孩子们不可能把被惩罚的“我”(I)与被压制的“它”(it)区分开来。被惩罚的儿童更可能成为怨恨的而不是改过自新的，更可能成为控制的或被动的而不是自主的，更可能对班级和学校持敌对态度而不是认同和参与。至于悲伤、羞愧、负罪感，都限制和扭曲了一个正在发展的自我，玛丽娅不希望助长这些情绪。

在她看来，故意使人经受痛苦是有违道德的，这完全和她的关怀哲学相反。她认同内尔·诺丁斯(Nel Noddings 2002)的观点：“人类所遭受的大部分痛苦既不是天谴的，也不是自己招来的，优秀的父母们必须确保孩子们知道这个道理。痛苦本身也没有意义，它是一种需要解脱的不幸，一种需要安慰的苦楚。”

在很大程度上，哈代和玛丽娅之间的争论可以归结到惩罚的补偿性作用上，特别是痛苦。对玛丽娅(呼应诺丁斯的观点)来说，特意施加的痛苦是与关怀相抵触的。对哈代(他会呼应C. S. 路易斯的观点)来说，痛苦是关怀的一个成分。路易斯(Lewis，1948)说道：

> 善良，仅此而已，不关心它的对象变好还是变坏，只要它能免遭痛苦……

> 我们无条件地祈求幸福是为那些我们丝毫不关心的人：为我们的朋友、爱人、孩子，我们是严格的，宁愿他们遭受很大的痛苦而不愿他们以一种可鄙的、不和谐的方式享受幸福。
>
> 我觉得，如果我的一位朋友只关心我的幸福而不反对我成为不诚实的人的话，我就不应太珍视他的爱。

对人性的诠释

我们不妨把玛丽娅的观点概括为一个词"保护型的"，把哈代的概括为"限制型的"。但是，玛丽娅保护的、哈代限制的是什么呢？是儿童的天然冲动。为了揭示他们的世界观，接下来，我们必须转向探讨他们关于人性的基本假设。

像哲学家大卫・休谟(David Hume，1983)一样，玛丽娅深信人们有"天然的同情心"。在休谟看来，道德根植于人们基本的情绪反应之中，这种反应使得人们向善和行善。当我们从事美德的行为时，就会体验到被赞许的"温暖的感受"，当我们作恶时，就会体验到"厌恶"的感受。善、幸福是受天然的"温柔的同情心"所促进的，而恶、人类的不幸总和我们的天然反抗性相一致。"看来，人们朝向公共的善的趋向，朝向促进和平、和谐以及社会秩序的趋向，的确总是通过影响我们情感结构中的仁慈的原则，使我们具备了社会的美德。"

最近，伊赛亚・伯林(Isaiah Berlin，1959/1992)表达了相似的信念。他说，道德是"人之为人不可缺少的构成"，是我们天性的基本成分。知善和向善如同人具备爱和交流的能力，以及和愿望一样，为人的本性所固有。人类把共同的道德"看做是在他们有自我觉知的时候，构成人之为人的基本属性的一部分"。他的推理根据摘引如下：

> 有……某些道德品质，已经同样深入到我们所设想的人性范畴之中……说价值观是客观的和普遍的……就是说我们不得不接受这些基本的原则，因为我们是人，正如我们不得不(如果我们是正常的)寻求温暖而不是寒冷，追求真理而不是虚假，渴望我们的人品被别人认可而不是被无视或者误解一样。

玛丽娅的行为，或者希望表现出来的行为产生于这种信念：人的本性主要倾向于仁慈与合作，而当儿童心理上受到抑制或者受到成人的社会性灌输时，这种本性就会变质堕落。儿童如何被对待，他们就会如何对待别人。虐待成性的父母常常一度就是受到过虐待的儿童，爱意盈盈的父母以前大都曾深受宠爱。坏的行为很可能就是遭人恶意对待后的表现，坏的行为是"非天然的"。这个信念促使玛丽娅去详细解释某些具体规则的原因以及违反的后果，邀请学生参与(甚至学生对一些邀请可以接收或拒绝)一些有意义的决策，并对学生的反应保持一种尊重的关注。这个信念也强烈地驱使她习惯于把批评、惩罚，以及压制降低到最小的程度。

在羞辱了托尼，也因此破坏了与他的信任关系的时候，玛丽娅认为她破坏了自己的原则，并且使托尼归属集体的天然动机处于危险状态。托尼想行善的内在动机(因为困难而停止)依赖于玛丽娅对他的信任以及友善。儿童的天性向善，这种天性同时也是脆弱的，这种信念也是对西蒙娜·韦尔(1986)的另一个话题的回应："当一个人的生活被某种创伤抑或肉体或者灵魂的缺失所毁坏或损害，而这些都是因为别人的行为或者疏忽时，那么，受到损害的不仅是这个人的道德敏感性，而且还有他向善的渴望。"

哈代所"采纳"的人性观比较冷酷。他考察世界时，看到的多是人对人的无情而不是移情。给他留下较深刻印象的，是人的"局限"而不是"天然的"同情之心，是主动虐待别人而不是满足别人，比如埃尔瑞斯·默多克(Iris Murdoch，1970)的极为阴暗的观点：

> 人类天性自私看来有证据证明是正确的，无论何时何地我们考察这些证据都是成立的，尽管也有极少数明显的例外……心灵是一个被历史地决定了的、无情地照顾自己的个体……它不愿面对令人不快的现实。它的意识通常不是一个透明的玻璃杯，透过它心灵可以观察世界，而是一块多多少少带有奇异幻想的云彩，可以用它来保护心灵免受痛苦。心灵常常需要安慰，要么通过想象的自我夸张，要么通过一种神性的虚构。

增加快乐的诱惑是无止境的——从在自助餐厅里抢抓最大块的食物，到把别人当做为未来生活中储藏财富的小孩那样来利用。抗拒诱惑以及抑制欲望是道德的心脏和灵魂。如果认为人性倾向于"自私的和反社会的态度"，如大卫·卡尔(David Carr，1991)所解释的那样，那么，这样的一个断言就是有道理的，即儿童必须被"强加的法律从外面加以控制，或者以利他的、自控的原则所指导的良知进行内在的灌输教育"。从这些假设的背后体现了一种限制的、系统的，以及持续不懈地按照学校以及社会的期望同化年轻人的教育学。

这样，虽然玛丽娅的"关心"和"友好"的价值观促进了人的热情的展现，这种热情如果得到维持，它**自然地**便会引导人与人建立充满关爱的关系，而哈代的"限制"和"自控"的价值观则倡导对人的热情的压制，认为如果放任这种热情，它**自然地**将会毁坏社会的安宁。在哈代看来，儿童要想避免行为不当，就必须心怀尊敬、顺从那些正当的权威，其中，教师首当其冲、当之无愧。一旦没有了这种尊敬，这种杠杆作用，儿童便不再可教。在玛丽娅看来，只有当儿童对别人的感情变得敏感的时候，他们的同情心才算是得到发展了，才会用利他主义来补充利己主义，并且，在抓取那些最多的、最好的东西之前，无论是自助餐厅的食物、棒球卡片还是别的什么东西，他们才会自然而然地逐渐开始考虑同学们的需要。

在我们看来，人性即是本“善”的又是本“恶”的，“每个人的首要冲动都是为了维护和壮大他自己，继之而来的冲动是走出自我，去修正它的褊狭以及治疗其孤独。在爱中、在美德中、在追求知识中以及在接受艺术作品中生活，我们正是这样做的”(Lewis，1968)。正是人性的这种二元性赋予了玛丽娅和哈代证明其观点正确性的辩护词，也赋予了我们去微妙地平衡自己对儿童的不同反应的责任。

道德纪律策略具有若干特点，比如，反映了这种丰富的人性观，随着道德侧重的不同而做出不同的反应，规定倾听和依赖儿童。应该怎样阐明这些策略呢？让我们看看简·博纳姆的思考吧。

纪律的四步法——简·博纳姆博士

在一个理想的学校里是没有纪律的。学生们按时到校，努力学习，他们和教师以及彼此之间良好合作，遵守课堂教学的规则(他们参与了规则的制订)，迅速而尽可能好地做功课，是学校共同体的忠诚成员。但是，那并不是我们的世界——看看那些暴风雪般洒向学生(以及教师们)的规则吧。

除了学习上的要求，学校还管理孩子们的个人生活：他们穿什么，什么时候交谈以及怎样交谈，在哪儿坐以及怎样坐，什么时候移动以及怎样移动，什么时候吃饭以及怎样吃饭，甚至什么时候去洗手间都有规定。老师们也被学校通过(不同程度的)行政控制，他们选书、上课、考试以及纪律等都被严格管理。玛丽娅、哈代以及其他老师对于托尼的问题还可以有不同的意见，部分的原因是因为托尼是五年级学生。如果是在中学的班级发生这样的不良行为，他极有可能早就被报告给副校长了，随即一个依据学校校规给出的惩罚就会出现在他面前(Ingersoll，2003)。

在现代公立学校里，学校用一成不变而广为宣扬的规则，以及违反这些规则所受的制裁措施，使得纪律被严重行政化了。比如，迟到一次，警告；迟到两次，训斥；迟到三次，待遇剥夺；第四次迟到，进行一次校内的课后留校。(对科层式管理的纪律的详尽探讨，请参见赛吉奥万尼[Sergiovanni]，1994)非个人的制裁针对的是违规行为，而不是违反者或者违反事件发生的背景。任何一种纪律目标，都应超越对学生的控制，然而，在许多中学以及学区的规章中，却仍然看不到这一点。这不仅在学校里而且在很多学校的文献中都是事实，从20世纪50年代以来，这些文献就不断强调策略而不是目的(Butchart，1998)。

然而，秩序井然并不能不言而喻地说明纪律是合理的。一间静悄悄的教室里，学生们都很顺从，这样并不能最大限度地促进学习。正如麦克尤安(McEwan，1998)所指出的："虽然一些学生可能愿意服从教育者所实行的控制系统，特别是当这些控制活动与他们来自家庭的控制相一致的时候。然而，也有其他一些学生会把这些强加的、专断的规则看做是一种战斗的号令。"

关于纪律的争论围绕着什么是确保服从的最好方法这一问题，是将强迫减至最小，鼓励自愿服从的参与式、民主式的方法呢(Glasser，1990)，还是通过一些明确的行为期待，破坏它就会招致预定后果呢？(Canter & Canter，1992)前者认为，强加的制裁和惩罚会降低儿童的价值感，剥夺其主体自由，后者则相信，制裁和惩罚能够使人产生对于规则的尊重。两方都在有效性的基础上证明各自方法的合理性。他们的潜台词是："采用我的方法，你就有一个平稳运转的班级。"

科层式管理的方法也并非一无是处，优点之一是它的透明性、公平性：规则是透明的；违反了规则，处理也是一视同仁。作为机会均等的规则的执行者，教师不可能因为武断或者偏袒而被人责难。如果儿童或者家长有类似抱怨，那么，有一个现成的回答："不要责怪我，要怪就怪规则吧。"这是一种能"保护教师"的方法体系。

科层式管理的纪律也能揭示学校期望的恰切本质。规则被官僚机构认为是不可篡改的，由此获得备受尊崇的地位：规则的价值就是规则本身。尊重规则就等于尊重学校，就等于尊重社会的道德秩序。正如涂尔干(1961)所说：

> 毫无疑问，当一个人从根本上和细节上考察教师必须强制执行的行为规则时，他会倾向于认为这些规则是让人感到恼火的无用之物……一个好孩子难道可能会不守时，不能在规定的时间内准备好功课或为别的什么责任做好准备吗？然而，如果不从细节上考察这些学校规则，而是把它们作为一个整体来考虑，把它们看做是学生履行义务的守则，那么，整个事情就会有很大的不同。所以，完成所有这些琐碎的义务时的细心认真，看起来就成为一种美德。

但是，科层式管理的方法也有很大的缺陷。最根本的是，它很粗糙，不能做出道德纪律所要求的一些重要区别。仅仅强调行为就忽视了人与环境，我们称之为**"对儿童的压缩"**(the lumping of children)[1]。很明显，违规行为的错误将根据学生的意图、知识、历史以及突发事件这些因素的不同而有所不同。动机和倾向性很关键。学校在个体化判断方面的困难——不同的人、不同的处理——在于它使纪律主观化了，这导致对相同的违规行为采取了不同的制裁。尽管做出一种与情境相适应的纪律反应可能

〔1〕 这是一种夸张的说法。一个人偶尔也会遇到一种纪律规则，按照这种规则，要求惩罚的是意图(例如，是故意的破坏，而不是破坏本身)。可是，在看过了许多这类规则之后，一个人就会感觉到，它们不大重视违规的背景因素：违规后通常随即被惩戒，而没有进一步的考虑。

是公正的，但它却往往会被人抱怨不公。然而，没有了自行决定权，教师的判断和地位就会受到藐视，道德行为的复杂性就会被埋没。为了达到教育的功能，纪律如同教学一样，必须微妙地与环境相适应。

第二，存在着一种对行为和制裁的压缩。我们称之为**“对错误的压缩”**。那些违反了习俗的行为与那些违反了道德的行为被堆积在一起。人们有时候以地点来划分错误（教室、楼里、楼外），有时按字母顺序划分，有时根据破坏的程度划分。可能与道德划分接壤的最后这种划分，现在仍然把那些不相容的违规行为列在一起。比如，找到一种把着装违规、上学迟到以及说谎联结在一起，并对所有这些违规行为给予相同处罚的规范并不是难事。在费城学区（2002～2003），在走廊里乱跑、不断迟到、闲逛，和伪造、作弊、抄袭别人的作业被罗列在一起，作为第一等级的违规行为。

第三种不足是**“对目标的压缩”**。一项规范通常列举的是一种有等级层次的惩罚，它似乎是按照制裁所带来痛苦的多少为标准的。例如，仅仅依据重复的次数，一项对某种违规行为的制裁可能是一到五天放学后的课后留校，然后是一到三天的停学。准确地讲，诸如斥责、与学生会谈、通知家长、临时分配到别的班、吊销某些权利等制裁较少，还有更严重的制裁，如长时间停学就会被教育董事会永远驱逐出校，在所追求的结果上并没有区别。

这里的问题是，人们设计制裁的内在含义，就是为了使规范得到最大限度的遵从，也就是说，确保这种不良行为不再发生。费城法规清清楚楚地声称，其目标是“修正的，不是惩罚的”（费城学区，2002～2003），这种简单的二分法遗漏了重要的一点，很多规范表上都没有认识到说脏话与作伪证、迟到与作弊之间有道德上的区分。同样，也没有人倡议，人除了修正自己的行为外，还有可能怀有其他具有个体差异的目标；作为对错误行为的回应，除了权利剥夺的制裁方法外，还有可能有适应个体差异的方法。正如劳伦斯·努奇（Lawrence Nucci，2001）所建议的，对儿童的反应应该是“与领域协调的”，如果一个孩子打了另一个孩子，他建议说，这样说会更好一点，“约翰，那真的让迈克很伤心”，而不是说“我们有一条反对打架的规定”。如果一个儿童上数学课的时候从座位上站立起来，那我们最好要把规则指给他看，而不是把别人的忧伤指给他看。违反道德时，主要的目标是改变**那个人**，而不是改变行为，或者除了改变行为之外，主要是改变那个人（Dewery，1991；Durkheim，1961）。当违反的是习俗性的（方便）规范时，就可以假定，服从是主要的目标；如果违反的是道德指令，那么服从就可能不够了。

一条敏感的道德纪律政策将考虑到**规则**（标准）的性质，违反规则的**情境**（孩子和场合），除了让学生服从之外纪律的其他**目标**，以及满足这些目标所需的灵活的**干预**体系。这四种因素也提醒教育者们，在处理事件之前一定要先把情况搞清楚。我们已经发现，同样的行为——比如推搡和迟到——在不同的场合，性质可能完全不同。环境也会影响目标，而目标又会限制干预的程度。不管你多么渴望有一份包罗万象的决策指南（或电脑程序），能够涵盖所有可能出现的情况，都注定会以失败而告终。再好的指南也不会穷尽所有的细微的相互作用，也不会涵盖所有的个人判断。比如迟到的原因可能是父母不对，或是孩子自己心不在焉，或是故意蔑视老师；一个关心学生的老师皱皱眉头，可能比一个冷漠的老师采用开除的做法来得更为有效。因此，学校除了制定政策支持老师们提高其自主决策能力，从而培养他们敏锐的洞察力之外，没有其他更有效的途径。

下述的矩阵图描述了一系列行为和不同的场景，包含了不同的目标以及适应于不同场合的干预做法。再下来是对列表中各点的说明。

后面的情景是对表中几种行为意义和场合的解释说明。

对不同情境中的行为进行干预的功能

	背景		
行 动	故意的	情有可原的场合	无知的
道德的事件	惩罚， 以改变**人**为目的 1 (a)	惩罚(较轻)， 以改变**人**为目的 (b)	传授，没有惩罚， 以改变**行为**为目的 (c)
派生的道德事件	纠正， 以求改变人或行为 2 (a)	解释，通过纠正， 以求改变行为 **或**惩罚(轻微地)改变人 (b)	解释，没有惩罚或纠正， 为改变行为 (c)
习俗	纠正， 以改变行为**或**改变规则 3 (a)	解释，通过纠正， 以改变行为**或**改变法则 (b)	解释，没有纠正， 为改变行为**或**改变法则 (c)

1. 有学生偷了一个钱包。
   (a) 知道钱包不是他的，想留下或者丢掉。
   (b) 他是被一个他特别希望加入的“俱乐部”所教唆的。
   (c) 认为钱包是属于他的。
2. 一个学生对另一个孩子说：“我靠！”
   (a) 想去羞辱他。
   (b) 因为他突然生气而且“勃然大怒”。
   (c) 只是想说“没门”。
3. 一个学生插队。
   (a) 故意地。
   (b) 和一个站在队伍另外一个地方的同学谈话。
   (c) 没有意识到排队的规则。

该轮到你了：修整纪律

玛丽娅和哈代在“解读”有道德意义的行为、道德侧重、对纪律的反应以及人的本性等方面，都有各不相同的观点。这些不同的观点至少部分地解释了他们的教育学偏好。现在，轮到由读者你来思考一下：**你的**理论前提是什么？它是如何渗入到**你的**教育学观念中的？为了使这些思考更为具体化，我们邀请你想象下面的情景。在你做这件事的同时，连同你认为有效的任何其他信息，请考虑一下博纳姆博士的分析框架和她的矩阵模型。

（一）几个学生一直把一些带有裸上身模特的成人服装手册拿到学校里来。直到课间休息期间和午饭后，其他学生加入到这些“作恶的人”当中去的时候，教师才注意到这份“读物”。迄今，这些手册在教学期间还没有出现。当这位教师把这个事件提出来与同事们一起讨论时，他们的建议果然不出所料：

1. 禁止他们把这类出版物带到学校里来。
2. 只允许学生们在校外（校车里，来校和回家的步行途中）看这类出版物。
3. 召开班会，各抒已见，民主地决定一种解决方法。
4. 如果学生们只是在他们的自由时间细读这些手册，就不要去管它。

假设这位教师向全班解释说，这类出版物是有害的，不准把它们带到学校里来，但一周左右，它们又出现了。她告诉那些煽动者说，现在她将不得不告诉他们的父母，如果这个问题再次出现，就把他们送到副校长那儿去。

5. 你将会禁止这些手册吗？
6. 你将会做出纪律处分的决定，还是采取不同的方针？
7. 你依赖于什么样的前提来解释你的反应？请考虑一下纠正和惩罚之间的区别。

（二）在你的五年级班里，有一个孩子经常抄她同桌的作业。她已经公开地这样做了，但你还不能完全确定她知道这样做是欺骗。当你质问她时，她却矢口否认作弊：“只是核实一下我的答案。”

1. 在处理这个事件时，你发现那个同桌孩子的作用了吗？全班同学的作用呢？
2. 设想你和这个孩子之间进行了一场谈话：你想要把抄袭的问题和她的矢口否认区分开来吗？

（三）一些五年级的女孩子开始涂抹她们的指甲，尽管有一条新的政策禁止这样做。你直觉地赞同这条规定：化妆品对她们的吸引力太大了，为什么热衷于这种事？她们告诉你，她们的家人并不反对；实际上，她们从一年级就开始把指甲油带到学校里来了。那为什么还要制定这条新政策呢？

1. 她们做出的是一种什么样的违规行为？

2. 你怎样解释使她们提出这些反对意见的环境(意图、后果、习俗)?
3. 这是一个有待于相互解决的问题呢,还是一种有待于纠正的行为?这条规定应该重新考虑吗?
4. 有理由考虑对这种不服从行为进行惩罚吗?

(四) 对各种不同的违规行为,学校越来越采取"零宽容"政策。一个高年级的女孩子和一个男同学在他的家里发生了性关系,而你担任班主任的九年级的一个男生,通过和这个高年级的男孩子预先安排,用录像机通过窗户把它们拍摄下来。当这盘录像带开始在学生们中间流传的时候,学校才风闻此事。

1. 这种行为应该受到惩罚,还是只需进行纠正?
2. 如果是前者,应该提出什么样的惩罚?
3. 假设学校的政策是,在这些情况下要开除学生,这会改变你的反应吗?

第七章
谁的价值观？相对主义和多元主义

情景介绍

在他们大吵了一次之后，托尼减少了挑衅，偶尔也会参加玛丽娅基于常规而召开的班会。这些天来，当玛丽娅在走廊里走着，突然听见哈代那洪亮的声音时，她就会几乎不能压制地产生一阵自以为公正善良的痉挛。但是，当她突如其来地跌落到另一个道德教育陷阱，使她很快便想起唐·唐纳所遇到的麻烦时，这种自信就被粉碎了。

这件事缘于她的学生乔恩。这位学生得到了大量的每周补贴，他把一堆棒球卡片[1]带到了班里。在接下来的日子里，孩子们从背包和午餐盒里抽出卡片，尽可能地利用课外的每一点时间进行交易。这种活动在学生中引起了激烈的竞争，对一个五年级的班级来说，就这样轻易地把大量的钱带到学校里来花掉了。玛丽娅注意到，一些孩子交易一张卡片可以得到 25 美元，而另一些孩子得到的只有几美元。这样一来，有钱的同学就变得越来越有钱，而且玛丽娅很怀疑，那些成功的交易者是在利用那些较容易上当的男孩。更糟糕的是，卡片显然不止一次地从学生们的课桌上消失了，一些被激怒的孩子就会指责其他人偷卡片。最后，玛丽娅开始无意中听到了很多极其粗俗的语言，通常是针对一个同班同学进行低声的抱怨。

玛丽娅对孩子们的这种情绪上和社会上的盲从性、贪婪、物质主义、不和、粗俗的语言以及可能存在的偷窃行为而感到难过。但是，对于凭一时的冲动而采取行动，并且简单地禁止在班里玩棒球卡片，她感到犹豫不决。尽管她厌恶这种交易所带来的贪得无厌以及试图比竞争对手取得更为有利的地位和炫耀，但是她能理解，这种反应很可能都是她个人的想法，反映了她对被排斥、被剥削的弱势孩子们的认同。她认识到，用棒球卡片进行交易是一种历史悠久的消遣活动——她的堂兄就收藏了很多珍贵的棒球卡片——这也许是一种自然地和相对无害地习得“社会技能”的途径。所以，孩子们并没有认真思考，而且对彼此之间并不敏感。这种活动难道还要她来干涉吗？尤其是当这件事似乎仅仅局限于这样一种活动时。

---

〔1〕 棒球卡片(baseball cards)通常是西方国家一些男孩子们进行交易的图画卡片，上面画有一些著名棒球运动员或是球队的照片和反映运动成绩的统计数字——译者注。

难道这种特别的不敏感比戏弄别人或嚼舌头更糟糕吗？孩子们并不属于玛丽娅所了解的那些有强烈赚钱动机的人，也不是那些贵重物品的消费者。钱是社会的最高价值观之一。只要卡片交易不干扰学校教学，也许她就不应该管，即使这种活动会带来某些麻烦的问题；把它看作一种风行一时的狂热，随着时间的流逝，这种狂热就会消失，这不是一位教师或学校该管的事。在她看来，每当遇到她不赞成的事情就要进行干涉，就等于疏远孩子们，并使得学校成为一个越来越不自然的地方，然后学校也就成了孩子们厌恶的地方。偷窃则是另一回事，但这件事还没有得到证实，她下定决心对这个问题的这个方面进行更加敏锐的关注。

至于粗俗的语言，这倒确实使她很操心。这些词汇正在越来越多地成为人们的日常用语。通过威胁和惩罚手段，她很可能会减少这种粗俗语言在学校的使用。但是，当他们在上学期间并不骂人时，是否还值得这样去做呢？假定这种骂人的话是他们语言习惯中很大的一部分，而且在校外被广泛地接受，那么她的这种禁止会起到什么效果呢？

所以，玛丽娅并没有宣布自己的观点，对她来说，宣布自己的意图并不难，她仍然坚持认为，只有当"道德问题"真的使她无法干自己的工作时，它们才会成为工作的一部分。但是，在食堂午餐排队时，她的学生们之间突然爆发了一场大吵大闹，这让她不得不先思考这个问题。当他们班还在排队等候午餐的时候，乔恩，还是那个卡片王，在和他班里的同学迈克尔协商一次交易，用一张上面画有布雷迪·安德森图像的卡片对等地交换一张肯·格里费的卡片，小卢克是迈克尔的一个朋友，他看到了这次交易，并感到非常生气："你不能这么做，乔恩，你知道这样不公平。迈克尔，不要那么傻，不要把你的格里费给这个骗人的混蛋。"

乔恩突然发怒，嗓门也提高了："去你妈的，卢克，别他妈的来找事，不关你这该死的事。当昨天有人偷我的格雷格·马达克斯卡片时，你在哪里啊？假正经先生。"

卢克威胁地向乔恩走近："去死吧，混蛋。你只不过是个胆小鬼而已。让迈克尔独自一人呆着，否则我会把你打死的。"

玛丽娅感到很羞辱。孩子们和教师们都在专心地观望着这一幕。她的心跳加速，快步冲向前，抓起了那些卡片，把这些男孩子带来队伍最后，并严厉地命令他们午饭后立即来找她。乔恩因为对这件事特别愤怒，在交出他的纸卡片时，又咕哝了一句"×他妈的"。

当该进行谈话的时候，玛丽娅仍然因为生气和羞辱而感到针扎似的刺痛，她决定绝不会把她对这件事的反映意见进行整理，也不会把她对那个曾戏剧性地返回到中心舞台的更大的问题进行整理。所以，她仅仅要求孩子们好好想想这件事，第二天到学校来准备谈论这件事。她也会同样好好想想的。

第二天早晨，玛丽娅来得稍微有点迟，因为她在前面的办公室里停了一会儿，与弗雷德·海尔特商量了一下。他建议她立场要坚定：先听听孩子们是怎么说的，但是要简要，并且罚他们三天课后留校。如果她想让他们有更多的发言权，他猜想她会那样做的，那么，可以就课后留校的某些具体事项进行商量——让他们做些什么，他们在哪里做，对他们的父母怎么说。玛丽娅对这个建议并不感到激动。这种快速的决定、标准的惩罚，似乎都是千篇一律的。

当她走进五年级的教室时，玛丽娅充满注意力的耳朵里，又听见了一种熟悉而隐蔽的嗡嗡声，这常常暗示这里有大新闻了。当她看到乔恩手臂上那道并没有隐藏好的伤痕和卢克那紫色而肿胀的眼睛时，她猜到发生了什么事情。玛丽娅靠着她的桌子，试图用听起来漫不经心的话语说道："那么，又打了一架，现在你们愿意在上课铃响之前告诉我所发生的事情吗？"

一阵沉默。

"听着，我并不是在让你们互相说对方的坏话，你们甚至可以不提对方的姓名。仅仅让我知道你们之间的事结束了，或者你们大伙仍然很生气。"

又是一阵沉默。

带着恼怒，玛丽娅又说了一遍："男孩子们，只有当我知道我们这里是和平的，我才可以上课。"

更深的沉默。

"我曾认为，我们正在这个房间里建设一个共同体，如果我们都不能互相信任地谈一谈，究竟有什么显然大不了的事，又怎么能使这个共同体运行呢？乔恩，你先来讲？"

"不，我没什么说的。这点小事没什么。"

玛丽娅发现，她必须等候时机。在课间休息时，她拿了三张椅子靠在她的桌子旁，并让乔恩、迈克尔和卢克坐在椅子上。他们气嘟嘟地没精打采地坐进椅子里，乔恩和其他两个人之间保持着一段距离。

玛丽娅开始讲话了："好吧，你们不想讲。如果我先开个头，也许你们插话会好些。我想说的是，放学后你们仍然对那种已经让人讨厌的卡片交易而感到相互愤怒。"她偷偷地看了一眼乔恩，"你们中的一个人先开始辱骂和戏弄人，这就激怒了另一个人，很快你们就开始动拳头了。这场混战变得严重了，随后更多的人加入了进来。到目前为止，我说得对吗？"

"有点对。"迈克尔勉强地回答道。其他人都两眼紧盯着地面，恨不得在地上打个洞。玛丽娅怀疑她的这种处理事情的方式不可能了解到事情的全部，但她还是继续说了下去。

"我对你们谁对谁做了什么的具体细节和原因并不感兴趣，但是，我感兴趣的是，为什么你们觉得解决一场争论的办法就是打架。你们大家都知道，学校有不允许打架的规定。我们有个委员会来解决冲突，如果你们有问题，可以去找找他们。为什么你们不去找他们，为什么你们从来就不找他们呢？"

乔恩最终打破了沉默。他抬了抬肩膀，在椅子里把身体朝前移了移，开始用讽刺的语气说道："瞧，拉丝罗小姐，出于正当的尊敬，去找委员会和通过开会来解决纷争，这不是我们处理事情的方式。我爸爸说过，如果谁对我说些侮辱性的语言，我就应该站起来和他对抗。你听到昨天卢克说的话了，你应该听见他对我的兄弟大喊大叫了吧。我们应该自己处理这些事，只有胆小鬼才会在打架时走开。"

乔恩的一番话把卢克也带了进来，卢克从迈克尔手里接过接力棒（表示对迈克尔提供支持）："在他对迈克尔做了那件事之后，我对我所说的话并不感到抱歉。如果乔恩和他的兄弟想要用打架来解决的话，就来找我吧。"

"但是，问题的关键是什么呢？"玛丽娅明确地问道（就像唐所说的那样），"你揍他，他揍你，更多的人搅和进来。他们受伤了，整个事情逐步升级，还会一次次地重复。"

"拉丝罗小姐，"卢克回答道，"我们并不像你那样看这件事。你谈到尊重和所有那些诸如此类的事情。我们并不这样看。我们通过不让任何人利用我们来保持自己的尊重。我帮助迈克尔，因为他还不那么强壮。他在课业方面给我很多帮助。我们互相帮助，互相支持。对我们来说，那就是尊重。"

"但是，如果我们都互相照顾，作为一个共同体来解决问题，难道你们不认为那样会好得多吗？"

卢克突然站了起来，他前面说的话已经把他的火激起来了："如果你不希望我们打架，为什么你刚开始的时候不做些事情来阻止乔恩呢？所有的事情都是他引起来的。每个人都看到当时他正在侮辱迈克尔。"

"我并不认为乔恩是个坏孩子。"玛丽娅说道。

"行了，拉丝罗小姐，你换个角度来看看。乔恩最想做的就是在学校里玩那种该死的卡片。他欺负弱小者，其实，他就是这种人。好多孩子都像那样。但是，如果你要阻止打架，你就得阻止这种欺凌行为。否则，我们自己会处理好这种事情。而把事情说出来，再到那个纷争处理委员会去解决问题——那不是我们处理问题的方式。"

说了这些话后，卢克把椅子往后移了移，他的眼睛重新看着地板。乔恩则保持沉默。

玛丽娅吃惊地意识到，她成了孩子们的敌人了，这些男孩子们团结起来反对她。他们那种公平的打架、为取得公平而战的道德规范被牢牢地防护着。"好吧，孩子们，我理解你们的问题出在哪里了。我并不赞同，但我会把这件事暂时先放一放。但是，你们必须懂得，在整个学校里是不允许打架，也不允许骂人的。我打算向其他老师征求意见后，再来就你们昨天在食堂里干的事采取进一步的行动。"

在和委员会会面之前，玛丽娅就试图确定，这件复杂事情的哪些方面需要她做出反应，而她又该做出什么样的反应。尽管她知道，她的绝大多数同事都会毫不费力地谴责这件事情的所有方面，她还是想知道这件事究竟冒犯了什么：骂人本身是错误的吗？当着同事的面把矛头指向一个同学或者指向她是不对的吗？乔恩欺骗迈克尔这件事又怎么说呢？关于大家谴责乔恩偷他的格雷格·马达克斯卡片，这事又怎么办呢？卡片交易本身就是祸首吗？还是它涉及了交易和金钱之间的联系呢？对同学采取这种操纵式的、攻击性的交易方式，最容易采取的处理手段是什么呢？然后就是这种不停地冲突来冲突去。把校外的打架也包括在内，她能容忍多少这样的打架呢？

找到这些问题的答案将帮助她做出决定：是强行施加一种制裁，把讨论仅限于涉及的这三个孩子，对所有参与交易的孩子都展开这个主题，还是让全班都来讨论。他们将不得不审视一下，这种交易活动是怎样排斥和伤害到大家的，在学生们当中导致了不可接受的言论和操纵行为；它又是怎样逐步升级为暴力的，或许甚至会逐步升级为完全的偷窃，甚至降低了班级的整体道德氛围。直到知道应该做出什么样的判断，她才有可能开始设想进行干预的事。

玛丽娅确定她最基本的问题是：怎样把在她看来不对的事情，但不一定在别人看来也是不对的事情，与大家普遍认为是明显错误的事情区分开来。带着这些思考，玛丽娅参加了委员会的会议。

教师们的会谈

当大家都到席后，玛丽娅首先讲述了一下前两天发生的事情。哈代感到很疑惑，玛丽娅在有了和托尼打交道的经验后，才这么短时间，就让事情发展到如此恶化的地步。于是，哈代直言不讳地问道："你为什么不去做那些在你那敏感的非教师自我看来就很明显的事情：在这件事难以控制之前，就限制这种卡片交易呢？"

"哈代，"她回答道，"就我自然的本性而言，我曾想让卡片交易和骂人的行为完全不受限制。你也明白，我也不允许这种行为发生在教学时间，但我不清楚（记住，是看法很模糊），是应该对此加以完全限制，进一步在某些方面限制，还是和全班讨论这些似乎已经发生的问题。

"就拿骂人来讲，谁也不喜欢被人当众咒骂。但我们应该努力阻止使用所有粗鄙的语言吗？我不愿意听到骂人的话，在我看来，那些骂人的话使语言颓废，而且，当讲话者养成这样的说话习惯时，也会有损他们的形象。但是，那是我的看法。如今，这一点在很多人的谈话中根深蒂固。难道这真的比总把'喜欢'挂在嘴边或穿着暴露的衣服还要糟糕吗？我认为，学生们应该认识到，当他们走出学校进入工作场所（或高等学府）时，这些事情会对他们造成伤害。但是，也许只有当人们用这些话语来伤害别人时，才是真正不正当的。在那种卑鄙的、针对某个人或真正具有挑衅性的咒骂，和我们每天听到孩子们嘴里说出的，比如'什么他妈的'、'谁他妈的'，'这件事真他妈的'之间，是有区别的。关键在于你只是说说而已，还是**针对**某个人说的。

"只要没有不良**后果**——而且我发现孩子们基本上并不注意这种言语——也许我们就应该把骂人当作另一种会随着时间而改变的实践活动，正如在我上小学的那个年代，如果用短裤来取代裙子，会被那些深感震惊的成人们笑话的。我可以补充一点。假想一下，在进行卡片交易时，乔恩的意思是想欺骗迈克尔，但是迈克尔事实上也知道他的肯·格里费卡片的价值。如果他根本没有被误导，而是并不在意，因为他对布雷迪·安德森卡片是那么着迷，那么，或许乔恩这样做并没有造成任何伤害。”

“玛丽娅，”哈代反驳道，“我很讨厌每次做决定时都得考虑好、坏和中立的后果。如果人们受到冒犯，仅仅是因为骂人行为是一种社会的（称之为习俗的）不良行为，或者说在特定的情景下，它似乎并不针对某个人，在我看来，这并没有什么。假定我们有时也用强硬的说话方式，意思是想要给人留下深刻印象而非伤害他人，那有什么关系呢？当然，孩子们和许多成人正在对骂人行为变得麻木不仁，但事实上，这仍然在破坏课堂教学的环境，就是要把它排除在外，这要比试图解释一系列细微的差别省事得多。”

“哈代，其实我个人更烦恼的是，孩子们进行卡片交易时那种无情的操纵行为，而不是骂人行为。在许多学生看来，他们的同学只是受自我膨胀任意摆布的对象。还是谈谈那些对以后的生活有道德启发意义的行为吧！我发现在我们班里有一些处于萌芽状态的共同扰乱者在起作用，这里就是使进行某种道德教育更有意义的地方，比把我们的文化语言方式强加给他们要有意义的多。”

“玛丽娅，那些共同的扰乱者中有一些就是他们的父母，或者说，如果他们的父母能够做到的话，他们也会成为扰乱者。我还记得，我们大学里有栋大楼（我们曾在那里见过面），是以一个特别成功的人的名字命名的，就我所知，这个人也是一个特别令人厌恶的人。抱怨美好而又古老的美国首创精神，你就是在捅马蜂窝。”

“但是，哈代，大家都说，道德教育起始于一些简单的小事，如尊重别人和他们的感受。当卡片交易本身至少和你所能想到的粗话‘×你妈的’一样，没有顾及别人的感受和抱有恶意的时候，我怎么让这种交易进行下去呢？”

“我会以某种不太有挑战性的方式来处理这个问题，玛丽娅。我是通过积极的常规来教学生们相互尊重的——你也可以把它叫做规则，如果你想这么做的话。我们今天所谈论的更多的是禁止不道德的行为，而不是促进道德的行为。我的‘规则’的关键是更多地培育‘品格’而非禁止。正如你所知道的，我极力坚持那些我认为是由品格塑造的行为。比如，每天早上孩子们应该起立向我问好，我也会向他们问好。他们辅导更小的孩子们，进行祷告，打扫干净宠物的笼子，给生病的同学写笔记，给植物浇水，午饭前整理好房间，还有……”

“我们还是言归正传吧，”玛丽娅插话了，她对哈代装模作样的道德感到稍微有点讨厌，“如果你处于我的位置，你会做些什么呢？”

“我会追究骂人行为，而对卡片交易行为则不加干涉，尽管，假如你想要规定‘任何时间在班里都不允许进行卡片交易’，因为它们会引起很多的破坏。但我仍会百分之百地支持你，也不再对那种资本主义伦理学的演讲予以关注。代之以此，我会选些对孩子们来说简易而毫无威胁性的题材，来教他们把时间花在普通人身上，而不是花在个别大人物身上。”

“呃，一点都不奇怪，我们看来陷入了另一个僵局。”这次是艾吉加入进来了，“我对你们俩都能理解：玛丽娅想把卡片交易轻松地压制下去，因为她认为这种做法确实是不对的；这种交易不可避免地会有输家和赢家，这会鼓励并且助长反社会行为。哈代则认为，应该制定一条不许骂人的规定，不管骂人行为是否在本质上‘确实是错误的’，是这样的吗？”

“从某种意义上来说是的，但是……”哈代说道。

“我想要理解的就是这个**但是**。”艾吉继续说道，“不管怎么说，我认为，即便骂人并不是‘真的不对’，但对你而言，骂人确实是一件大事，仍然是一件冒犯了很多人的事情，也将阻碍你的学生们在这个世界上取得成功。这可不仅仅是个人喜好或品味的问题。”

“这是很要紧的，”哈代回答说，“但是还没有要紧到那么大的程度。即便我并没有看到这种卡片交易在道德上是错误的，只要这不影响到学术工作，只要孩子们不**存心**欺骗他人，我还是支持玛丽娅或任何其他老师禁止这种行为。不管大家是否普遍认为某种行为是错误的，我们都需要尊重教师们的价值观。”

艾吉接着说道：“哈代，你的意思是说，教师应该强行要求个人爱好一致，即使是学生们的行为并不真的是错误的，或者这种行为‘并没有影响到很多人’吗？那不就是人们（合理地）称之为不容异说的（不宽容的）东西吗？我确实对当今时代所流行的98％的音乐很反感，这件事又得怎么说呢？它并不会直接影响我的教学，但我认为它‘败坏了课堂教学环境’，你也会这样说的。假如我就在附近，我是否要告诉孩子们，即使是在课余时间，他们也不能听这种音乐呢？”

“好吧，让我们来看看，”哈代也变得很有思想了，他开始说道，“显然，你们不得不阻止这种道德上并不允许的事情，诈骗就是一个很好的例子。我认为，你们也应该阻止那些‘给很多人带来烦扰’的事情。对于‘只不过是一件个人的事情’，或许你们应该慎重待之。不管怎么说，我可能会授予老师们全权，让他们自由地处理所有这三件事情。从某种意义上来说，那就是所谓的宽容。我的意思是，正如我们应该宽容孩子们的偏爱一样，孩子们也必须宽容老师们的偏爱。

“请注意！我理解玛丽娅会担心滥用权力——或许你和康尼也有这种担心。如果我们对每一种令人烦恼的行为都进行掂量，我怎么来教孩子们尊敬道德的**绝对权力**，来理解所发布的命令，理解道德的普遍性呢？毕竟，没有人会对孩子们说：‘偷窃是错误的，但是你要是真的喜欢做这些鬼鬼祟祟的人，就拿走好了。’我甚至会说：‘对你而言，烤好的土豆比炸土豆片更好，但是，吃你想吃的好了。’我仍然觉得按自己的想法来充分‘训练’孩子们比按你们的想法有更多的自由度。这是显而易见的。”

“如果我能就此插话的话，”康尼开始说道，“我认为，虽然哈代很自信，但他能够利用某种支持。艾吉，你试图画的那些很好的分界线就在这里——对我而言是难以接受的。海尔特并没有让我们来写一本伦理学课程的教材，而是要为学校建立一个道德教育计划。难道这不是明摆着，我们需要一个相当明确的政策，禁止在学校里骂人、进行卡片交易以及打架吗？如果打架发生在校外，但却影响到了课堂教学，我们也必须马上就此事通知父母们。应该有一个公开的清晰的政策，全体教职工都得执行。”

玛丽娅想，她就像那位校长，用一个“明晰的”政策就跳过了学生们美德所在的地方。然而，她是十分有经验的，因此，应该怎么说呢？

“康尼，”她说道，“在我看来，你走得太快了。只要听听孩子们的想法，那么，你可能就会同意我的想法，他们有一个我们必须考虑的要点。他们之间有着深厚的友谊和激烈的竞争，而且关注互相的支持。事情就是这样发挥作用的。卢克为迈克尔壮胆；没有卢克，迈克尔会很容易成为被掠食者，他不可能单独对抗乔恩，绝对不敢和乔恩与其兄弟的联盟进行较量。但是，这种联合是建立在对峙和偿还基础上的。它们是孩子们世界的一部分，是他们友谊的一部分。对他们而言，这一切都是有意义的。”

“可是，玛丽娅，”康尼反驳道，“你不可能是在暗示我们只是让孩子们以打架来解决吧，那样会使这里充斥着以武力解决问题是对的。”

“瞧，康尼，我可是个坚信和平的人。每个人都告诉我，说我生活在虚无飘渺（不现实、梦想）之中。也许他们是对的。不管怎么说，我协商解决问题的努力并没有奏效。在孩子们眼里，生活就是竞争，就是赢，就是高高在上，直到你被打垮。他们为了地位和权力而竞争，一定数量的挑衅就是他们生活的一部分。

“事实是，这就是所有人类社会的现状，不是吗？我们不是在谈论杀人或刀枪，而只是讨论有一定限制的‘公平的打架’。你们知道，当《圣经》上说‘以眼还眼，以牙还牙，以手还手，以脚还脚，以放火还放火，以伤口还伤口，以鞭打还鞭打’的时候，它是在宣布过分的暴力惩罚是不合法的，而不是要使暴力保持均衡。”

“噢，太棒了！玛丽娅，你**是**在建议我们可以让孩子们在学校里用打架斗殴来解决问题！”

“不，我们不能允许他们在教室里这么做。但是，”玛丽娅继续坚持说道，“在课堂之外呢？我们应该为这种行为而抱怨他们吗？这是那些普世性价值观当中的一种吗？看起来，他们越生气，我们就越对他们采取严厉措施，他们也就越不尊重我们。现在我们甚至不准他们在课间休息时间玩捉迷藏，很快我们就会连课间休息也不给他们了。我们应该**这么**非难他们吗？康尼，还有哈代，我努力想要说明的是：尽管这不是我的处事方式，也不是你们的处事方式，这显然也不是一种很糟糕的处事方式；关于通过报复与人扯平，里面有一些很自然、很正常和很永恒的东西。当这种行为就是他们和家人的生活方式，以及在某一方面也是世人生活的方式的时候，我怎么能有资格说，这种行为应该被完全压制下去呢——仿佛它是能够压抑下去似的？”

“玛丽娅，不要给我讲那种相对主义的谁来裁决的废话。如果……”

"康尼，请让我说完。我也很想知道，我们为工作付出了这么大的代价，难道就是为了消除他们'用争执来解决问题'的这种方式吗？孩子们具有谈论公平和不公平、进行扯平的能量，而我确信，在把他们拉进来的那些讨论中，我并没有看见这种能量。良好而牢固的友谊中总是包含着他们共同分享的愤慨。也许我们的处理方式很现实，也许这样做确实没有什么好处。它使师生关系失去了光泽，甚至窒息了这种关系的发展。"

康尼从椅子上站起来，惊讶地说道："玛丽娅，什么地方，至少是什么学校允许**任何**形式的打架呢？"

"我看到过一份材料，说日本的一所学校允许年少的孩子们打架，"玛丽娅回答道，"而且我的很多孩子们的父母也赞成。他们不想让他们的孩子——特别是儿子——成长为胆小鬼。我们一味地强调什么事情都得找纠纷处理委员会，这样并不能为他们走向现实社会做好准备。"

"玛丽娅，我简直无法理解。难道你正在极力证明那些与你的标准完全相反的事情是正确的吗？你知道，在我们学校，我们确实，而且也必须教导孩子们，每当有人阻碍他们时，要用理性而不是拳头来解决问题。除非他们能够在校内和校外都通过理性思维来克制愤怒，否则他们成不了体面而又正直的人。"

"我并不是提议让他们放弃推理而自由地使用暴力，"玛丽娅说道，她对康尼那沾沾自喜的自信感到灰心丧气，"我只是提议，也许有一定限制的暴力行为在他们的关系中可以占有一个合理的位置。你比我更清楚，他们和他们的父母当然也这么认为，包括这次打架的目标人物乔恩。"

"玛丽娅，你是在故意和我唱反调。"康尼说道。

"我是这么认为的。假设我有基本的反战主义倾向的话，但是，请听我说完。你是对的。我们不必容忍打架，它并不像呼吸一样是我们生活的必需品，但它是真实感情的表露。我没有必要告诉你，是情感塑造了行为。我还不太清楚，诚实、真理和可靠性在情绪中是否不如在理性中多。在男孩子们打架的背后有愤慨和忠诚，这本身就是好事。他们打架的目的只是为了伸张正义，而不是为了庆贺战胜后的荣耀。这一点也是好的。

"至少在五年级当中，孩子们既是肉体的又是理性的存在。当然，我们不得不对他们的肉体性加以约束；问题是，我们在多大程度上、在什么环境下和以什么方式来约束他们。认为必须制定规则来保护孩子们不受真正的伤害，或者说打架在学校里是不适当的，是一码事，而认为这就是完全错误的，则是另一码事。我的兄弟们打架，他们是正派的，也是好伙伴。即使回过头来看看，我相信他们打架通常也是一种达到目的的手段，这种目的常常是一件与公平和原则有关的事情。"

"玛丽娅，我无法提供一项研究，"康尼开始说道，"但是我们确实知道，和那些早期没有被识别出有攻击性的儿童相比，早期被确认为具有攻击性的儿童在以后的生活中更有可能惹麻烦。然而，我知道，你并不是在谈论儿童攻击性的长期发展。

"我很感激你，正如他们所说，'分享'我的领域中的东西。我的意思就是这样的。很多话听起来似乎有理，特别是我们将永远都不能消除攻击性的想法。然而，我确实认为，我们应该尽一切可能让孩子们停止，或说服他们停止打架。这是一种很好的零宽容度的禁令，一种很好的限制。甚至很小的暴力活动都可能造成伤害，我们宽恕或忽略校内外的打架所冒的风险太大了。不要自负。我猜你在完成了你那公平的考虑之后，会同意我的看法的。"

"瞧，伙计们，"艾吉说道，"康尼有个想法。我们还是回到现实中来。无论打架造成的短期或长期的后果如何，如果我们更多地允许使用暴力，海尔特将会认为我们疯了。但是，这并不意味着我们必须成为(古罗马军团的)那种百人队的指挥官。尽管政策不明确，但稍加注意会好些。这点也是我在唐的那个情景故事里暗示到的。然而，玛丽娅提出了一个更广泛且难度更大的问题：我们怎样解决价值观不一致的问题呢？这些不一致不仅在家庭之间，而且在我们之间存在着。"

更深入的思考

在这一章，我们迎面所碰到的问题在以前好多时候也是使教师苦恼的事(特别请参见第三章和第五章)。假定道德多样性在我们的学校里存在，我们如何来考虑自己的价值观呢？我们怎样处理我们之间的不一致呢？很多人会认为这个问题很荒谬；只有学究式的人物才会这样诡辩说，每个人都是从母乳中吸收营养的[1]。如果你是其中的一员，我们要求你至少暂时中止你对这个问题的确定性，因为在我们看来，如果一个人想当然地认为答案很明显，这同样是荒谬的。虽然每个社会必须制定一套道德规则，但这些规定是变化的。我们无法规避道德多元主义这个事实，学校也必须正视它。

一些人会通过诉诸后果来解决价值观的冲突，这也是玛丽娅在要求那些男孩子们停止打架时所使用的基本原理的一部分："但是，如果我们都互相照顾，作为一个共同体来解决问题，难道你们不认为我们的学习会好得多(快乐得多)吗？"关于骂人是错误的，她对此表示怀疑，在这种怀疑背后也隐含着这些后果："只要没有不良**后果**——而且我发现孩子们基本上并不注意这种言语——也许我们就应该把骂人当做另一种会随着时间而改变的实践活动。"另一方面，哈代嘲讽地解除了对后果的诉求，即把后果作为决定对孩子们进行约束，以及在多大程度上进行约束的一个标准。("我很讨厌每次做决定时都得考虑那些好、坏和中立的后果。")在这种目的论取向的指导下，问题就不在于什么操作方式是对的，而是对所涉及的所有成员来说，什么才是最有效的解决方法。根据这样的推理，在卡片交易中进行欺骗之所以是错误的，不是因为其违背了

[1] 指每个人都是像婴儿那样来学习的——译者注。

某个原则，而是因为如果有人欺骗，人们就不能从中得到快乐。这违背了基本的规则，即参与活动使人从中得到愉悦。

我们现在探讨的是道德多元主义、多样性和目的论的问题，然后再把关注的焦点集中在一名教师如何处理好宽容和道德指导的问题。

多元主义和相对主义

玛丽娅和她的学生们在一个真实的道德问题上产生了不一致。和很多教师及学校系统一样，玛丽娅致力于教导学生，并用例子证明拒绝暴力是对伤害做出的恰当反应。然而，卢克、迈克尔和乔恩则认为，一定限度的暴力惩罚是对他们体验到的不尊重的合理反应。重要的是我们首先要理解，分歧的双方都提出了某种**道德的**要求；也就是说，无论对错，孩子们都不是简单地将任意的行为合理化。他们似乎也不是在提相对主义的要求，即玛丽娅不应当判断他们行为的正确性，因为哪一方都没有对或错。这件事仅仅反应了亚文化规范的一种变化性。双方似乎都同意，对前一天发生的事情所做出的反应有对和错之分。记得卢克那段充满激情的话是这样说的：

> 我们并不像你那样看这件事。你谈到尊重和所有那些诸如此类的事情。我们并不这样看。我们通过不让任何人利用我们来保持我们的尊重。我帮助迈克尔，因为他还不那么强壮。他在课业方面给我很多帮助。我们互相帮助，互相支持。对我们来说，那就是尊重。

正如在第五章提过的，相对主义者的主张是："无所谓正确或错误的答案，只是观点不同而已。"在玛丽娅和孩子们之间做个评判是不可能的，因为价值观与客观真理无关，它们只不过是一些文化习俗而已。那些掌权者控制着道德态度，但是在他们的权力地位之外，这么做并不能证明其行为的合理性。

一个正在产生的道德怀疑促成了这样一种观点：道德相对主义显然是非常切合实际的。下面，我们就现代社会中促成这一观点的一些巨大变化列了一个清单。

> **从哲学的角度来讲**，是因为寻求普遍公认的真理失败了。
>
> **从技术的角度来讲**，是因为日益加强的科学影响力、技术的快速进步以及快速的全球交流的出现。
>
> **从政治的角度来讲**，是因为殖民主义的结束，建立在种族和宗教基础上的适应规则的观念丧失了权威。
>
> **从社会学的角度来讲**，是因为美国人生活的不断世俗化，在单一社会中多元文化的加速出现，以及后现代主义者思想的挑战。

从心理学的角度来讲，是因为这样一种信仰被人们广泛接受，即超我过分地控制着我们本能的天性，而且成为引起神经官能症的原因。

一些哲学家坚持认为，善(goodness)并不是客观的事实，而是我们强加给这个世界的一种判断。说某人或某物好，无非是在说赞同某人或某物。善并不是一个有形的物体，不是一个物质的法则(如地心引力)，也不是一个可分析的事实(如 2 加 2 必定等于 4，因为“4”、“2”和“＋”就包含着这样的意思)。它不是那种可以用自然科学或社会科学来研究的东西。

按照这种观点，对伦理学的这个基本问题“我将怎样生活”的回答也只能是“那是你自己的选择”(虽然也是你的责任)。我们在黑暗中摸索。正如存在主义哲学家让·保罗·萨特(Jean-Paul Sartre，1973)所说，“我们独自一人，没有任何借口”。价值观并不是世界的一部分，而仅仅是对世界的一种态度的反映。道德也不是一眼就能发现的、“就在那里”的东西，而是我们发明出来的东西。善是不可分析的，而且缺乏任何外在的或理性的权威。用大卫·休谟(1896)的话来说，道德“是被更恰当地感受到的，而不是被判断出来的”。按照那些与休谟和英国哲学家莫尔(G. E. Moore，1973)有关的观点，一个人是不可能由“实然”中派生出“应然”来的。人们试图去尝试就意味着要犯莫尔称之为“自然主义谬误”的错误，把期望得到的东西和值得想望的东西混淆了。

不过，我们却反对这种极端的怀疑主义。如果道德仅仅是个人或群体的主观选择，是个人偏好向世界的投射，那么，玛丽娅和那些男孩子们就都不能宣称他们各自的观点是正确的。当然，他们的学校可以确定一条政策，宣布这种政策的正确性，并要求大家强制性地服从；但是，当乔恩进入另一个亚文化群体，这个群体坚持一套不同的有关正确与错误的道德规则时，他可能不得不使自己受其规范的制约。由一个临时的地方当局制定的规则，往往缺乏可靠的道德基础，它缺乏任何威严或“压倒一切”的感受，它使一个人的意志不是出于良心，而是出于强制才表示服从的。的确，历史支持这样的担心，即相信这种强加给所有人的善，就是对一个人的国家、其部落或其领导人的制造，那么，这种相信就是沿着极权主义的道路迈出的关键性的一步。根据大多数人的观点，只有运用外部的道德标准(当权者的行为可以用这种标准来说明)，才能保护我们不会受到专制统治。

从一种更为个人的观点来看，一个人关于某件事情是正确的和错误的信念，倾向于受一种潜在的信念所束缚，即相信那些信念确实是正确的。一个人确信某种行为是正确的(或错误的)，通常并不仅仅是向我们透露一些他本人的事情。古典主义哲学家玛莎·努斯鲍姆(Martha Nussbaum，1994)雄辩地说明，故意把道德判断看成除了表达完全个人的偏爱之外什么都不是，这种拒绝的看法是要付出代价的。

这种拒绝没有考虑到人类生活中一些非常基本的事情，即做出道德承诺和对此而感到烦恼的倾向……人类的自然活动是充满道德争论和需要采取道德立场的……

再者，看来我们并不愿意生活在这些怀疑论者给予我们的世界里。在那个世界里……不会有……人投身于为了正义而反对暴君的独裁统治的斗争，不会有人致力于参与任何一种不得人心的或激进的改革，也不会有人承诺在（另一个人）生存遇到困难时给予帮助。

这些反对意见把我们从相对主义引到了多元主义。正如在第五章所阐述的，多元主义是以这种信念为依据的，即在危急关头，确实**有**某种正确和错误，一个人可以相信他或她**知道**什么是对，什么是错，但仍然认为，最好是不要**坚持**让别人也根据那种观点来采取行动。因此，和相对主义者不同的是，多元主义者相信道德真理的客观性，价值观并非只是一个个人偏好的问题。但与此同时，他们又坚持认为，那些和**他们**自己的道德感有差异的人有可能是其他一些在道德上很正直的人，确实，甚至可以把这些人看做是正确的。

相对主义和多元主义之间的差异主要在于我们之间的相互理解和在学校里做出决定的过程。我们必须小心，不要把它们混淆了。打个比方说，某甲相信，同性恋者和任何人一样，都有“道德资格”去教授性教育这门课。某乙虽然不同意这种观点，但不会催促出台一项法律来禁止同性恋者讲授这门课。为什么呢？因为尽管**他**对自己观点的正确性很清楚，但他有强烈而热情的信念并不等于他要把自己的信念强加给和他信念不同的人。这就使他成了一个多元主义者而不是相对主义者。玛丽娅显然是个多元主义者，尽管她也可以毫无困难地证明自己的观点是合理的，但还是很谨慎地建立了许多规则，在这些规则周围有很强烈的不同意见。

在这个世界上有很多你和我都反对而其他人却非常看重的做事方式。我们对此应该采取什么态度和做出什么样的反应呢？当它们落入社会习俗领域时，这是容易的，我们可以忽略彼此的差异。如今，对于绝大多数人来说，女性在南海诸岛袒露着乳房走来走去是可以接受的，虽然当传教士们试图改变她们时，她们并没有改变。那么，通奸或用石头砸死一个奸妇的做法又怎么样呢？我们是持相对主义、多元主义还是专制主义的立场呢？这些差异对我们所采取的行为起到了不可估量的作用。如果这全是文化（相对主义）的问题，我们就不能证明干涉是正当的。如果这全是专制主义的问题，我们所做的就是尽所能地给那些潜在的受害者提供庇护所，并且努力制止它。如果这全是多元主义的问题，我们会论证说，这只是我们的情况，而不是想要求他人也按照我们的观点生活。

在一个相对主义者看来，没有办法解决玛丽娅和哈代的分歧。他们也可以停止讨论，同意有分歧。一所忠于相对主义的学校会很轻易地承认其标准的专制性。学校可能会向家长说："这是我们所要求的，希望你们遵守。你可以在其他地方随心所欲。"换句话说，学校可能会给老师们更多的自由来建立起他们自己的规范，而不限定任何全校的价值观。唉，如今的学校是由一种隐含的相对主义占绝对统治地位的：那种惟一共享的价值观，而且不一定是道德的价值观，就是"优秀"，可以诠释为取得考试高分。我们相信，道德定位的这种缺失并不是解决由道德多样性引起的这种紧张的好方法。但是，在提出更好的选择之前，我们不妨先停下来，想一想在玛丽娅的班里和在其他地方出现的那些有关道德观的争论。我们可以通过检验两种多样性的方法来进行：工具性（"达到"某种共同价值观的多样性）和基础性（价值观自身的多样性）。

道德多样性：工具性和基础性

正如我们在前面所说过的，大多数教师都会（而且确实）赞成，通过口头方式而非武力手段来解决纠纷。玛丽娅同意这种观点，用暴力进行报复是一种有高度毁灭性的伦理观，是一种会把孩子们相互分离、不利于共同体的建设以及促进攻击性和敌对状态的伦理观。

然而，那种对立的道德观并不是显然错误的。卢克的主张中有某种直觉的道德正直性，不是吗？服务于自尊的有一定限度的暴力，以及对这些情况加以详细说明和适当测量的规范，不仅在很多文化中都可以观察到，而且常常被视为适当的。在一项有吸引力的研究中，理查德·E. 尼斯比特和达夫·科恩（Richard E. Nisbet & Dov Cohen，1996）对这种"荣誉文化（culture of honor）进行了描述，这种文化在现今居住在南部乡村的苏格兰和爱尔兰牧人的后代身上仍有表现。在他们看来，暴力被视为是'对侮辱的一种合理反应，是自我保护的一种适当手段，是恢复秩序的一种合理的工具'。从这样一个前提出发，在家庭和学校，暴力是对孩子进行纪律约束的一种相对比较明确的方法。这种南方的规范和市区'马路上的规范'类似"（Anderson，1999），在城市里，时间过长的注视被广泛地理解为是一种不尊重的表现，就像是在赛马场上跑到了别人的马道上[1]，被视为就是一种暴力反应，甚至会激起暴力反应。

乔恩的立场是这种伦理观中比较温和的一种。他并没有接受那种逆来顺受的道德，在别人向他道歉或者他"占上风"之后，他是会原谅的，但是，他的道德态度仍然是坚决的，仍然会支持他自己。玛丽娅对他提出的诉求——如果每个人都诉诸暴力使双方扯平，那会怎么样呢——根本就不会使他信服的，因为乔恩确实相信，"使双方扯平"和现实主义一样，都是正确的。当每个人都明白了这一点，"你干扰了我，你要对此感到抱歉"，此时，就可以说，普遍的幸福便得到了加强。对乔恩来说，这就是"尊重"的本质和保持和平的最好方式。

在任何一所异质性的学校里，一个人都可能会发现，有些学生和父母相信，通过打

〔1〕意思是侵犯了别人的领域——译者注。

架来保护自己和保护所关心的人是正当的。在持这种观点的时候，父母并不颂扬暴力生活，也不想让他们的孩子为服兵役或义务警员的招募做好准备。对孩子们来说，他们的最终目标和学校的最终目标或多或少是一样的。他们在打架的意愿中——“照顾好你自己”，正如孩子们所说——看到了一种塑造品格的工具。他们深信，没有一定的坚韧、勇敢和道德意志，勇气和忠诚的美德就是极其空洞的希望。因此，这些差异是**工具性的**：虽然也存在着某些共同的基本价值观——尊重、忠诚、公平——但在如何获得这些价值观方面，人们存在着分歧。

我们把多样性的一个更为激进的变量称之为**基础性的**，这两组价值观总是直接相互冲突的。一个很好的例子，就是印度的传统文化。在一项令人大开眼界的道德发展研究中，研究者们（Shweder，Mahapatra&Miller，1987）发现，在一群印度和美国的五到七岁的孩子之间存在显著的差异性（也有某些一致的方面），这种差异性随着年龄的增长而增长。比如，婆罗门的孩子认为，父亲用笞杖来击打犯错误的孩子或拆看孩子的信是合理的。美国的孩子却认为，以上行为是不对的。婆罗门的成人们认为，男女之间不均等的遗产分配是公平的；如果其妻未得到他的允许就去看电影的话，丈夫打不顺从的妻子也是正常的。而美国人则认为这是错误的。大多数婆罗门的妇女甚至认为，如果要求一个人做出最终的选择，她应该不得不牺牲最小的女儿来救活最大的儿子。对印度人来说，妇女为了丈夫牺牲自己是合理的，因为男女是不平等的，这是一种与当前美国人的信念基本不一致的价值观。

虽然我们可以把自己从婆罗门的价值观中脱离出来，但不能从由玛丽娅和她的学生们所代表的价值观冲突中分离出来。在这种情况下，争执的双方应该诉诸什么样的道德行为才能证明是正当呢？

后果

正如我们所指出的，诉诸后果是一种通常的求助方式。持目的论的思想家是通过某种行为对全部幸福的影响，或对其他可推测为一致同意的善的影响，来判断该行为的道德性的。根据哲学家约翰·斯图尔特·米尔（John Stuat Mill，1979）的观点，训练人们的道德观察力时既不应该根据行为者的行为，也不应该根据行为者的品格，而是应该根据某一行为所造成的后果。

> 如果这些行为倾向于促进幸福，那么它们就是正确的；如果这些行为倾向于促进幸福的反面，那么它们就是错误的。所谓幸福就是预期的幸福和痛苦的消失；所谓不幸就是预期的痛苦和愉快的丧失。
>
> 现有的道德标准没有一种可以这样确定，因为某种行为是一个好人或坏人来做的，就确定这种行为是好的或不好的，更不可能因为它是由一个和蔼

的、勇敢的或仁慈的人做的，或者是一个完全相反的人来完成的，就确定这种行为是好的或不好的。

但是，取决于后果，分歧就更多了。对目的论的实际反对就是建立在这种认识基础上的，即根据结果进行判断充其量是一件需要小心对待的事情，如果全面考虑到很少可以直接可见的代价和好处，以及考虑到给予两者的可以量化的重视，问题就变得更为复杂。这种倾向是想要接受对不同行为过程可能产生的结果所做出的那些相当漫不经心的假设——特别是那些使得短期后果与长期后果相抗衡的行为——这种倾向还想忽略那些不太实际的后果，那些不是很快就能根据美元的价值表示出来的后果。太漫不经心地计算后果，就会使人很轻易地认为，那些没有表达出来的政治和道德偏好是正当的，但实际上，这些偏好本身就应该成为关注的焦点。比方说，男孩子们放学后打架确实能使学校保持和平，使学校的破坏降低到最小，这是一个很好的后果。那么，它是可以接受的吗？

目的论固有的道德缺陷就是，它愿意把伤害和利益结合起来看，而不管冲突是否合理，也不管对那些不该受伤害的人所受到的伤害表示宽容是否合理。一个例子可以说明那种群体受惩罚的做法：当某一个学生，但不知是谁，做错事时，就把对全班进行制裁作为一种手段，要么迫使那个犯错误的人主动地承认错误，要么鼓动同学进行揭发——甚至把它作为培育群体意识的一种手段——力图以此来降低这种行为的一再发生。目的论者认为这种做法是合理的，但这种认识却对那些无辜的学生们造成了伤害，他们可能不再做出善的行为，而这种善就来自于集体责任感的不断增加和使这种行为不再重复发生。但是，你怎么会把这种可能性分解成为对大多数人的普遍幸福进行功利主义的计算呢？这种可能性就是，了解这些和平条款的孩子们只是因为胆小而不得不服从，在这种情况下，他们表面上保持平静表示他们受到了威胁，而不表示他们同意这么做。

职责

哈代被道德思维中目的论的主要竞争者——道义论(deontology)所吸引。道义论对道德问题采取以权利或职责为本的观点。根据这种观点，某些行为之所以是错误的，是因为他们破坏了我们对别人(甚至对自己)应尽的义务。以撒谎为例，它之所以受人谴责，不是因为由于对别人的话有某种程度的不信任，而导致人际交往困难(这是后果论者认为合理的证明)，而是因为人们无权撒谎。为什么呢？一种派生于康德的回答认为，对某人撒谎就等于把他或她当做达到其目的的手段，把其视为东西而不是人。因此，在以职责为本的旗帜下，无论男孩子们打架之后会产生多少和平，都是错误的。道义论的观点只是认为，为了某种更大的整体的善而对一个无辜的人进行制裁是不对的，而且卢克所补充的友谊的合理性，以及他和迈克尔之间互相帮助的合理性（目的论者可能会相信这种看法，因为双方都是最后的受益人），并不会改变其基本的错误。

康德坚信，我们的道德义务是由起源于"纯粹"理性的职责（道德律）组成的，所谓纯粹理性，就是对个人意图或实际后果进行经验的考虑而不会使之受到败坏的理性。例如，信守诺言是一种职责。虽然人们对违背诺言的行为可能会做出**谨慎的**理性推理——例如，为了使另一个人不受伤害——但这样做也是对道德职责的破坏，因为违背诺言是对诺言这个概念的破坏。

康德的观点在几个方面引起了人们强烈的批评。首先，有人把这种观点解释为（尽管这种解释可能是错误的）偏重于把职责，而不是爱，作为行为的道德理性，而且，即便是当这种行为并不伴随着关爱的情感时，只要行为是以职责为基础的，在道德上也就足够了。的确，通过爱而做出的行为，例如父母对孩子的爱，不如出于义务而做出的行为在道德上更重要。

对康德的道德理性的第二个批评集中在其直言命令所固有的模糊性。"除非我也能以这种方式使我的行为准则成为一种普遍的法则，不然我绝不会这样做。"(Kant, 1993)一个人可能会同意，作为一个普遍的法则，当然，非暴力的谈判协商要比相互伤害更可取，但是，这是否意味着，在任何环境下报复都是道德上所不允许的呢？行为是根深蒂固的，是个人和群体历史的产物。问题不在于卢克在与乔恩较量时是否犯了一个抽象的错误，而在于在某些特殊的情况下他是否也会这样做——当他看到有人对迈克尔做出错误的举动便予以保护。

正如在第五章所讨论过的，使某种命令具有普遍性就意味着对**相似情境中的**人一视同仁。对正确与错误的判断并非指向脱离现实的行为，而是指向具体情景中的行为。一个人无需排除康德的命令，只要通过更开放地解释"相似情境"，来说明所有的情境因素，就**可以**证明这些男孩子们的行为是合理的。这些情境因素包括：在一些平行的条件下，攻击行为并不是错误的，这些条件包括一个老于世故的孩子对一个天真的孩子进行诈骗；人们察觉到成人权威遭到挫败；已经建立了某些忠诚模式；所有的当事人都可以接受的适度惩罚。

认为背景有别于情境的谨慎态度会证明玛丽娅的反暴力道德观是合理的，一旦我们打开低估这些考虑的大门，其中有很多考虑是主观的，那么，关于不伤害他人的那些被认为是客观的命令将会分化瓦解。"相似情境"概念的扩大或缩小意味着，在把纯粹理性用来处理现实世界中的问题时，纯粹理性就像其他指导原则一样，是一个易犯错误的道德决策指导原则。就以康德的这种信念为例，之所以违背诺言是错误的，是因为，如果把这种观点普遍化，它就成为一种矛盾（违背诺言就等于没有诺言）。难道这种禁令还包括这种情况吗：如果一个亲密朋友突然需要你帮助支付医院的费用，你也不能违背对家人的承诺而去进行昂贵的度假？再说一遍，依赖于纯粹理性并没有告诉我们，我们应该在多大程度上考虑或忽略背景和后果。

把康德的伦理观运用于现实生活的最后一个问题是，虽然道德表面上看来是纯粹理性的产物，但它实际上也包括对后果的考虑。如果每个人总是做自己现在想要做的事，那么在行动之前，他一定得问问这样做的**后果**会是什么。甚至根据康德自己的分析，他的普遍性与公正的行为准则并没有排除对后果进行考虑的必要性。

那些发现目的论和以职责为本的道德观有缺陷的人们，开始寻求其他途径来证明其道德准则的合理性。我们在《教育中的道德利害关系：有争论的前提和实践》(Goodman& lesnick，2001)一书中全面地探讨了这些问题，因此这里我们只提另一种：对基本原则的诉求。

三条共享的原则

在学校里，可能最基本的道德要求是要有一套原则，可以断定，我们的政府就是依据这套原则来推论其合法性的。约翰·斯图尔特·米尔曾对这些渗透着现代自由民主思想的原则进行过很好的阐述。他认为，我们可以从两个基本的前提中推论出所有的正确和错误。第一个前提是康德和其他人称之为“完善职责”的东西的基础，它被设想为是一种否定的命令：不要做干涉他人权利的事情；**不要伤害别人**。在米尔(1993)看来，最基本的人权就是追求自己利益的自由，就是表达自己良心的自由，只要他人的自由不会受到威胁；最基本的错误就是对那种自由的剥夺。“对任何一个文明社会的成员可以违背其意愿地正确实施权力，这样做的惟一目的就是保护他人不受伤害。”个体完全有权利来追求自己的利益，但这种权利被限制在任何其他人都享有同等权利的范围内。如果我们干涉他人的利益，在这样做时我们必须公正；在给予我们权利、特权和惩罚时所做的任何有选择的区分也必须合理地被证明是相关的。公平也就是避免做出武断的决定，给予那些我们不了解或很不喜欢的人和所喜爱的人同等的待遇。

第二个前提是产生“一些不完善的职责”，它是一个肯定的命令：乐于助人和宽厚；**行善**。虽然穆勒认为这个职责很重要，但他仅仅把第一个，完善的职责，看成是道德责任。“公正的含义是，不仅做一些事是正确的，不做就是错误的，而且某一个人可以把要求我们去做事作为他的道德权利。谁也没有道德权利要求我们来对其慷慨或行善，因为我们在道德上没有必要对任何特定的个人来实施这些美德。”(Mill，1979)米尔把不伤害别人凌驾于助人行为之上，因为“一个人也许不需要他人的恩惠，但通常需要他们不要伤害他”。

米尔的自由主义为社会不关注他人的实际利益找到了合理性。一个人追求自身利益的自由可能导致大量的权力、特权和文化控制集中在极少数的人手中。哲学家约翰·罗尔斯(John Rawls)有说服力地论证说，必须通过加强对自由的限制，以便对利益进行公平的考虑，一个公正的社会应该在其民众之中促进更多实实在在的平等。

这三条原则是——不伤害、行善和作为公平的公正——这些都是在传统中被广泛认可的，并且与我们直觉的道德敏感性也是一致的，然而正如一些批评者指出的，这些原则在限制一个人的选择方面要么过分，要么不足。

对强调自由民主体制中个人权利的重要性提出质疑的人，会批评这些原则过分具体（具有太多的限制性）。他们会在一些社会中找到某种补偿性的价值观，那些社会强调有等级地组织起来的社会关系，比如传统的婆罗门的印度人或新英格兰新教徒。在那些社会中，个人的利益从属于群体和谐的利益，或被归入到群体和谐的利益之中，这种群体和谐的利益往往受到自主做出决定的威胁。“利益”和道德规范不是由个体构建的，而是作为已经确立的传统的一部分被接受下来的，一个人把它们作为他在社会中的角色和地位的后果而继承下来。这种态度体现在当代社会那些具有传统倾向或社会倾向的部门里。

对个人主义的批评也有一种平均主义的意味。玛丽娅和其他老师一样，追求的是那种并非程序化的公平，她想要的是那种实实在在的公平，那种能保护和确保每个人的利益的公平。她发现，在进行卡片交易的事件中少数聪明人之所以能够攒钱，是因为他们知道怎样利用那些单纯的孩子，这样做是不公平的。她想限制乔恩那种“拥有一切”的做法。但哈代对此持不同意见，教师们不应当试图（而且也不可能成功地）确保社会成果和学术成果得到较平等的分配。

与此同时，人们可能会批评这些原则太模糊，理由是，如果没有对**解释**这些原则加以指导和限制的现存的传统，那么，不伤害、行善和公平的价值观就能够证明那些普遍不相容的规范是合理的。要想使这些原则发挥作用，就必须把这些原则预置在社会的目的和支持那些目的的社会结构之中。根据阿拉斯代尔·麦金泰尔（Alasdair MacIntyre，1984）的观点，一个社会的实践活动和习俗和我们的生活“方式”，生成了一些有等级层次的美德，这些美德把意义赋予其潜在的原则。一个社会对勇气赋予了比同情更高的价值，另一个社会则正好相反，即使是相同的美德也有不同的表达形式。例如在主张个人主义的社会里，一个受到虐待的孩子代表自己或受到伤害的朋友大胆地发表意见，这个孩子就会受到赞扬，这为他长大成人后承担巨大的经济风险做好了准备。在一个较为集体主义的社会里，同一个孩子如果能够接受自己所遭受的损失而不抱怨的话，他就会赢得赞誉，这为他在冒险损害集体利益之前先进行谨慎考虑做好了准备。在这两种情况下，美德都被贴上了勇气的标签。因此，比这些潜在的“原则”更重要的是，它们是怎样通过我们的生活“方式”而表现出来的。

这些原则要么缺乏可以使它们得到几乎普遍赞同的那种实际的中立性，要么是一些相当开放的组织结构，它们的存在只是为了拖延在那些似乎合理的主观性之中做出选择的问题。它们要么以习俗的实践活动为根据，旨在使这种现状合理化，要么为了不和习俗沾边，就提供一些不充分的指导。

和多少年以来的哲学家们所追寻的一样，我们的追寻也没有对玛丽娅的问题做出解答。这个问题就是：怎样航行在这种价值观的巨大多样性之中？那么，一个教师应该做些什么呢？

踩出一条路来：多元主义

无论多么困难，教师们必须认识到价值观的多样性，不要急于保护或强行实施自己所偏爱的价值观。尤其是学校，不愿意质疑它们传统的方式和仔细地倾听他人的意见，可能会成为陈腐的地方。但是，对顺从行为也有一些限制。我们相信，至少在这个时代和这个社会，存在着一些基本的道德真理。以上列举的这三条原则（不做伤害行为、行善和作为公平的公正）尽管有其不适当之处，但看来对我们还是有用的。

因此，我们反对一种十足的道德相对主义，这种观点和认为**确实**存在道德的善与恶的直觉并不一致。但是，虽然没有一个全能的权威来纠正，我们仍然相信，没有一个有良知的决策者能够以一种应该说服另一个人的方式，或有权使另一个人保持沉默的方式，来解决道德问题。这样一来，我们就成了多元主义的拥护者。我们相信，对于在友善的人们当中存在着很大的——尽管不是无限的——价值观多样性这个事实，一个社会或社会组织，例如一所学校，应该怎样做出反应的问题，多元主义正是研究这个问题的正确方法。

一些人认为，文明社会的多元主义是令人遗憾的，只有到所有的公民都开始认识到他们观点的正确性时，这种多元主义才是必要的。但是，另一种观点把多元性看做是对道德洞察力的多样性的一种庆祝，而不是对这种多样性的一种厌恶而勉强地接受。作为人类——而且这个观点既可以用宗教术语也可以用世俗的术语来表达——我们被造物主创造的时候就带有要追寻、获悉和遵循善的这种能力和欲望。但是，既然受所有这些能力和欲望的限制，那么，我们谁也不能够声称自己有权威性地发现了真理。因此，多元主义只是一种政治、哲学或教育的立场，这种立场和一个社会将致力于继续追寻道德理解和追寻善这样的愿望是相协调的。

有时，价值观的多样性可能会反映一个道德共同体在本质上有很大的不一致性。例如，印度的婆罗门人的道德可能和西方民主社会的道德有不可缩小的分歧。个人自主性、个人权利和在法律面前人人平等并不是婆罗门文化的主要产物。我们相信，当该文化的某些成员来到**这里**居住时，一所学校通过禁止他们继续按照他们的文化规范生活来限制其多元主义的道德，这所学校的做法是合理的。但是，多元主义建议要保持对这些方式的觉知，这种文化就是以这些方式来保持它自己的整体性的。

要想使多元主义和相对主义区分开来，多元主义就必须控制好自身的界限。正如在第五章讨论过的一样，有些道德选择是不可取的。这样一些行为——如肆意地杀害无辜的百姓——在不同的时代和不同的文化背景下，都被普遍认为是不道德的。但那只是一个极端而简单的例子。我们相信，作为一个社会——这个社会——的一个分支，学校必须走得更远。**不做伤害行为**告诫我们不要有暴力行为，不但要反对由个人恩怨引起的暴力行为，以及不仅仅是身体的暴力行为，而且要反对通过令人反感的比较、欺骗和拒绝而对孩子造成伤害。除非他的追求干涉到其他人的利益，不然我们就不能阻止任何孩子最大限度地获取自己的利益的这种抱负。**善行**进一步要求我们塑造和鼓励慷慨、同情和仁慈。**公平**要求我们帮助每个孩子都得到发展，给予托尼之类的孩子额外的支持。

然而，即使我们把这些原则当作绝对的命令来接受，也会出现一些不常出现的情境，在这些情境下这些原则会发生冲突。正如艾赛亚·伯林(Isaiah Berlin，1992)出色地指出的：

> 自由和平等都是人类许多世纪以来所追求的首要目标；但狼的全部自由就是以羊的死为代价的，当权者和有才能的人的全部自由就是和弱者以及不太有才能的人的体面的存在不相容的……
>
> 价值观的这些冲突就是它们为何物和我们为何物的本质……我们必定要做出选择，而且每次选择都包含着某种不可弥补的损失……

学校情境中存在着不可避免的冲突，其中一个例子就是自由(不做伤害行为)和仁慈之间的冲突。自由的要求使孩子们有权根据自己的选择来交好朋友，但是就其本质而言，友谊是有其局限性的。因此，一个以仁慈为荣的人，会反对通过排他而造成的伤害。自由支持竞争——竞赛的胜者属于跑得快的人；另一方面，仁慈和公平支持平等，不只是在竞赛一开始时，而且是在整个竞赛持续进行期间。自由支持自主性，仁慈支持社会性。自由支持真实，仁慈支持机智。

"踩出一条路来"，就要求教师不断地变换他们的道德判断：尊重孩子们带到学校里来的价值观的多样性，但又要严格坚持一些"绝对的"价值观，使那些甚至会从这些绝对价值观中产生的紧张状态保持平衡。友谊的正确性不如排他所造成的伤害重要吗？大多数人"获得成功"的需求比残疾孩子的利益得到保障要具有优先权吗？很有可能人们有时回答是，有时回答否。这就是所谓的平衡。

怎样把多元主义的观点运用到卢克证明打架的合理性上来呢？如果他提出的关于尊重和支持自己的观点，是想要证明用刀子打架是合理的，那就很容易做出回答。这就和"不做伤害行为"的界限相背离了。但是，在一种迫不得已的对抗中，所有的参与者显然都赞成有限制地使用拳头，而且他们的力量和身材大小大体平等，那么，有限地使用拳头就是另一回事了。

不过，我们认识到，在一个人看来并非"不容置疑"的错误，在另一个人看来也是如此。例如，一个像康尼一样给予"坚持反对一切暴力行为这道界限"以优先权的人，会同意她的意见，认为显然应该告诉这些男孩他们做的事是错误的。另一些人则可能倾向于做出更“理解性的”反应，承认卢克的要求似乎是合理的，但强调通过诉诸暴力则有超出那些可接受的界限的危险。还有一些人则可能会不置可否。这些相反的优先选择部分地反映了教师们在强烈谴责这种行为时不同的置信水平。但是，它们也将反映对在第三章和第六章中所考察的那些问题的不同态度，这些问题和使孩子们养成遵守规则的习惯这个相对的价值观有关，而这种价值观和鼓励他们成为有反思能力的以及能够为自己的行为后果负责的人的价值观是针锋相对的。

学校可能会选择对多元主义的反应加以限制，因为它想要（恰当地）使学生在社会化过程中习得那些在道德上有价值的（即使不是义务的）、但却不被我们的文化所鼓励的态度和行为。再说一遍，诉诸非暴力的、相互尊重，来处理纠纷和使不满得到补救的方式，提供了一个很好的例证。在这个孩子们观察和参与的世界里，暴力的快速爆发日复一日地得到增强；在孩子们形成他们自己的道德感时，“通过商谈来消除分歧”，付出与索取的反馈，同伴之间的调解以及诸如此类的反应在形成学生们的意识中所占用的时间并不一样。有人可能基于这一点认为玛丽娅的干预是合理的。如果想要学生们能够在以后的生活中做出有知识的阅读选择，就必须要求他们阅读优秀的文学著作，正因为如此，她的学生也必须了解和体验到这**两种**相互冲突的观点。一个真正的多元主义的干预要求她呈现那种非暴力的选择，把它作为她的学生必须做出的选择。

当这个问题关注的是学生们**在学校时**的行为的时候，在多元主义看来，这种情况常常可以通过这所学校所感受到的需要来克服。很多人会说，不应该期望一所学校或一个教师容忍，确实，也不应当容忍，即使某个学生适度地、可以理解地使用报复性的暴力行为，也不应当容忍。另一些人将会提出疑问：我们宣布在孩子们身上表现出来的几乎所有攻击行为都是不合法的，无论是根据可以选择的价值观的合理性来判断，还是根据普遍性地压抑攻击性倾向所导致的结果来判断，这样做是否不会走得太远。

我们放下这个令人烦恼的主题，这个主题只是提醒大家，也包括我们自己，不管个人是否容许“外来的”价值观进入学校，都要坚持倾听。让孩子们体验一种开放的心灵，这是至关重要的。如果他们想要探寻自己对这个问题的解答，那么，他们必须目睹教师自己对它们的追求，包括他的道德疑惑和他的道德坚定性。更为基本的是，他们需要体验道德摩擦所产生的结果。在所有可能要求教育者忠诚的原则中，当然是只有让观念深入人心才是最重要的。

该轮到你了：教师权威及其局限性

我们设计以下事件来引出本章的两个主题：相互冲突的价值观和宽容。

（一）你已经注意到，你班上一位名叫萨姆的孩子，想要在一个午餐桌旁坐下来，但却一再被这样的话所拒绝，“抱歉，你不能坐在这里，我们是为其他同学占位子的”，或者“这张桌子是为我们小组留的”。

1. 你会怎么做呢？

(a) 干涉：告诉孩子们不能占座位，每张座位都是为所有的孩子们开放的吗？

(b) 开个由教师指导的班会，制定一条不能把别人排除在外的规则吗？

(c) 开一个非指导性的班会，让大家发表对这个问题的意见吗？

(d) 私下里跟那个被排斥的孩子谈谈他的感受、希望和策略吗？

(e) 不做任何事情吗？

(f) 还有其他做法吗？

2. 你的选择反映了对平等或个体自主性的一种偏见吗？

3. 它反映了一种教育学的信念吗：孩子们需要受到保护，或者使生活中的不幸不要降临到他们头上？

4. 这些信仰是建立在你对人性和儿童发展的看法基础上的吗？

（二）你已经注意到，在过去的几天里，一群孩子在吃中饭的时候，一直在激烈地讨论有关钱的事情：谁不必去工作，谁又必须工作才能获得津贴？他们是怎么挣钱的？他们能挣到多少钱？每个人可以获得多少津贴？他们又怎么花这笔津贴呢？谁来自穷人家？谁又来自富人家？他们怎么才能比他们的父母更富裕？

1. 你会做些什么呢？

(a) 直接告诉孩子们我们不讨论钱吗？

(b) 开一个由教师指导的班会，制定一条禁止谈论钱的规定吗？

(c) 开一个非指导性的班会，让大家发表对这个问题的看法吗？

(d) 私下里与那些较穷的孩子们谈谈他们的感受和希望吗？

(e) 私下里与那些较富有的孩子谈谈，不要炫耀他们的富有吗？

(f) 不做任何事情吗？

(g) 还有其他做法吗？

2. 怎么解释和证明你的观点是合理的呢？

3. 出于多元主义的考虑会禁止你做出反应吗？

4. 你认为，和第一个案例相比，对教师们来说，这个主题更缺乏道德命令吗？如果是，使你对此“容忍”要比进行干涉更容易些吗？

（三）在你们学校已经有几次严重的打架事件发生。一些孩子们受伤了（眼圈被打青了，有些伤口需要缝）。他们还没有抱怨，但校长已提出了一个零宽容度的政策：第一次打架，放学后课后留校一天；第二次打架，课后留校两天；依此类推，直到开除。

1. 你会怎么反应呢？

2. 你会做些什么呢？

（四）一位教师非常肯定，他的班里一个孩子（丙）在一次考试中作弊了。他问丙最好的朋友（乙）是否知道在他离开教室时，有任何的作弊行为发生。乙说："不，我不知道。"然后他更有所指地问道："我相信丙抄了你卷子上的答案，是吗？"确实把她的试卷给丙抄的乙说："据我所知，没有。"

1. 教师盘问乙正确吗？
2. 为了保护她最好的朋友，乙撒谎对吗？或者她应该说出真相吗？
3. 你会怎么办？你会怎样证明你行为的合理性呢？请考虑这些关于目的论、道义论、原则和多元主义的问题。

第八章 学校的道德环境

情景介绍

尽管看上去经常会遇到很多的挫折，但是委员会还是孜孜不倦地工作，定期召开会议。这时，就在春季假期之前不久，弗雷德·海尔特校长让艾吉去他的办公室。她带着一丝自卫的心理去进行这次谈话，假想着他可能会问，为什么还没有道德教育计划的初级报告。

海尔特问艾吉，委员会的工作进展得怎么样了，这个非常天真的问题使艾吉很快就放松下来了，但是艾吉还没有回答完，海尔特就插话说："实际上，我叫你来这里是为了和你谈论一个我刚刚遇到的问题——可能应该说是我们遇到的问题——这个问题需要我们马上采取一些行动。上个星期，一些六年级的学生家长跟我说，他们要举办一个，呃，我猜你可能会把它叫做毕业舞会(graduation ball)。"

"一个什么?"艾吉用很警觉的口气问道。

"哦，'舞会'可能是我自己的用语。他们需要我们做的是，在学年结束的时候精心举办一个晚会，晚会上有舞蹈、聘请的乐队、供应的晚餐和非常考究的晚礼服。"

"你是怎样回答他们的?"艾吉询问道。

"就我们两人之间来说，我并不热衷于这个想法，但是在公众面前我未置可否。我说我确实认为他们的想法存在一定的困难，不能马上批准。在这种很热切的氛围的包围下，他们很快就试着劝说我。他们说，我们不需要付费用。每个家庭可以承担一定的份额。我们应该把晚会看成是一个对于他们所接受的良好教育的奖赏，一个对于他们或我们所取得的成就的庆祝。然而，接下来我感觉到很多父母的想法非常强烈，我许诺他们会很快回复他们，这样会谈才得以结束。我怀疑即使有事情来阻挠，他们也不会退缩的，而且我也不知道，是否需要就这个问题在沙地上画一条线，和他们的观点相对立。"

"那么，我从什么地方介入呢?"艾吉问道。

"呃，首先，"弗雷德回答道，"由于问题的复杂性，我已经把这件事布置给了你们的委员会，但是我觉得，在公开表态之前，我应该咨询一下你们大伙的意见。"

"我很感动，弗雷德，"艾吉回答说，"尽管你可能会为你的姿态表示后悔，但我真的很感动。"

"你为什么那么说?"

"我觉得，为六年级的毕业办这么大一件事，很可能会有一些口头的反对意见。如果我还算是了解哈代的话，他就很可能会对这件事情提出批评。"

"是的，我也这样认为，"海尔特赞同地说，"这就是我咨询你的第二个原因。

"事实证明，哈代被任命为今年的特殊事件全体教员委员会的主任，假设我让父母们按照他们的方式举行晚会的话，我就会要求哈代和他的委员会去和父母们一块来计划这件事情。对于什么事情是值得学校批准的，什么是不值得学校批准的，在这方面我知道哈代有一些比较坚定的想法，这可真难为他了；如果他反对这个主意，我可能就非常需要你的帮助，让哈代和他的委员会一起完成这件任务。"

艾吉笑了，笑中带着明显的肌肉扭曲："就像俗话所说的那样，感谢你和我分享这些想法，弗雷德，我将和小组成员一起讨论这件事情，并给你回复。"

"我知道我是可以信任你的，"弗雷德回答说，他站起身来，表示他们的会见结束了，"要帮助哈代认识到，这不是一个什么可以深究的事情。"

第二天，艾吉和委员会的同事们提出了"毕业舞会"的问题。正如她原来预料的那样，哈代对此提出了鲜明而坚决的反对意见。她刚刚提到海尔特关于父母们请求的报告，哈代就很愤怒地插嘴说道："我希望他能告诉他们，让学校支持类似这种提议的事情是绝对不可能的。"

"不，他没有，"艾吉犹豫地回答道，"但他真的要求我们'参与'。"

"'参与'，哈，他为什么不问问我们的观点?"

"我同意哈代在这件事情上的意见，"康尼说，"毫无疑问，父母们已经对于精心准备的毕业舞会有所风闻，在临近的学校，即使是在小学，这种做法也已经蔚然成风。一旦这个'球'(指毕业聚会)滚动起来，要停下来可就难了。但是与周围的学区不同，我们有很多的父母负担不起举办这种事情所需要的费用。"

"非常正确，康尼，"玛丽娅插嘴说，"但是让孩子们筹集资金怎么样？我们可以作为一个共同体，共同决定举行晚会花钱的数量——至少不要使这种花费过分膨胀——不会超过募捐的钱。"

"这是个很有意思的主意，玛丽娅，"康尼回答道，"但是，我有我的疑惑。孩子们不会为了一个乐队或者是供应的晚宴而去募捐。孩子们会通过请求父母捐钱，来提高我们预算的上限，这会使很多经济困难的家庭处境很尴尬，更不要说花费在长袍、鞋子、鲜花上的费用；你知道的，还有所有那些他们所需要的个人用品。

"除此之外，我们平时努力拖延成双成对的行为和性行为，在这些晚会上却都无计可施，更不要说发生在角落里的喝酒、吸烟等行为了。谁会得到谁的邀请，谁会得不到任何人的邀请，举办一个这样的晚会，所有的这些悲惨的事情都可能会出现。"

“你们大伙说的话真使我大开眼界。”哈代离开他的椅子，“是的，钱的问题是很严重的，也是很成问题的。我没有为那些受伤的心灵而烦恼，把它称为现实生活吧。但是，即使我们可以解决资金的问题，难道你们不觉得，做这样一件事情是很荒谬的吗？让孩子为了自恋性的快乐，在他们的自由时间去募集资金，而这个自由的时间我们是希望他们可以花在服务别人身上的，这是一个多么荒谬的聚集资金的想法呀！整个想法比让我下地狱还让我发疯。现在我告诉你，我**不**会去参加舞会，我**不**会帮助他们募集资金，我**不**会让这些孩子觉得我同意这件事情。”

这时候，艾吉的担心到了极点，整个讨论失去了控制。她后悔刚开始没有告诉他们，校长很有可能是支持父母们的。在告诉他们之前，她现在尽量降低这个问题的可争论性：

“哈代，当说到道德伤害的时候，没有人是你的对手，但是，现在我们有机会向弗雷德展示，我们对做出道德决定的一些微妙之处的警觉性提高了。我们不妨退后两步，考虑一下在委员会工作中遇到的这个和别人意见不同的问题。

“首先，对我来说很明显，这是一个道德问题。康尼指出，它可能会怎样伤害一些处于劣势的家庭，我不得不同意哈代的这个观点，为了自己来花费时间募集资金，这在多大程度上可以培养一种共同体目标的分享感呢？难道这不是一个原因吗？在我看来，心灵的伤害应该不会很容易便消失的。正如哈代所注意到的，这似乎是学校触手可及的事情。如果离开这个晚会的前提，即这是父母们提出来的，那么我认为，弗雷德就不会就这件事情咨询我们了。但现在的问题是，这是由父母们提出来的，他们要求我们来监督这个晚会，我们也应该有义务对这件事情负责。先打住，更重要的事情是，我们将要赞同这件事情。这仍然主要的不是我们的范畴，这正是你们可能称之为课外活动的事情。玛丽娅，这就是你为什么还没准备好马上贬低它的原因吗？”

“也是也不是，艾吉，今年我曾经遭受过打击了，如果一件事情是父母或者孩子想做的，或者是不想做的，要改变他们的想法是很难的。即便这并不是一件很大的事情，就像哈代已经非常明确地说明的那样，但是孩子们至少应该更加理解挣钱（募集）和花钱之间的联系，这样可以稍微抑制一下他所如此憎恨的物质主义。”

“说得好，玛丽娅，”艾吉继续说道，“让我们来看看我们的选择和道德危机。一方面，学校可能会批准这件事情，并让父母们各尽所能。我们可以建立某种资金——这些钱可能是学生、家庭与学校协会筹措的钱和学校支付的经费的结合。当然，弗雷德可能仅仅说：‘不可能，这不是我们传统的一部分，我们不同意，也不允许。’但是……”

“现在你是在说……”哈代插话打断道。

“等一下，哈代，”艾吉继续说，“还有其他的选择，玛丽娅限制花钱的观点是一种方法，让一群老师和家长对此进行共同讨论是另一种方法。一个联合的委员会可以就什么是允许的、什么是不允许的提出限制性的规定，这个方法是需要成本的。弗雷德可能会把这个问题踢给上级或者是学校董事会，但是根据其他学区的经验，他们实际上肯定会同意的。”

现在哈代变得有些悲观了，他说道：“难道你不知道，毕业典礼对于孩子们来讲就是一些值得记住的事情啊；它们并不仅仅是另外一个星期六晚上的聚会。在一般情况下，对于这样铺张的晚会，不管你多么轻视，你依旧可以看出来，诸如此类的毕业事件确实是一个机会，可以让孩子们和家庭对于这所学校的道德状况留下印象。我们能做的和应该做的是，问问这些孩子们，他们会怎样使自己的毕业成为做一些重要事情的场合——例如，为我们的学校提出一个有价值的贡献性想法，或者是自愿花一天时间——或许好多天——担任‘人人有房住’这个组织的志愿者。一个代表小组可能会以他们（民主决定的）提议来反对校长和上级的意见。现在这是一个值得讨论的班会主题，这不是按照博纳姆的第六层次进行操作的那些班会中的一种，在这个班会中所有的决定都是由学生们做出的，但有一个指导性会议勾画了所有想法，并要求学生们就这些想法提出一些具体的活动建议。”

“我可以拥抱你了，哈代，但是这个拥抱很快会变成一种束缚，”玛丽娅说道，“你的孩子们很幸运，因为在他们的周围有一个信念如此坚定的人。我的意思是，你一方面坚决地反对权威，另一方面又不断地实施权威。请谈论一下榜样的作用。”

“但是，你的冒昧让我生气了。为什么这个决定就必须要被描述成，要么是坚定地坚持，要么是屈从的呢？为什么我们不能把这件事看做是解决价值观冲突的一个机会呢？我们的教育者不喜欢改变。当我们小学毕业的时候，如果一个保龄球晚会对我们来说是足够好的，那么，它对我们的学生来说也是足够好的。

“是的，他们是有很多的钱，他们有很多的钱花在娱乐上，也可能捐献很多。那并不会使他们非常可恨。一旦他们意识到，有些家庭不能为毕业负担这么大的消费，我想这是一个好机会，他们想采取一种得体的方法来负担那些费用，甚至可能会向孩子和父母征集一些菜谱，并自己举办这个晚会。他们想举办一个很大的庆祝会，而且他们所知道的就是别人已经做过的事情。我们不用给他们的热情泼凉水，而且我认为，我们不应该放弃那个集体想出合适方法的主意。或许我们可以让他们和孩子们对此都很感兴趣，把一些资金拿出来买礼物——买什么和给谁由他们来决定。”

艾吉带着放松的表情看了玛丽娅一眼，开始发言：“看，哈代，”她开始说，“你必须明白，海尔特的处境很艰难，他的本意是不同意批经费的。你认为毕业应该是可以使人牢记在心的，以及我们错过了一个绝好的机会——你的这种观点似乎是对的。他同样认识到，这不仅仅是一次把学生推向他们还没有准备好也不应该准备好的情境中去。正如康尼所说，在某种意义上讲，我们仿佛是在助长那种否则我们会努力反对的行为——性、吸毒、大量的成双成对、‘不适当的行为’。所以，这就是危机所在。但是他还是选择了要进行这场战斗，根据这些趋势，对于他认为他能赢得这场战斗，我不是十分的肯定，但是即使他赢了，代价也是很大的。”

“不，不，不！”哈代回击道，“这确实是一场要参加的战斗。难道你没有发现，迎合这个举办晚会的要求，对于我们的服务性学习的首创精神造成了怎样的破坏吗？服务的想法，在部分的意义上讲，就是为了让学生学会过有约束的生活，关注那些不公正的事情，体谅别人所忍受的痛苦。否则的话，服务就变成了仅仅是一种勉强的‘做好事主义’，就像外力的驱动。对此说‘不’，对我们来说是传播这种信息的一个机会。我们应该在毕业后举办一个接待会和向爱人们说再见的会。

“除此之外，让我们来面对它。玛丽娅的折中观点是不现实的。或许这是因为我不是一个新教师，但是，对于父母们会改变他们的请求，我不抱一点希望。搜集食谱！举办晚宴！这些父母都不会出现在一个正规会议上来讨论他们自己的孩子！”

艾吉现在不得不进行反抗了：“哈代，你要是想测试你的愤世嫉俗，你可能会得到更多的机会。弗雷德想起来，你是今年的特殊事件全体教师委员会的主任。假设他决定让父母们去举行这次晚会的话，你就是那个和父母们一块把详细计划弄出来的人。”

“让我休息一下吧，艾吉！你是在告诉我，我不但要无所事事地坐在那里看着学校在犯一个大错误，而且还要必须促使这个血腥事件发生吗？”

“我不负责学校的管理，哈代。现在对我们大家来说，最好的事情可能就是仔细想想这件事情。”

哈代很快便起身离去，但是玛丽娅赶上他，并建议先停下来喝杯咖啡。一旦坐下来，她便直奔正题：“哈代，尽管我们在毕业聚会的问题上存在分歧，但是我想让你知道，我认识到，对于你不得不在实际地组织晚会中担任领导这个主意，你是多么厌烦。”

“谢谢，玛丽娅，”哈代怀着很真诚的谢意回答说，“我只是觉得我不能承担这件事，不管是否受学校规定的限制。这件事显然是错误的，而且显然也没有必要。我的意思是说，在这件事情上，并不是我们说不，就会受到起诉。”

“呃，哈代，如果这是一种安慰的话，我也遇到了一种情况，在某些方面和你的情境没有什么不同。事实上，我希望可以得到你的指点。我不想在委员会上提到这件事，因为和康尼进行交谈对我来说是一件很困难的事。现在，你也遇到了自己的麻烦，可能这不是最恰当的时间……”

“不，玛丽娅。你知道痛苦总是结伴而行的。怎么了你？”哈代同情地询问道。

“哦，期待教师和父母们所引发的压力保持一致，这个问题确实很严重，我注意到它所带给孩子们的信息。我们给他们讲英雄的故事，即便是当做正确的事情意味着名誉受损时，仍然强调做正确事情的重要性，从根本上讲，我们告诉他们，要对权力当局讲真话，但是，当我们面对犹豫的或者坚定的父母们说不的时候，或者对来自地方教育行政官员的压力说不的时候，我们往往会翻身装死。”

哈代被玛丽娅严肃的态度吓着了：“嗨，玛丽娅，你看上去真的很沮丧。”

“我是很沮丧，”玛丽娅很感谢哈代的明显关心，她开始说道，“你知道，康尼是负责成绩测验的。上个星期，她带着一份斯坦福成绩测验的复印件来找我，这是给五年级的学生在学年末考试用的。她告诉我一些我们都知道的事情，即海尔特想让这些测验的分数提高一下。很明显，他的这种想法很迫切。在本学区一系列的平均测验分数中，我们几乎是处在最底端的，并且有谣言说，如果不改善现状，学校可能就会由于其现存的状态而‘被合并’，因为本学区的合并运动已经越来越猛烈了。现在你可以猜测，康尼请求我做什么，或者更确切地说是**告诉**我做什么了。”

“嗯，噢。”

“是的，你了解的。她让我看一遍那些今年就要进行的试卷上的试题，并且‘辅导’一下孩子们。”

“等一下，玛丽娅，你是说康尼有一份今年春天要进行的实际测验的复印件吗？”

“我也很吃惊。很明显，这些测验手册是很昂贵的，并且它们每隔好多年才会再版。在此期间，它们放在每所学校的指导办公室里。”

“所以，康尼给你一份测验的复印件，你把问题和答案给学生？”

“不，不完全如此，为了安慰她，我接近于这样做了。她想要确定我已经‘看了’所有要测试的材料，几乎是一条一条看的。当我拒绝她，并解释说我是按课程的指导大纲做的，而且使用的是指定课文的时候，她说，她并不想问我这样的问题，海尔特也不想，但是分数必须提高。

“为了给她的请求找理由，她指出，如果学校关闭，那将是一件多么可怕的事情。她让我知道，我们是在做一件多么好的事。我们学校是周围很少有的一个联合的小学，是各种种族和谐的楷模，在发展一个更包容性的课程方面，我们采取了一些重大的措施。我们的工资和政治还有不同寻常的多样性。如果他们把我们学校和其他学校合并了，所有这一切可能都将失去。有些事情她没有说，但也不用必须说的，就是她和弗雷德可能会失去工作，或至少是他们的工作地位。

“然后，为了论证她的观点，康尼说了这样的事实，既然分数和学生、老师以及学校的地位有如此密切的联系，因此，为考试成绩‘做准备’在这个学区内就是一件很普通的事情。听起来这是一个不怎么温柔的提醒，即如果孩子们的分数考得不好的话，我自己在这里的地位也将受到伤害。”

哈代咕哝道：“对于她的‘请求’，你觉得你能做什么？”

“到现在为止，我的思考还没有超出我所能选择的观点。我猜想我可以对她说不行，但是那会对我的学生们的分数产生很坏的影响，而且你知道，我确实并不是最优秀的人物。我知道这些分数不但会进入他们的记录，万一他们中有人申请好的中学，而且也会影响他们将来寻找更好的工作的机会。你知道，一旦这种低的期望确立了，对他们来说，事情就会变得越来越艰难。所以，如果我把我的想法限定在对这些孩子（以及对我自己）的幸福进行考虑上，就应该和康尼保持一致，但是欺骗就是欺骗，你不能有一条这样的法则‘欺骗吧，只要你不会受到伤害’。”

“那么，你还能做些什么呢？”哈代问道，他对于玛丽娅的思想斗争留下了很深的印象。

“呃，我考虑到了敷衍了事。对康尼说‘是’，但是不对学生进行辅导，或者是间接的辅导。但是很显然，这是一个坏主意。我可能是在欺骗康尼，并且对孩子们也没有什么帮助，还可能会破坏我的春季教学计划，我要是能逃离这件事情就好了。

“我还考虑了一个更政治化的方法，可能你已经对此有所暗示了，哈代。”

“是吗，你是怎么想的？”

“呃，我们可以在全体教师面前提出这个问题，进行讨论——不，在没有通知校长之前，我们不能把它叫做全体教师会议，可以先让一些伙伴就测验辅导问题的道德性进行非正式的交谈。如果我们获得了足够的支持，就可以派一个代表团去见海尔特。至少，这是在艾吉告诉我们海尔特对这次‘聚会’的反应之前，我所想到的。现在我觉得我们会失去海尔特的支持。”

“我还想过把消息透漏给家长或者是媒体，”玛丽娅继续说，“但是我认为我们不能那样做，那样的话会使学校非常尴尬。不管怎样，我不知道父母们会怎样反应。我认为，一些父母可能会对这种阴谋诡计感到惊愕，也有一些父母可能宁愿不知道，并且随便它发生，我猜想还有些父母会很高兴，他们可能会极力怂恿这种‘每个人都在做’的论点。为什么他们孩子的分数和未来的机会要被牺牲在诚实这道圣餐上呢？”

“你说得绝对正确，玛丽娅。”

“正确？关于什么？我还没有表明我的立场呀？”

“你的正确之处就在于我们不能装死。如果对于这些事情我们不能做些什么，那么，我们就没有理由要求孩子们尊重我们，或者保持我们的职业自尊和个人自尊。如果我们在辅导问题上屈从于康尼，她屈从于海尔特，海尔特屈从于地方教育行政官员，那就干脆和民主说再见，和品格教育说再见吧。”

“还有，勇敢的灵魂，你认为我们应该怎么做？”

“对于我来说，这还不是很清晰，玛丽娅。你描述了很多没有吸引力但是很现实的选择。分数关系如此重大，长远的解决方法是，使整个考试管理缺少作弊的资源。把再用的考试手册放在橱子和文件中不是一个好的方法。我们的社会还不是一个充分重视道德的社会。当目标这么高的时候，就会有欺骗——学生们的欺骗、老师的欺骗或者是覆盖整个学校的政策性的欺骗。”

“但那是将来的事情。现在要怎么办呢？”

“我觉得，我们应该和五年级的其他老师，和艾吉，可能还有其他一些可以信得过、比较有影响的教师们悄悄地讨论这件事。然后，作为一个小组，我们可以私下去找海尔特，并告诉他，我们是很严肃地拒绝欺骗的，并且准备和他一块抵制来自‘这种体制’本身的压力。我也不太肯定，你对他的反应所持的悲观态度是否能在这件事情上得到证实，但是问题不会比这个更严重。”

“如果你错了呢？如果他说对此他无能为力，只要学校的考试分数提高了就行呢？”

“我希望我们认识一些人，这些人可以来说服这些家伙，但是我们不认识，至少我不认识。”玛丽娅点了点头，表示她同意他的说法。哈代继续说道：“或许这时就该是我们告诉他，我们要公诸于众的时候了，至少是通知老师们——或许还有父母们的时候了。他知道，尽管会有很多父母支持他，但是一旦上了报纸，就会成为丑闻。但是，这一步是我们不愿意采取的：它可能会成为丑闻，并且使学校再次陷入尴尬境地，与威胁他相比，我倒宁愿说服他。

“我是终身任期的，玛丽娅。你不是。如果有人需要，我很愿意当他的保镖，但现在还不是非要这么做的时候。”

“我喜欢你的计划把其他人也包含进来，哈代。我们教师很少作为一个共同体而行动，当然，尽管我们经常对孩子们宣讲这个观念，学校是一个共同体，我们的邻居也是一个共同体。你对毕业晚会的关注也同样是围绕作为一个共同体、我们是什么的问题，在那种场合下我希望能看到合作的出现。或许我们也可以让其他人用同样的方式对这两个问题进行思考，哈代，我很感谢你在这个问题上和我站在一起，尽管是站在我的前方。”

教师们讨论他们的职业责任

这两位教师在一段时间内陷入了沉默，每个人都被彼此的谈话影响了。哈代继续用另外一种风格说道：“玛丽娅，在我积聚所有的力量，采取一个公众的立场来反对这个毕业计划之前，在我们可能会采取一个以欺骗丑闻而结束的行动之前，不妨先在这儿回顾一下我们的道德责任吧。”

“把我也算在内。”玛丽娅同意道。

“好的，我对这个未决的晚会非常的愤怒。这个想法使我很厌恶。我看不出这些学生究竟取得了什么成就，值得我们来讨好他们——而且是我们，是我们的学校来讨好他们，不管这些资金是谁聚集起来的。除非孩子们自己攒钱，否则的话，即使是一个很小的班级礼物，也会变成另一种炫耀的展示。我同意康尼的观点，即随着孩子们可以挥霍的钱越来越多，像这样的类似事件也在增加，它们完全破坏了所有的道德教育观念。它们除了对不谦虚、自我中心、非正当的早熟起到了促进作用之外，别的什么也不能促进。如果我们赞同这个想法，在未来的几个月中，学生们谈论的话题就会只是谁和谁去参加晚会，谁穿什么衣服，在这之前或者之后谁还有晚会参加。这种事在高年级中发生影响就够坏的了，但现在是在六年级！”

哈代停了一下，并问道：“然而，这样做错了吗？”

“哈代，对于我来说它并没有错。我认为你和某些父母之间发生了一些事情。这些事情可能来源于在服务性学习期间，他们给你制造的麻烦。你认为，他们永远都过分称赞自己的孩子，同意孩子们的任何想法，保护孩子避免遭受任何苦难。我不那样看待这些事情。这些人有钱可花。情况就是这样的。我们不能使他们贫穷。作为一种爱的行为，他们要看到钱花在他们的孩子身上——我同意你的看法，这样做经常是错误的。至于晚会，这些父母们的本意并不坏，这种行为本身并没有什么天生就错的东西，我也没有想到结果是那样的坏。如果我们不能说服他们，那么，夸耀我们对他们的意愿，就不会有任何的好处。这只会增加彼此的厌恶，而这是我们极力要完全改变的。所以，与其关上允许他们提建议之门，我觉得，倒不如控制一下消费数额，并把这件事情变成一个合作的事情。”

哈代并没有得到安慰：“我们还是必须把后果弄得标准这么高吗？谁知道后果是什么样的呢？为什么父母们不回到我们的立场上来，向孩子们提出新的有威严的要求呢？为什么孩子们不把他们的期望放在学校的下一件事情上？如果今年是举行一个晚会，当他们中学毕业的时候会举行什么呢？想象一下他们会为高中的活动编造怎样的谎言呢？

“但是引起我担忧的其实并不是这些后果对**他们**所造成的影响，而是我们对和父母们划清界限的后果感到过度的神经紧张。

“我看到我们一次又一次地陷入到那种压力中去，我们每屈服一次，就会变得更加脆弱，变得更加非职业化，以后再次返回参加斗争的可能性就会更少。我们的职业完整性正在受到威胁，玛丽娅。保持平和是一种有价值的结局，但不是惟一有价值的结局。”

“职业的完整性，哈代？你不觉得有点自命不凡吗？我知道你讨厌奢侈——最好别让你看到我新买的包——而且是的，你是正确的，在一个完善的世界中，即使学生们有那么多极度渴望得到满足的需求，他们也不会如此地沉溺在其中。这就是我认为为什么要立场坚定的理由。只要**大家**都选择了要去参加晚会，那么每个人就都要去，这样就不会有尴尬。然而，一旦我们越过了那道障碍，哈代，我觉得我们就会扬名立万了。不管怎么说，我敢肯定，你一定会从这件事情的责任中解脱出来。我这就去找艾吉，并解释说我愿意接替你在委员会的位置，如果你愿意接管我的任务的话。

“在欣然接受你慷慨的馈赠之前，我最好先问问，你给我提供的是个什么样的委员会。请不要说是担任校车值日。在对此进行签字之前，我还是要放弃所有的道德观念啊！”

“你猜猜看。”

“现在我所有的信心都真的要转到考试问题上了！

“严肃地说，”哈代继续说道，“现在该轮到我来感谢你的馈赠了。但是，在夜晚来临之前，我们还是转向欺骗(作弊)这个话题吧。从直觉上看，这是不是把职业完整性问题提升到更核心的位置上了呢？别忘了，在这两个例子中，我们基本上都是在谈论服从于父母的压力，而且考虑的仅仅是一些后果。就这个晚会而言，使父母和孩子生气的就是这种结果；就作弊而言，使他们生气的也是这种结果，再加上对孩子们和学校的地位所产生的坏影响。”

“难道这还不明显吗，哈代？首先，愚蠢的消费和作弊并不是一码事。作弊就意味着欺骗，孩子们所产生的成果并不是他们自己的东西，如果不作弊的人还存在的话，这对于那些没有作弊的人是一种真正的伤害。上帝保佑，哈代，我学得像你一样玩世不恭了。

“同样，对于父母们支持的某项活动，静静地站着并允许这种活动发生是一件事，积极地参加到作弊中来是另外一件事。”

“说得很好，玛丽娅，但是，我不知道我是否把这句话弄明白了。请看，一动也不动地站着是什么意思？它是一种形式的投降；一个人看到他的周围全都是腐败，但却什么事情也没有做，只要他的手是干净的就行。假设你看到另外一位教师泄露试卷的答案，你会觉得没什么而静悄悄地走开吗？”

“哈代，我不知道在这个时候我会做什么，现在我只是尽力地想出解决自己的问题的方法。

“另一个引起我关心的是我对康尼的责任。她是向我传递这条消息——对我宣读‘命令’——的人。但是我不知道她是在海尔特的指令之下采取的行动，还是仅仅凭直觉推测，认为海尔特会同意的。我认为海尔特是支持她的，但是，在采取进一步的行动之前，难道我们不应该和康尼谈一下吗？如果和其他的教师谈论我们对于这种‘辅导’的担忧，而没有和她谈，这会使她在大家面前非常的难堪。”

“好主意，玛丽娅。你说‘我们’，这使我很高兴。在提出服务性学习的建议期间，当父母们越过我向上级反映时，我简直要气死了。现在你指出，如果我们不从和康尼一起交谈开始，也是在做同样的事情。听取她的讲述是很重要的。但是，玛丽娅，我们同情她的处境，并不意味着我们不会采取进一步的行动，我希望你能同意。”

“哈代，尽管我没有想到那么多，但是听上去很正确。就像你似乎要拒绝他们的命令一样，当我们要发动一场运动来反对他们的指令的时候，我需要知道，这会对康尼和海尔特有什么样的‘后果’。再说了，使我烦恼的不是这整个事情的原则问题，而是我们此时此地的处境和——谁将要受到影响以及怎样受到影响。”

“说到此时此地，”玛丽娅笑着说，“再喝杯咖啡吧，每人吃一半柜台上剩下的巧克力饼干，以此来克服一下我们的困难怎么样？”

更深入的思考

在这一章里，我们把关注的焦点从学生行为和动机的道德重要性，转向了教师、行政管理人员和学校董事会成员行为和动机的道德意义。我们之所以这样做，不仅仅是因为他们也处在这个学校共同体中，而且是为了回应我们的信念，即他们的行为和被观察到的动机是学生们的道德学习环境的一个强有力的组成部分。

这是一个**隐性课程**(implicit curriculum)(有时候被称作潜在课程)的观点。它的前提是，一所学校所教授的东西，决不仅仅是包含在课堂笔记、作业和考试中的那些科目，还包括一个人应该怎样生活的那些非言语性的信息，这些信息隐含在教师和行政管理人员完成其工作的方式之中。一个教师尊重部门主任和校长，对于学生和年轻的同事却非常的粗鲁和随便，这样的教师在教育学生尊重别人的时候不会有好的效果。如果一位教师没有及时地和深思熟虑地对学生的工作给予等级评定，那么，在培养学生的责任感方面也就不会成功。教师可能会强调自律，把它作为一个教导学生平衡别人利益和自己利益的方式，但是如果学生们观察发现，教师经常把推动他或她的职业发展放在首要的位置上，那么学生就不会学到这位教师所教授的经验。学生们有一套敏锐的甚至是警觉的感知虚伪的触角。"按照我说的而不是我做的去做。"这句话所传递的信息，不管明确与否，都不太会被注意到，因为说话者的**行为**证明了他和她所**说**的和所**做**的是不一致的。教育学教授加里·芬斯特马赫(Gary Fenstermacher, 1990)曾经把这种观点写在文章里：

> 教师作为道德行为者和道德教育者，有几种不同的表现方式。他们可以是非常有指导性的，直截了当地教授道德——这种形式的教导常常被称为说教式教学。当它变成一种强制性的或有高度意识形态性的教学方式时，就常常被称为灌输。教师们不是在实施专门的道德教学，他们可能是像教授世界宗教、哲学、公民教育或者是性教育那样，**就**道德而进行讲授。第三种进行道德教育的方式就是采取道德的行为……
>
> 前两种形式的道德教育是众所周知的，并且是大家经常讨论的。在一些儿童的某些发展阶段，由于教师和教学内容的关系，这两种道德教育方式能够对学生产生巨大的影响。但是，前两种方法在塑造和影响学生的行为方面，都没有第三种方法那么有教育成效……几乎教师所做的任何与学生有关的事情都有道德的成分。每一次对问题的回答，每次布置的作业，每一次对问题的讨论，每一次对争论的解决，每一次对学生的评定，都包含着一个教师的道德品格。可以认为，这种道德品格就是这位教师的**惯常方式**。
>
> 教师在课堂教学中所做的一切事情都是与惯常方式相伴随的。教化学课可能有无数的教学方法，但是不管怎样教，教师总是要给出指导、进行解释、论证、核实、判定、进行激励、惩戒，在这些行为中表现出来的这种惯常方式，表明了他或她是否有良好的道德发展。教师如果知道他们作为道德教育者的影响性，在表现他们惯常的行为方式时就会相当慎重。他们明白，如果

> 他们不诚实就很难希望学生诚实，或者如果他们不慷慨就很难要求学生慷慨，或者他们不勤奋就很难要求学生勤奋。正如我们所理解的，教师如果想让学生对自已的现状进行批判性的思考，教师就必须和学生一样进行批评性的思考。他们必须做道德准则和美德的示范，才能把这些道德原则和美德从学生们身上引发出来。

"学校氛围"的威力通过这个信息所携带的内隐性质而得到了加强。公开讨论道德问题，可以直截了当地要求学生进行反思和判断，即使是一堂非常说教式的道德课，也可以让学生自由地提出反对意见。然而，如果一个信息是非言语的，它只是被体验为一个背景，人们会认为这是理所当然的事情，它的正确性是如此显而易见，甚至不需要放到桌面上来——"**当然**，我们都在寻求成为第一"——如果这一点确实被人们完全有意识地注意到的话。

因此，我们把探究的焦点放到行为的道德性上，这是玛丽娅·拉丝罗、哈代·诺克斯、弗雷德·海尔特在认识到下述事实时所考虑的行为道德性：当他们在做出决定和执行决定的时候，他们显然已经投入到对学生的道德教育之中了。

我们先从教师哈代和玛丽娅开始，他们两人都体验到或预料到有来自上边的压力。

在哈代的情况中，这是来自父母们的压力，他们计划筹办一个毕业晚会，但是哈代认为这样做给学生提供了一个非常错误的信息，而且是对精力和钱财的一种相当错误的分配。在一个代表校长的高级教师同事的催促下，玛丽娅要用一种方式来教学，以便帮助学校维持在教育系统中的地位，她认为这种方式是不诚实的，而且会使教育更加每况愈下。之所以说这是不诚实的，因为她觉得，如果她不仅知道了要测试的科目范围，而且也知道了实际要测试的问题，这时候"按照考试来教学"，在道德上就等于告诉了学生问题的答案；之所以说这样会使教育每况愈下，是因为她认为，既然测试仅仅表明了学生应该已经掌握的一部分（而且这一部分也在应该很容易就可以测量到的那种要求之下而遭到歪曲），她的学生就应该把更多的时间花在对这个学科进行更广泛和更深入的学习上，从中获取更多的收益。

在每一种情况之下，我们首先考虑的问题是，他们按照要求或告诉他们的去做，是否就一定是错误的。如果这样做没有错，就会出现另外的一个问题：是否教师不仅**可以**服从（仍然是道德的行为），而且**应该**服从。换句话说，对于他们来讲，拒绝接受指令是否就是错误的呢？为了解决这些问题，我们提出了责任和职业主义（accountability and professionalism）的概念。

一个雇员的责任

有一种范式把教师当作**雇员**来看，尽管在他或她所工作的学校系统中，他或她是一个非常熟练的雇员。在哈代、玛丽娅的工作当中，这样的处理权存在于他们"上级"或明或暗的允许之中，起初这个"上级"就是校长，而校长又要对地方教育官员负责，地方教育官员在某些方面类似于首席执行官（CEO），他的"董事会"（board of directors）就是学校董事会。"学校的雇员是被雇佣来完成指令的，与学校的雇员相反，董事会的成员被认为是公立学校中有至高无上权利的官员。"（McCarthy & Cambron-MaCabe，1992）甚至学校董事会"至高无上的权利"也仅存在于国家立法机关所委派的代表手中，这种权利又是在国家宪法和选民所给予的权威之下施行的，这才是至高无上的权威之所在。

在这样的范式之下，一个教师当然可能会进行抗议，尽力去说服别人以及诸如此类的事情，但是服从并不是对那些不符合事务适当秩序的事情"表示屈从"。它承认下面这个事实：对于和校长的合法指令相反的事情，不管是特殊的还是一般的，教师都没有权利来决定。人们不应该感到奇怪，这个观点反映了雇佣关系中很盛行的一种意识，这在法庭裁决中也是很显然的。正如一个主要的案例所描述的那样，"一个政府雇员通常会因为不遵从管理政策和管理指令而被解雇，即使他们坚持认为那些政策和指令是错误的"。

我们引用法律权威的目的不是要描述玛丽娅和哈代可以拥有的合法权利，如果他们因为拒绝做要求他们做的事情，而被解雇或受到纪律处罚的话。在我们看来，法律原则反映了因为它是一个"上级"我们才遵从它的这样一种社会遵从感，而不是说，法律原则就是社会遵从感的来源。在这种范式中，一个教师在道德上有责任执行校长的合法命令："不服从"不仅仅是粗鲁的，也是错误的。

品格教育专家爱德华·温和凯文·瑞安（Edwand Wynne & Kevin Ryan，1997）支持这个观点有两方面的原因。第一，从等级制度本身来看待一种道德价值观："接受等级制度一直是一个重要的主题，是普遍流行的传统价值观。事实上，如果在学校中成人之间都没有合适的等级制度，学生们怎么能学会遵守纪律呢？"但是，它们同样依赖于一种建立在学校的责任感基础上的论点：

> 在重要的机构中，责任必须明确，不能只是一群散乱的小组成员。如果没有集中的责任，做出决定的透明度就会受到极大的削弱。我们认为校长也是人，并不比单个的教师更英明或者是更有道德……我们的论点是，教育的目标太高，必须有一个明确的人来掌控。

在这个视角下，哈代的问题就比较简单了。不管他对晚会的反对是否明智，他当然应该接受校长在这个问题上的决定。校长并没有让他做一些不诚实的和非法的事情。

玛丽娅的情况就复杂得多。正如已经提到的那样，她有两个原因来反对通过浏览一遍她知道会进行测试的特殊问题来"按试卷教学"：她认为这是一种作弊，是对课堂教学时间的不合理的运用。在试卷上出试题的意思只是为了解释所学到的东西。一次有效的复习可以教授一些根本性的原则(例如句子的结构、语法、阅读理解等等)，运用一些具体的例子帮助学生理解，并且能够运用这些原则。针对试卷上呈现的一些特殊例子，从记忆中提取一些答案，这并不能保证学生已经掌握了这种材料，也不能保证学生能针对类似的问题提出解决的方法。[1]

在一种"雇员"的意识中，玛丽娅第二个反抗的理由可能和哈代的观点相差不大。她真诚地——而且或许也是正确地——认为，学生的时间最好是以另外的方式来分配，但是，在面对校长的反对意见时，这个事实并不能证明她按自己的信念办事就是正确的。但是，对于参加一个她认为存在明显错误的行为，她的主要反对意见是什么呢？复习浏览一遍她知道会在试卷上出现的问题，但不能告诉学生，这也是明显错误的吗？

在这个例子中，存在一系列改善学生考试成绩的补救方法：复习考试科目所覆盖的问题，强调一些特殊的地方，这些地方通常是出题者特别注意的；复习知识中的一些特殊的问题，这些问题**将**会出现在试卷中；给学生读出一些或者所有的问题，并告诉他们这是考试要考的；最后，补充一些她认为是最好的答案。在今天的世界上，大多数人很可能会认为，第一种和第二种变式不但在教育上是合理的，而且在道德上是可以接受的，而后两种变式则显然是不道德的。

玛丽娅认为，要求她做的事情在道德上等同于最后一种变式，但是在一个"雇员"的意识中，她只有真诚和合理的信念很可能是不够的。问题在于她是否是**正确的**。如果她是正确的，她可以要求得到"起来揭发腐败内幕的雇员"(whistle blower)这个地位，这种人有时候会受到法律的保护，不会受到报复，而且不管怎样都可能被认为是做了一些值得表扬的而不是应受责备的事情。如果她是不正确的，那她就不过是坚持把自己的道德判断强加到上级的头上。

有两种方式可以看出，要求玛丽娅参与的这种行为是一种欺骗性的行为。首先，那些把试卷上的问题呈现给学生的人，是向那些对考试结果感兴趣的学生、父母、教师和其他人含蓄地宣称，考试成绩好证明了学生对所涉及的领域理解得好。像前面所说的，那些提前看过某些试题的人的分数并不能精确地反映出他或她对于所学科目的理解。进一步讲，在我们的社会中，人们都会合理地理解参加考试的学生和他们的老师所宣称的话，他们事先都不知道某些被问到的问题。尽管在这个例子中从字面意思看是正确的——学生们可能不会**知道**他们知道这些答案——泄露学校所密切关注的这种行为，很可能会制造成某种丑闻；"外部"的世界——特别是报纸及其在民众中的读

[1] 例如，《斯坦福成绩测验》(1996)，四年级的春季考试和五年级的秋季考试，都要询问学生"add more spise to soup"这个句子是否有拼法错误，这是把"语音学原则"运用到辅音中去的一种应用能力；为了测试语法规则，它会问这个句子"she soon discovered it were a bunch of rattlesnakes"是否有错误，如果不正确，是否可以把"were"换成"was"或者是"are"，或者是把"discovered"换成"discovers"。

者——很可能会迅速地把这种行为的特点描述为“辅导”，而不是做准备，这是一种形式的作弊，在本质上和给出答案的作弊并没有什么两样。

但是，在学校系统内部以及在父母们中间，尽管可能包含着一些狭隘的利己的东西，也会有超越这种利己的合理的冲动。通过过分简单地、过度地运用学校的平均测验分数，来衡量它所提供的教育质量，即使用绝对的术语，更有甚者，还要和同伴学校进行对比，人们就会说，这种欺骗是合法的。因此，使学生进入预备学校是必要的，因此也是合适的，以此来保护学生和他们的学校免受伤害。进一步讲，假定整个学校系统中盛行“辅导”之风，那么，玛丽娅同意按康尼的要求去做，不但远远没有给学生提供不公平的好处，而且可能仅仅是补偿了学生，补偿的仅仅是其他的学生已经获得的好处。[1]

在一种“雇员”的意识下，不需要规定，宣布证明是合理的就是合法的，只要校长决定把这种行为视为合理的就行。教师应该认识到，他的责任要比校长的责任狭窄，只是一味地坚持自己狭隘的态度在道德上是不合理的。然而，问题依旧在于，这种宣称的合理性是否就是合理的。

一种“合理性”的论点认为，由于在对学生和学校进行测验的全过程中存在着大量的腐败行为，关于个人诚信和公平的道德判断就可能从这些界限中被驱逐出去。按照我们的判断，必须反对这种观点。它只能要么建立在一种利己的合理性基础上，要么建立在后悔地承认这是一件令人不愉快的事情的基础上。无论人们对例如现代战争的这种态度有什么样的合法性，学校的教学是一件不同的事情。在当今的社会，作为一个参与性的公民，他的存在就意味着，一个人不能对所有的行为都反对，即使是非常不公正的行为也不能一律反对。但是在课堂教学中，教师的发言权是很大的，因此他们的责任也扩大了。一个上级要求玛丽娅“要合理”，这个上级的要求太过分了。在这种情况下，我们会宣称高级法院的法官罗伯特·杰克逊在另一种截然不同的（或许是更加紧迫的）情况下所观察到的：“没有人可以使我相信，我们竟然处在毫无希望的境地了。”[2]

一个专业人员的责任

一种与之相对立的范式把教师看做是一个**专业人员**（professional）。这样一来，教师就和学生处于一种信任的关系中，他们的主要责任是对学生负责，就像是医生主要对病人负责、律师主要对当事人负责一样。根据这些职业的道德准则，有时候其他人签支票或者是付费，可以认为，这个事实并没有降低这个职业的忠诚性。正是一个

---

〔1〕一则《纽约时报》上的报道（2002 年 5 月 3 日）说，有人对纽约市的很多教师和校长提出控告，据说他们在实施标准测验的过程中，给学生提供了测验的答案。

〔2〕（*Shaughnessy* v. *United States ex rel*. *Mezei*，345U. S. 206，1953）在冷战的高峰时期，这个案例涉及国家安全需要。

专业人员的这种系统性的责任，才能对当事人、病人或学生的需求给予限制性的回应。对于一个律师来讲，他的责任就是对法律本身负责；对于一个医生来讲，他的责任就是对“不伤害”病人这个首要原则负责；对于一位教师来讲，他的责任就是为教育学实践负责，推动学生智力和道德的发展。

只有在他或她的**独立的职业判断**受到尊重的情况下，一个专业人员才能承担这样的责任。有一篇文章从这样的角度表达了它对于专业人员的看法：“从本质上讲，一个专业人员既包含大量的自主决定权，又具有知识和技能，这些知识和技能是在从事这一行的时候就已经具备的，然后在实践中得到磨炼的。”(Goodlad，1984)从事一个职业必须具备一定的专业知识、技能、判断力和这个职业所需求的品格，这意味着教师一定要符合教育的要求和具有教师资格证书。对哈代和艾吉来讲，他们被告知，他们必须把自己的职业判断放在一边，作为一个受良心支配的、成熟的、有想像力的、有反思能力的、负责任的教师，这样做会使他们的成长受到严重伤害，反而会使他们成为按时上下班、随波逐流或趋炎附势、执行命令的下属。教育学家罗兰德·巴斯(Roland Barth，1989)的结论告诉我们：

> 许多学校流行幼稚主义，学校董事会把地方教育官员幼稚化，地方教育官员把校长幼稚化，校长把老师幼稚化，老师把学生幼稚化。这会导致孩子们和成人的行为经常表现得像一个婴儿，由于害怕或依赖而使他们和权威保持一致，一直等到某人转过身去，他们才做一些“淘气”的事。在这个程度上说，教师变成要对他们自己的教学负责，他们不仅促使孩子们对自己的学习负责，他们自己也变成了专业人员。

但是，我们说海尔特校长和地方教育官员森特应该倾向于给教师们一些处理课堂教学事务的责任，这并不是说，即使是从一个“专业人员”的意识来讲，哈代和玛丽娅也可以不用对他们的恰当行动过程进行严肃的思考。他们必须考虑到，他们的行为可能对他人造成的无意的伤害，或许必须以此来指导他们的行为。

哈代认为，那些毕业计划是“令人讨厌的”，也就是说是违背道德的。在他看来，给学生提供这样一个吹嘘自己的完美行为的观念，破坏了他努力想要培养的谦虚，同时又加强了他所尽力控制的学生喜欢炫耀的自我中心的发展。在康尼看来，也很“明显”，“这是一个道德问题”，这会让条件不好的家庭受到伤害，心灵也会受到伤害，而且会使人们没有时间从事更多有价值的活动。在我们看来，这似乎是一种延伸。可能有些人会争论说，这个晚会的不道德是派生出来的：一个毕业晚会确实不会造成什么伤害，但它会变成一些坏结果的催化剂。然而，如果学校采纳玛丽娅的一些建议，就可以减少时间和金钱的消耗，并减少可以预见的社会伤害。第二，虽然这个事件与教师们的价值观相反，但它很可能与传统的社会规范相一致。

进一步讲，哈代的困难就比较小。这个事件对他的课堂教学没有影响，因为那些涉及此事的学生将不再是"他的"学生。不管我们多么同情哈代的观点（而且我们确实同情），但这是一个在持续咨询了全体教师和父母们之后由管理人员做出的决定。很可能父母们会有各种各样的观点，作为一个小组，像玛丽娅那样折中的观点可能会受到欢迎。

但是，哈代的观点并不是荒谬的，这些观点是值得尊重的。因此，应该没有必要让他和玛丽娅相互交换委员会的任务，应该把他从布置给他的监护任务（担任负责人）中解脱出来。让一个专业人员做一些违背其个人良心的事情，以及他认为"令人讨厌的"事情，这是错误的——而且在这里，也完全没有必要。

对玛丽娅来讲，她需要考虑的是怎样权衡这个事实，由于别人可能会操纵测验分数，她的学生以及学校，可能会受到不应该遭受的伤害；其他班级以及其他学校的学生，由于受到误导，可能看起来表现更好。再说一遍，公众对这些有效性测量的依赖严重破坏了学习过程，但这个事实不是她或者她的校长所能改变的。虽然她认识到，如此圆滑地适应"对这种体制的操纵"具有腐蚀作用，但她也必须认识到她的拒绝所可能带来的具体伤害。

因此，在主要的决策权和责任**这一点**上，一个"专业人员"范式不同于一个"雇员"范式。一个专业人员当然要听从他或她的同事根据判断而提出的意见，并且要认识到这种责任动态的复杂性。同时，一个人注定"只是"一个雇员，当他或她认为，对于那些重要的教育或道德思考没有给予足够的重视时，一个管理者就应该允许，或许还要鼓励这个雇员对此提出强烈抗议。在应用上，每一种观点都有其应用的局限性：上级命令采取某种行动，毫无疑问，该行动是违法的或者是颇有争议的，与雇员的良心断然相反的，那么这个命令就不是道德的命令；一个专业人员的判断对于在执行命令中对别人，特别是对学生，所造成的痛苦完全无动于衷，那么这种判断只不过是对不负责任的一种合理化。

现在还存在一个重要的不同之处。地方教育官员或校长可以很有效地选择让他或她的教师做什么：照我说的去做（在我没有说的地方，要按照我**可能会**说的去做），或者发展你作为一个教师的职业判断力，尽管是在我的总督导之下。在所倾向的正确方向上，教育者和公民存在不同之处。

但是，在下述判断中他们的意见是一致的，即这种选择对一所学校或学校整个系统的**道德环境**会产生某种影响。请回顾一下温和瑞安的立场鲜明的宣言，鉴于他们认为，"纪律"的主要作用的一个方面就是培养良好品格，因此校长与教师关系的等级模型就会对学生产生**积极的**影响："接受等级制度一直是一个重要的主题，是普遍流行的传统价值观。确实，如果……没有合适的等级制度，学生们怎么能学会遵守纪律呢？"（1997）。在他们以及其他有类似想法的人看来，证明"雇员"模型合理的一个主要理由就是，学生们可以通过观察学校的运行方式中的一些非言语的信息，学会什么是对的，学校期待教师们用这些信息的影响来引导他们的行为。

一个人的品格观认为“纪律”是一种价值观，尽管这种价值观是必要的，但也是危险的，这个人便倾向于认为，这种信息对健康的道德教育的破坏之处要大于有利之处。学生们不会无视管理人员行为**根据**的重要性，也不会看不到强调这种规范的重要性，这种规范要求玛丽娅和他们的要求保持一致。当“高层领导”对教师的职业判断所要求的尊重给予否定的时候，教师们要求学生对他们要尊重时所付出的努力也一定会失败。再者，据说道德品格包含着相当程度的毅力、勇气和冒险的意愿。这种道德品格常常会被下面这个信息所破坏，当什么地方发出嘎吱嘎吱的(即使是很轻微的)声音时(遇到一些哪怕很微小的麻烦时)，所有的人——教师、管理人员、学生——都会首先保护好自己的两翼，不仅要顺风而行(遵从舆论和压力)，而且也不会等到他们确切地获悉，实际上有一股反方向的风(不知何处来的威胁)要来。所有的人都一致认为，道德品格主要是和坚持诚实、避免受到撒谎和欺骗的诱惑、获取利益的诱惑有关；不过，如果涉及测验分数，并且有好处可以获得的时候，学校**当然**就会走捷径，油腔滑调地证明自己是合理的。

玛丽娅的情况确实很难处理。在她所面临的情境中，错误的真正来源完全处在学校系统之外，处在这种观念之中，即教育的有效性竟然是通过参照这样“一些口号或简练的词语”来决定的，然后很快就会转化成为学校的排名。报纸、政府官员和民众本身都要对衡量教学成功这个日益恶化的观念负一定的责任。因为这些后果不但破坏了学校的学术进取心，也破坏了他们承担可信的道德教育项目的能力。父母们对于他们孩子注定能获得的成功非常敏感，他们是这种事态的受害者，也是这种错误行为的贡献者。之所以说他们是受害者，是因为作为个体，对于使他们的孩子免于受到这个有瑕疵的评价体系的伤害，他们感到无能为力，而且对它的使用又以某种方式增加了这种瑕疵。之所以说他们是贡献者，是因为他们的保护性反应极大地增强了这种感受，他们认为在这种体制水平上，这个问题是无法解决的，一个人所能做的就是操纵这个体制，以满足自己(以及自己的孩子)的最大利益。

不管玛丽娅的最后选择是什么，或者应该是什么，我们只能认可她的决定，首先通过在更广泛的范围内与她的教学同事进行协商，而不是把她目前的选择看做是仅仅服从或者是拿她的工作来冒险。因为这个问题不是她一个人的事，而且即使向前迈出试探性的一步，鼓励她的同伴们认识到他们所处的困境，这一步对于抵制这种弥散性的无助感和无责任感也是很有建设性的。无助感和无责任感的特点在所有相关人员身上都有体现——教师，几乎没有权利；行政管理人员，他们必须取悦于校董事会和选举他们的民众；报纸，他们惟一的职责就是为公众所宣称的“知情权”负责；政府官员，他们惟一的职责就是对那些不耐烦复杂性和要求进行简单的测量就能保证衡量出“好学校”的选民负责。任何一个教师、一群教师或者单独的一所学校，都不可能改变这种状态；更中肯的问题是，这些掌权的人怎样对**现在**的这些选择给出回应。

一个行政官员的责任

玛丽娅的困境是由于行政官员的背弃造成的。他们期望她来执行一个未来的决定，而她对做出这个决定并没有任何投入。在这里，学校像往常一样按一个雇员的模型来操作，这就给教师的职业志向施加了压力。

在整个论述的过程中，我们见证了行政管理这个并非那么无形的手：不许戴帽子的规定，唐不愿意让学生参与到属于学校范围的事情当中，哈代和校长弗雷德·海尔特在服务性学习上的冲突，针对毕业晚会对父母做出的遣责。现在的氛围是围绕着目标很高的测验。虽然这个管理之手被描述得很沉重，但实际上并不需要这样。行政官员可以设立较高的标准，让教师们和学生们努力达到，因为他们是愿意做的，而不是强迫要做的——而且这样做，并不会持续地破坏他们的职业特长。

学校现在面临的挑战就是：怎样确立一个不断上升的道德共同体，而同时仍然鼓励学生和教师的道德自主性；怎样既领导他们，同时又对他们提供支持。[1] 就是说，一所学校怎样才能既激发人们的忠诚，而又不压制异议和独立性呢？

忠诚有它的有利之处也有不利之处，最坏的情况下，忠诚是盲目的：这是我的学校，不管它是对的还是错的。这样就很容易陷入一个我们——针对——他们的心理状态。排他性、群体内部和群体外部以及形成刻板印象经常会成为它的副产品。但是学校也可以支持和传递一些经过时间考验的和有价值的社会传统，没有这些传统，孩子们就会觉得萎靡不振，没有目标。可以设想，在这些传统之中，就是要承担起革新的责任，和对继承传统进行重新评估的责任。我们认为，一个行政官员的成功之处就是，通过向共同体的所有成员阐明它代表了什么，从而创造一种强有力的道德氛围，同时又提供一些论坛，来质疑以及有时候还要取代那些标准。

在让教师们形成在任何情况下都执行的教育计划的时候，海尔特成功地推动了全体教师的自主性，但是，他的领导行为存在另一方面的失误——这就是我们所代表的那一部分。不管是作为考试命令信差的康尼，还是作为信差下属的玛丽娅，都有一套所依赖的、规范他们讨论的传统。没有这些传统，她们就要自己想一些方法，而且不可避免地受到了外部压力的打击，如果有一个强有力的道德传统，她们很可能就已经把这些问题解决了。

但是，没有一个人不同情海尔特，他也面临着不适当的压力，除非能得到地方教育官员的支持，愿意设立一些标准，同时又促进他的自主性；同样，地方教育官员也需要得到学校董事会和更广泛的社区的支持。

---

〔1〕 塞吉奥万尼(Sergiovanni, 1992)对这个事情和可能的解决方法做了较好的说明，特别是在他对领导的描述中，他把领导描述为一个乘务员。

在一个更具有心理学意味的水平上，一个具有价值的价值观和实践的学校可以给孩子们提供他们所渴望得到的机会，以形成一种群体认同。在孩子们能够成为有自主性的人之前——而且一个人永远不可能那么完全自主，以至连群体的依附感都变得很不重要了——他们需要归属感。虽然孩子们确实需要得到鼓励来抵抗他们的同伴群体，但他们也从对群体的依附中获益。一个人如果刚开始就站在群体的外边，就不可能形成这些同情、忠诚和信心。这些东西在后来可能会被他或她有选择地加以修剪或铲除掉。一所学校所代表的东西越多，用具体例子说明日常生活中的东西越多，学生的归属感就会越强。

奇怪的是，归属感是迈向真正自主的第一步。正如美国哲学家迈克尔·桑德尔(Michael Sandel，1998)所提醒我们的："在自我无所依靠而且基本上无所寄托的地方，使**自我**反思进行思考的人也就不存在了。"[1]在没有对他人形成"结构性的依附"(桑德尔的术语)时，我们的选择就会限制在个人喜好的范围内，而不考虑到道德。作为群体的成员之一，关心群体，共享群体的利益和价值观，这对于成熟的自我感是很重要的，就像我们接受或抵抗自由同样重要。成人们担心孩子的伙伴群体对孩子会产生影响，在很大的程度上是因为这种群体没有忠诚、制度或其他的方面，这些影响还是存在群体之外比较好。因此，如果一所学校或一个群体仅仅是一个没有成形的断头台，就会使其成员对任何似乎很冷酷的东西(读"小说")都感到空虚和容易受伤害。在这里一个看上去很矛盾的方面就是，真正的自由(独立)需要令人信服的归属感(依附感)。令人尊敬的理查德·约翰·纽豪斯(Richard John Neuhaus，1984)说得好："超越自主性就是**自由地**承认我们所依附的那种自主性……只有在我们自由地接受我们有权威性地宣称我们普遍赞成和服从的东西时，我们的自由才可以实现，在这个意义上讲，我们才必然是自由的。"

该轮到你了：面对行政管理

(一) 哈代正面临这些问题中的一个，这个问题很难做出道德性的区分。康尼认为很明显这是道德的，玛丽娅认为这没有什么道德价值，至少是如果要仔细处理的话。我们曾经建议，无论你把一个事件划分为道德的，在派生意义上是道德的，还是不在道德范围之内的，你的反应应该会有所不同。

1. 看看所提出的那个毕业晚会的全部背景(父母的角色、学校的责任、对学生的影响)，对此你会怎样划分呢？
2. 假定你做了划分，你认为委员会会提出什么想法呢？

(二) 教师代表学生进行欺骗这个问题，远远不只是一个理论问题。学生的升级、教师

[1] 罗伯特·贝拉(Robert Bellah，1996)和他的同事也阐述了"根本无所依靠的和权宜的自我"的道德肤浅性，那些和其他的人没有联系或认同的人处在"好人"之外。

的职业和学校将来的发展都与测试的成绩有关，这就是问题的全部，也是不可避免的。假设你处在玛丽娅的位置上。我们不妨说，校长请求你“帮助”学生，地方教育官员了解此事，并含蓄地鼓励了这种行为。

1. 你有什么样的选择？
2. 这些选择适合雇员范式还是职业人员范式？
3. 在短期或者长期内你会怎样行动？
4. 你预料你的行动有怎样的结局？
5. 你怎样向那些受到影响的人证明它们是合理的？

（三）你在教一堂社会研究课，是关于国家之间财富和贫困的分配问题，你呈现了一盘联合国的录像带来例证世界上的饥饿。校长听说了这堂课，并告诉你不要再放映那盘录像带或者类似的东西，太有争议了，对孩子来说太伤感了，引来父母们抱怨的危险性太大了。

1. 你对这个决定的反应是什么？
2. 怎样才是可以采取的适当行为？

（四）这一章主要批评了行政管理没有为学校环境和推动教师职业发展提供一个很好的屏障。听起来很好，但是，对行政管理提出这么多的要求公平吗？

1. 考虑一下，如果不对教师进行从严处罚，管理工作是否可以确立一个道德的基调？特别是，怎样才可以做到这一点？
2. 对于确立这样的基调，教师和父母们会怎样反应？

第九章

道德教育报告：一个没有列入计划的计划

情景介绍

委员会继续相当定期地碰面，讨论在学校里发生的事情，分享他们解释问题的观点，报告从那些已经完成和正在运行的计划中搜集来的材料。他们极不情愿地同意，到五月份的时候，这个自由交流的研讨会就得结束，他们就必须提交"计划"。

五月到了，艾吉完全意识到，他们是受日历上的时间所控制，而不是受一种要结束的感觉所控制，在会议开始的时候艾吉说道：

"我知道，当然了，我们大家没有一个人感到，事先有什么东西指导着我们去为海尔特草拟一个提议。把这一点记在心里，我想请大家简要回顾一下我们所做的事情。然后我再提出一个建议。"

大家都点头同意。

"我还记得，我们刚开始这项研究时还非常天真，认为只要搜寻一些活动，学校就可以通过这些活动进行道德教育。我们很快就决定召开班会。对那些不断出现在学校生活中和书本上的道德问题，班会似乎是促进有思想的反应的一种正确的方法。

"为了使这个过程进行下去，你们还记得，我虚构了那个唐的情景故事。坦白地说，我设想，你们都会在那个使班会'道德化'的方案上签名，而且我们很快就会为校长提供一份总结建议。我真是大错特错了！当你们大伙开始痛斥唐的时候，我却撕碎了我的时间表。

"接着，从我们的谈话中引发出其他一些可能的活动：从博纳姆呈现的方案里面选择一个已经存在并且事先加以包装的计划，采纳一个服务性学习的要求，把那些属于学校和家庭的适当领域的话题确定下来，确定纪律规范的形式，建立一套可以遵循的有合理的明确规定的价值观，为那些和'上级'发生冲突的教师描绘一个职业道德的轮廓。但是，所有这些活动却都出现了问题，因为从理论向实践的转化揭示了我们之间存在的差异。尽管我们很快便克服了对这项任务的犹豫不决——康尼，我认为，甚至连你都开始相信这是一项有价值的任务了——但‘怎样去做’却比我们所想象的要难得多。为什么会是这样呢？因为我们不理解内在的道德是怎样产生争执的，而且在这一点上是合理的争执。

“在为这次会议做准备的时候，我突然觉得，也许我们的起点是错误的。我们不应该以活动作为开始，活动带来的一个危害是它常常使教师屈服。也许我们需要先追问一下，一个道德教育计划所期望的结果是什么？也就是说，**成功**看起来会是什么样子的？所以，既然五月已经到来了，这一年也就快过去了，我们不能提交一份粗制滥造的成果，我曾问过海尔特，能否在学校放假后，利用几周额外的时间，开几次集中的会议，把我们的建议系统地阐述一下。他同意了，并且给我们提供了经费，也给他建议我们咨询的专家博纳姆提供了经费。如果你们想继续下去，我觉得今天我们就要努力把目标的提纲列一下，就把它当做写一个我们经常在一些报告中看到的目标说明一样。你们觉得怎么样？”

像往常一样，在对他们必须要出什么成果、在多长时间内完成、有多少报酬进行了一些小的争论之后，正如艾吉所相信的那样，小组成员对她的建议达成了一致。在讨论中哈代首先发言：

“我知道，选择一套美德是不能使你们大伙感兴趣的，但是，自从博纳姆第一次把它们公之于众，我就被品格教育的这六根支柱吸引住了(见第四章)。它们除了很明确之外，还能使这个计划非常明晰可见，这肯定会吸引我们的校长和学校董事会。父母们可以走进校园，看见贴在墙上的为这个月的美德做广告宣传的展览；他们可以从一个教室走到另外一个教室，观察到为促进这种具体的美德所做的事情。孩子们可以清晰地说出他们将要完成什么。到处都是负责任的行为。那么，请告诉我，为什么我们不可以采用这种方法呢？”

“哈代，”艾吉答道，“美德所具有的问题，至少一个潜在的问题是，它们代表一种自由浮动的品质，这种品质在没有背景的情况下，是无法进行评估的。正如我们所注意到的(第四章)，如果没有追问为谁负责、为了什么负责，那么责任本身就无所谓好或坏。别的美德也是如此，例如勇气、毅力、忠诚、关爱，所有这些都可以专用于好的或坏的目的。于是我问自己，如果美德行不通了，我们该往哪里走呢？我们已经不再把具体的活动作为一个适当的目标，我们可以选择那些可测量的目标，比如不(或者较少)欺骗、偷窃、打架，更多的善行……”

“你倒是告诉我们，美德出什么问题了，艾吉，”哈代打断道，“因为我看得出来你想要摒弃它。”

“嗯，这倒并不可怕，学校确实经常使用行为标准，但是，正如我们已经提出的那样，对行为过多地关注和对美德过多地关注一样糟糕。我们已经认识到，不能把动机从行为中排除出去(第四章)；意图是道德的核心。我上周给博纳姆博士打过电话，在她的稍许帮助下，我已经设想出一个宽泛的目标，我觉得大家可能都会对这个目标感到满意。简洁地说，就是**道德同一性**(moral identity)的建立。”

“听起来很不错，”玛丽娅说，“但是，难道那不是一种美德吗？”

“我不这样认为，”艾吉回答说，“我的意思是，这是一个人的一种不同的品质。在我看来，道德同一性是一个过程，是一种持续的探索，是一种敏感性的培养，这种敏感性是美德发展的基础。

“说得再明白一点，拥有道德同一性意味着，当出现道德问题和道德两难问题时，一个人会非常警觉——你可以称之为**道德敏感性**(moral sensibility)的发展。拥有道德同一性意味着，认真地分析这些问题的不确定性和复杂性——称之为**道德推理**(moral reasoning)的发展。拥有道德同一性意味着，为做出的道德选择负责，并且承受你的决定——称之为**道德行为**(moral action)的发展。拥有道德同一性意味着，即使在比较艰难的时候，也要把道德放在优先的位置——称之为**道德意志**(moral will)。拥有道德同一性意味着，通过一个道德的镜头对决定进行过滤——称之为**道德方向**(moral direction)。而且，拥有道德同一性还意味着，体验义愤、悲伤、宽恕、赔偿和决心——称之为**道德情绪**(moral emotion)的发展。但是拥有道德同一性并不意味着有一系列具体的行为或品质。”

哈代满脸微笑：“精彩的发言，我明白为什么海尔特让你承担这项任务了。道德同一性，这是有可能行得通的。”

“你知道吗，哈代，实际上，我是通过思考我为什么会对你和玛丽娅之间的差异如此放松而获得这种想法的。我认识到，你们两个都是非常有道德的人。玛丽娅为什么每周好几个晚上都要和她那性格古怪、守寡的母亲一起吃饭？为什么你，哈代，每个周末都要在无家可归者的庇护所里做志愿者？为什么你们两个都是那么可靠和坚定不移？尽管你们的判断可能有差异，但是，正是你们的道德同一性，才使那些判断转变成义务感并且努力驱使你们去行动。你们自己再真诚不过了，再也没有人比你们自己更值得尊重了，而且与此同时，你们在道德上厌倦于享乐。那个道德核心驱使着你们，不仅如此，正是你们的总控制系统才使得周围的一切都变得有条不紊。

“在那边静悄悄地一言不发的康尼也一样。为什么她要花费大量的夜晚，真见鬼，还有周末，打电话给那些父母们，进行咨询安排，甚至做那些过时的被称为家访的事情呢？当她病了需要在家躺在床上休息的时候，我看见她还在做这样的事，而且我可以再补充一点，她在做这些事的时候周围并没有上级领导给予奖励。你们可能会称之为敬业，但是这已经远远超出了敬业的范围。她经常把别人的利益放在自己的利益之上，她是一个仁爱的模范。”

“威利·艾吉，”康尼回答道，“她把玫瑰花撒在我们的路上〔1〕，而且让我们无话可说。先把恭维的话放在一边，艾吉，这是一个伟大的目标，我看得出大家都同意这个观点。现在让我们为下次会谈分派任务，然后就离开这里吧。”

---

〔1〕 意思是指使我们安乐一生——译者注。

让他们非常高兴并且稍微有点吃惊的是，在又开了几次会之后，这些委员会的成员们成功地起草了他们的报告。

给校长弗雷德·海尔特的报告

——道德教育委员会全体成员：

艾吉·赛林，康尼·康福特，哈代·诺克斯，玛丽娅·拉丝罗

简·博纳姆博士担任顾问

首先我们要感谢您，真诚地感谢您，邀请我们尽力地解决道德教育的问题。这是一次多么令人惊奇的旅程啊！您肯定已经感觉到，我们最初并没有热情地接受这项任务。（所以，我们认为）解决一个不是我们造成的，而且也和我们无关的事情，是向我们提出的额外要求。我们认为，没有必要向一贯执行的这些设想提出挑战：

（一）儿童不适当的道德举止——我们就是这样把道德设想为“不好的”行为的——应该由教师们采用可适用于他们的纪律权威来进行管理。当“这些问题”超出了我们的视野或纠正权限的时候，应该把它们转交给父母或者“专家”。父母们和宗教机构在道德方面训练孩子们，我们在学术方面训练他们，我们应该坚持我们的专长。

（二）当考虑到课堂教学中的道德时，我们认为它是教和学的工具，其本身并不是目的。儿童应该守秩序，做他们的家庭作业，动作迅速，不打断别人，不传递笔记，而且应该相互倾听，因为如果不这样做，就会与我们的职责以及他们的职责不相适合：与教和学不相适合。

（三）我们理所当然地认为儿童都是大致平等的。因此，我们大家普遍禁止恃强凌弱、打架和恶意行为；对所有的学生都一视同仁，也许有时候会照顾一下弱者。

（四）我们经常邀请“专家”来谈论道德问题：善意的和不良的触摸、吸烟和吸毒的错误之处、对多样性的宽容。每年春天我们都会为无家可归者捐赠衣服和食物。

我们所做的大约就这么多，而且这已经足够了。

这些看法的肤浅早就显而易见，但是，承认我们的缺点比构想出一个计划要容易得多。我们在那些难以达成一致的问题上反复争论。不管怎么说，我们的谈话确实达成了几项大家都毫无疑义同意的改革意见。在这里我们以七条建议的形式把它们呈现出来：前三条是对观点进行定向的，后面的两条是教学法的，最后的两条是与角色有关的。

建议1：道德应该是教育课程的一个关键组成部分，教师、儿童、父母、全体职员以及管理者都要对此做出贡献。进行道德教育主要应该抓住日常事件的道德方面，不能把道德教育当做一个孤立的事物来对待，而应该当做所有事物的集合，当做我们相互

对待的所有方式的集合。在我们还不确切地理解“进行道德教育”和“道德教育”的意思是什么的情况下，也应该“进行”道德教育。

本小组的第一个识见(insight)，是承认学校日常生活中充满了道德问题，这个观点基本上改变了我们对道德教育这项任务的理解，我们曾对现在看来显而易见的问题视而不见。一些简单的行为，比如对面巾纸的处理、教室座位的安排、进行班级讨论的主题合适或不合适，所有这些都是道德教育的场合。每当告诉一个孩子，什么是我们期望他做的、什么是被禁止的以及他或她应该怎么样做时，我们都是在练习道德判断。但是，我们对这些事情的反应都是自发导向的，是从学校的传统、习惯和转瞬即逝的直觉中派生出来的。我们没有跳进我们曾经游过泳的水里面，这样做似乎是不负责任的。不管您喜不喜欢，我们都是在“做着”道德教育，因此在做的时候应该事先筹划一下。

但是，我们发现了更深层的正当理由。由于没有和这个主题发生争执，我们送给孩子一条极端道德相对主义的信息：不是由我们去对道德问题做出判断，这完全是个人的事情。通过拒绝要承担的教育责任，我们的内在含义是，做出道德决定完全是随意的和武断的，价值观领域是不受理性考察的，也不必形成全社会的规范。我们在学校里创造的是一种非道德性的氛围，使孩子们相信，只对自己目前的最好的伙伴忠诚和守信，这种品质也没有必要持续下去。对那些与更广泛文化的有害影响进行抗争的家庭，我们弃之不顾，而且使很多学生处于完全没有防范的境地。通过放弃道德领域，我们向孩子们建议，重要的是你做得有多好，而不是你是谁。我们又进一步动摇了这种观念，即道德有任何特殊的压倒一切的强制性要求，这种要求值得学校投资。我们还对那些现在使我们痛苦的那种普遍流传的道德冷漠提供支持。我们必须这样争执。

建议 2：一个道德教育计划也必须对此保持敏感，即证明社会上人们的价值观和教育学的不一致是合理的，即使它阐明的是一种无可置疑的社会价值观。对待道德问题，儿童应该熟练地运用“批判性思维”，即使是当他们做出(或者别人为他们做出)他们所要遵守的艰难的决定时，也要欣赏别人是怎么想的。

我们的第二个识见是，“道德问题”的解决方法是非常复杂的。一个人可以严肃地处理把面巾纸扔到大厅里的行为，也可以对此视而不见。这两种做法都有合理的论据，对于是否有正确的答案，我们有不同意见。即使当我们就一个过错的严重性达成了共识，我们也会对最佳反应，尤其是对怎样严厉地处治犯错误者，表现出争执。我们应该采取一种“惩戒性的”还是一种“理解性的”姿态呢，那又是为什么呢?

现在我们知道，关于道德的性质、道德教育的目标以及怎样去教道德，教育者们都有不同的观点。这些分歧堪与公共生活中“保守派”与“自由派”之间的争执相比。一所学校，按照惯例要依赖于全体成员的一致同意，不能偏颇某一方。尽管不是在所有的情况下都要如此，但它必须对许多相互争执的价值观保持同样的热情。自相矛盾的是，创造了一个共同体并把其成员连接起来的诸多核心价值观中的一个，就是对不一致的接受。

再者，保留不同意见看起来是正确的，而不仅仅是务实的。因为一些15世纪的哲学家〔1〕已经对道德的每个方面都进行过争论了：某种道德价值的性质；道德在行为、动机以及结果中的体现；把一种价值观置于另一种价值观之上的正当理由；那些做出判断的人的特权；在年轻人中培养道德的方法。我们承认道德价值观不可避免地会发生冲突——公正与怜悯、纪律与自由、诚实与忠诚、坚忍与妥协。如果根据有用和实践性，我们看不到道德教育的实践可能是多么地不确定，那就是没有准确地把握这个主题的深刻性和丰富性。

一个好的计划将欣赏这种观点，道德"是有可供选择余地的行为"（Oakeshort，1962）。在进行选择的时候，对被拒绝的选择保持警觉也是很关键的。对可供选择的道德保持清醒的意识，尽管很沉重，可以使决策过程从过分快速的条件反射的反应中解放出来，而且对有思想的宽容来说是很重要的。

尽管我们曾受到过挫折，有时候也很迷惑，有时候对缺乏一致意见和没有"答案"感到绝望，但是这种丧气最终也能被克服。我们明白了另外一个事实：是更多的批评而不是正确的答案在努力解决问题。对于如何处理不适当地丢弃面巾纸，不管我们的意见多么不一致，却都同意，这件事情以及其他看起来很草率地发生的事情一样，仅仅是一种草率的行为而已。我们注意到，提出和探索这些问题的过程使我们的道德触角变得敏锐起来。现在我们没有一天不在小心翼翼地注视着我们做出的道德决定。随着自我意识的提高，**我们**很自然地使学生们对**他们的**道德保持警觉。进而，我们（学生和教师）相信，当全体教师对道德领域的相关信息变得更加警惕、主动和感兴趣的时候，学校也将变成一个更道德的共同体。

并不是所有的讨论都必须以提出解决问题的方法而结束。正如罗伯特·诺奇克（Robert Nozick，1981）指出的，而且我们也发现，仅仅是对这些问题进行交谈，也会有真实的收获：

> 致力于和某个人进行道德对话本身就是一项道德活动，一个人的道德品质并不单单存在于获得道德真理的努力之中……相反，（真诚地）参加道德对话本身就是对他人基本的道德特征的一种道德回应……它本身是对自己的回应，也许这就是为什么道德对话的开放性、仔细考虑并且贴切回答别人关心的问题，如此经常地成为解决冲突的一种有效手段的原因。

〔1〕这是一种夸张的说法，意思是，即使再过去几百年，关于道德教育的争论也依然存在，只不过人们对一些细节问题的争论更加深入和透彻——译者注。

> 当每个人都意识到，对方正在以讨论的方式以及在进行讨论的过程中对他或她自己的(有价值的)特点做出回应，那么，对相互尊重的这种注意本身就是促进良好意愿和适度要求的驱动力。

儿童也需要有机会去讨论道德冲突和他们自己的道德难题。即使是年龄比较幼小的儿童也能够领会到他们想要做的和他们应该做的事情之间的冲突、忠诚的两面性问题以及人们之间价值观的多样性。无论冲突是来自编造的道德两难情境、文学或者历史课文，还是来自儿童自己的生活，在这样的讨论中支持和开放都是必须的。

建议3：学校应该帮助儿童形成一个对他们的自我界定极为重要的道德核心。虽然这种责任应该与家庭和其他公共机构一起分担，而且这是一项复杂的和终生的事业，但学校能够并且应该发挥某种形成性的影响。这种影响应该多针对有价值的生活的核心，而较少针对同一性的道德内容。

在我们的研讨活动后期形成了第三个坚定不移的观念。我们一直把注意的焦点集中在迅速完成这项任务上，因为怀疑是否大多数学校确实忽视了这个长远目标。这是个错误。一个人所要达到的目标在两个方面调节这些当时当地的反应：它可以作为对决定进行评价的标准，也鼓励制定长远的计划。我们一致认为，道德教育计划的目标应该是形成一种强烈的道德同一性。学校在学生的自我建构过程中发挥重要作用。我们希望儿童喜欢他们自己，教师尽力建立他们的自尊。但是，如果一个积极的自我形象仅限于看到自己很酷、流行，以及与之相伴随的，甚至是聪明、博学、运动以及有很大影响力；如果它并不包括这种抱负，即过一种有用的有价值的生活，成为一个良好的、一个有能力和成功的人士，那么可以肯定地说，我们没有尽到我们的责任。

道德同一性不仅仅包括培养良好的习惯、同情心和反省能力。诸如意志力、决心和志向之类的词语，也只是部分地抓住了它的意思。它是进行探索和奋力追求，也是进行应对和适应；它是一种**存在于世界上的方式**而不是一种**对世界的反应**。

道德同一性和其他的同一性有一些共同的特点，例如成为一名运动员或者一位母亲。至少就积极的同一性而言(每个人都有很多)，我们确实被它们所**吸引**，我们**控制**它们的适当性，我们也**抵制**对它们提出的挑战。例如，和那些仅仅是喜欢运动，或者是为了得到奉承才参加体育活动或者是以此来盈利的人相比，一个有真正的体育运动同一性的人，就会时刻寻找机会参加运动。无论是在运动场上还是在运动场外，他都会通过保持身体健康和抵制不健康的诱惑来表达他对体育运动的强烈爱好。他调整自己的运动水平并且寻求不断提高。面对挫折，比如受伤，他往往坚定而急切地盼望早日康复。和一个仅仅碰巧成为母亲(即使是很认真的人)的人相比，一个具有母亲同一性的人，会从母亲身份以外的活动中抽出时间和她的孩子待在一起。当不和孩子在一起的时候，她会想到母亲对孩子的照料，会观察别人，并且拿自己的方式和别人相比较。她调控并评价自己的技巧，总是努力做得更好。当她犯了错误或者被她的孩子拒绝之后，她不是退缩，而是加倍地去努力。同样地，和一个有较弱的道德同一性的人相比，一个具有强烈道德同一性的人会对有机会表达其道德观点和做出道德行为非常在意，会在看起来很中性化的情境中发现道德的含义，会追问自己的反应是否合适，并且勇敢地抵制自己干出非道德和不道德的事情，尽管可能会以牺牲自己的利益为代价（正如很多人所理解的那样）。

在学校里，我们要求学生要抵制强大的反方向的道德吸引力，这些吸引力来自朋辈和更大的社会——抵制那些朝向纯粹的快乐、流行、权力、物质利益和不健康的放纵的吸引力。只有当他们高度珍视自己的道德同一性，并且发现对它的追求很令自己满意的时候，他们才会这样做。既然每个人都想成功并且深受人喜欢，他们将不得不经受这些强烈的诱惑。怎样在孩子们**心中**植入这种道德的自主性，使他们对自己的行为（以及行为的失败）提出疑问，进行监控和判断，而且如果有必要，就置之不理，但同时又从**外部**接受道德遗产中永久的智慧，这是学校面临的最大的挑战

建议 4：每一个道德教育的计划都应该给学生提供进行思考和做出决定的机会。这样的参与必须针对不同的发展阶段来进行：针对年幼的儿童，要少提供这种机会，因为这个时期是培养习惯和同情心为主的阶段；对年龄较大的儿童，要多提供这样的机会，他们能超越自己的利益，而遵从更大的善，并且能判断变化了的情境对道德规则的重要性。

我们尽量避免推荐一个特别具有教学法风格的计划，因为认识到好的教学方式有很多形式，而且教师们非常愿意运用自己比较喜欢的方法。要想成为一个有效的道德教育者，我们认为，必须更多地依赖于献身精神而不是依赖于方法。享有充分控制权的教师可以促进道德同一性，和孩子们“进行共同建构”的人也能培养道德同一性。不管怎么说，大多数教师都会从这两种极端的观点中有所收益（在我们看来这样做是正确的）。但是，我们将通过互相让步而达成妥协：如果儿童想要形成道德同一性，他们就必须是自己道德共同体的积极参与者；他们就必须在确立和实施自己也受其支配的这种道德中有某种发言权。这个发言权究竟有多大呢？在什么年龄？在什么情况下呢？同样，这也没有取得一致意见。

在有些人看来，至少也包括我们委员会的一个人看来，通过创设许多师生合作做出决定的情境，就能很好地完成教师的任务——鼓励儿童的社会敏感性、社会责任心、道德决定，以及实际的自我管理能力。完成这项任务的主要方法是班级讨论——学生和教师、学生和学生、正式和非正式的学生群体。

把实际的责任委托给儿童，让他们管理自己的生活，这使一些人（同样地，至少包括我们中的一个人）觉得这是不负责任的。儿童太不成熟、太自我中心、太不稳定，因此，把严肃地做出决定的责任交给他们，就太不合理了。如果我们拒绝在这些事情上

给儿童广泛的决定权，如课程，甚至是他们所能吃的食物和所能看的电视节目，那么，为什么我们还认为他们能决定管理自己的道德准则呢？批准这样的决定就是轻视道德。

每所学校必须决定学生参与的内容和形式，不同的学校会在两个方面有所不同。对一些学校来说，决定所有的规则将会是一件联手进行的事。另外一些学校仅在一些小事情上邀请学生参加，或者是仅邀请一些年龄稍微大点儿的学生参加。儿童的参与范围可能从表达某种观点到分享决定，再到实施决策权。一个好的学校政策在公开讨论之前，会弄清楚学生决定规则的程度，而且应该周期性地回顾自己的政策。简·博纳姆展示的那本指导手册《教师权威的六个水平》（见第三章）在做出这些决定方面，是一个非常有益的帮助。

儿童也应该在实施政策和承担违规行为的后果方面发挥一定的作用。同样的，他们的角色范围可以从向教师、班级或者管理机构的代表们（该机构本身有少许或大量的学生发言权）说出自己的看法，到具有更多的决策权。无论学生的角色是什么，他们都将从参与活动中学会，用某种程度的理解和宽恕来调和他们那常常粗糙的判断，以及进行惩罚的要求。

最主要的是作为道德行为者的儿童的成长。为了达到这样的目的，他们必须感到，在对他们至关重要的事情上自己有发言权，而且事实上确实有发言权。同时，他们需要和我们的共同价值观联系起来。这意味着把某些规则和实践活动作为不可侵犯的来接受，而且至少到较高的年级时，明白为什么会是这样。

建议5：除了班会（这个从下面提交的成分）之外，每个道德教育计划都应该使一项道德纪律的政策（由上级制定的条款）制度化。这样的政策将对自动的惩罚进行严格限制，这些自动惩罚对学校规则的道德方面和破坏规则的情境的道德方面都很不敏感。

学校必须抵制做出统一的判决。在管理一些不受个人感情影响的大型组织方面，一个社会可能做得并不好。但即便如此，对“不公平”的指责也是合法的。拿交通违规处罚来说，除了仅仅检查一下速度表之外，把一个超车赶去医院看望他那刚刚生过孩子的妻子和一个把车放在道路检测处的青少年做一下区分不是更公平吗？因此，在一个较注重个人的学校环境中，一个万能的政策会造成多么大的不公平啊！偶然的推挤、报复性的推搡以及含有恶意的踩踏，是三种非常不同的意外事件，应该把它们区别对待。因此，公平就要求把那些参与冒犯事件的人的情况，以及他们对这种行为的解释和事件的后果进行探究。

但是，道德纪律并不仅仅是一件可以做出公平惩罚的事情，它可以而且应该是进行道德教育的一条渠道。这个目标要求教师，以及学校政策，尽可能地把那些保持课堂教学秩序的习俗规则——在课桌边安静地学习，把试卷放到课桌里面，不要把口香糖黏在课桌下面——和那些保障基本的人权和社会义务——不作弊、不偷窃、不恃强凌弱的规则区分开来。我们承认，行为有一大片灰色的区域，那就是派生的道德，它们是很难区分的：啃自己的手指、打嗝、对老师直呼其名、在课堂上戴着帽子。当（也只有当）这些行为确实冒犯了他人，故意地或不经意地冒犯他人时，它们才成为道德的错误，而不是习俗的错误。吮吸手指和直呼其名并不是本质的“错误”（没有人受到伤害），这两种行为常常是合适的和受欢迎的。但是，当故意设计去伤害别人，而且确实给别人造成了伤害时，它们就滑进了道德的领域。那么，学校人事部门就有这种自由，要么通过不做出冒犯的行为使它们去道德化（de-moralize），要么认为它们在道德上是错误的。这些机会为教师和学校提供了一个必要的而又很受欢迎的处理问题的弹性方式，而不用祈求于相对主义的鬼魂。

我们相信，规则之间的区别应该和纪律目标之间的区分相匹配。如果打破的是一个习俗的规则，那么目标就主要是依从。这个教师问她自己：“我该怎么样让约翰尼按时交上他的作文呢？”她思考着：密切监督他，让一个朋友提醒他，在他的手指上绑一根细绳，问他怎样做才会对他有帮助，他记住的时候给他奖赏，课后留他在学校重新做作文。或者，另外一种做法：放弃这条规则——也许我期待得太多了；当他完成作业时，再让他交；也许他做作业有困难；我不该强迫他，把他的作文给曝光出来。

这和道德违规是不同的。在这些情况下不可能放弃规则，简单地顺从也是不可取的。现在的目标是使这个孩子相信他做错了，他可以做得更好。从问题的解决到失望再到不赞同，教师的语气要有一个转换。通过使用那些必然很有说服力的惩罚，她就可以阐明保持道德秩序的重要性和违反规则的严重性。对道德违规而不是习俗违规而言，使这个儿童感到自责和愧疚是适当的。

到了这个论点上，我们曾想过就此结束了。如果一所学校，如果这所学校，采用我们的这五条建议——道德教育的意义、决定答案的复杂性、道德同一性的核心性、儿童参与的重要性以及道德纪律的确定——在通往制定一个道德教育“计划”的道路上，就很令人满意了。但是，我们认为，如果这些建议不想仅仅成为橱窗的摆设，那么一所学校愿意承担的责任就必须更多。因此，我们要转向那些我们认为最重要的权威人物的责任。

建议6：不是把他们自己看做是一部纪律机器上的齿轮，一些单纯的道德调解者，教师们应该接受更大的挑战，严肃地考虑他们自己的价值观，在他们所使用的课文中或者在更广大的社会中所表述或隐含的那些价值观。这种正在进行的探索应该与同事们分享，还应该在课堂教学的实践中反映出来。

“带马到河边容易，逼马饮水难。”[1]这是一个与道德教育特别相关的谚语。我们毫不怀疑，这件任务的关键是教师们的参与。如果没有教师们的热情参与，那么，劝

[1] “You may take a horse to water, but you cannot make him drink.”这句谚语的内在含义是不要逼人做他不愿意做的事——译者注。

说，甚至命令，上级提出的服从，都是没有用的。这种参与至少必定有这些激励作用：用心地检查自己的价值观（内容）以及怎样把这些价值观投射到孩子们身上（方法），用心地检查和课程联系在一起的道德问题，并且认真地教授学校共同体所一致同意的核心价值观。

要想使孩子们相信，教师们就必须首先注意自己的道德。正如罗伯特·科尔斯（Robert Coles，1987）所证实的：

> 儿童是永远留心成人道德的见证人——或者是成人缺乏道德的见证人；儿童寻找关于一个人应该怎样行为的线索，并且发现，我们作为父母和教师在生活中有大量诸如此类的行为：做出选择，向人们发表演说，把我们最低的假设、欲望和价值观在行动中表现出来，以及告诉那些年轻的观察者们我们还没有意识到的信息。

这就是真正的道德，正如文学或数学一样，在寻求深化人的意识的过程中，人永远是学徒。一个教师怎样塑造那种意识，才可以使孩子们理解呢？我们相信，儿童通过体验公平，有时候是坚定，有时候是幽默感，有时候是宽恕，总是表现出关爱的方式；通过备课以及批改学生作业时认真谨慎的态度；通过用心地听取他们的想法；通过对他们的家庭和更广泛的生活的兴趣；通过对特殊环境中的个别儿童的关注；通过在学生中努力促进支持性的关系，就可以把握他们的教师的价值观。我们再给这份名单增补上这条规则，这是教师们对自己和学生揭示自己的**道德错误**的规则。如果成长的主题和任何形式的成长一样，是为了控制教育的过程，我们就必须留心教学中错误的开始，出现错误和发生倒退。我们相信，一个能在缺点和不道德行为的教训之下承担错误继续努力的教师，对学生而言，就是一种强有力的道德力量。

教师们也需要在课程中去发现道德"功课"（问题和答案）。这也许是一件简单的事情，即自觉地挖掘已经存在的东西。正如珀佩尔和瑞安（Purpel & Ryan，1976）指出的那样，普通的课程里装满了道德：从生物学课程上对堕胎的争论到历史课讨论起义的合理性再到职业教育计划都涉及道德问题。[1] 西奥多·赛泽（Theodore Sizer，1984）详细地阐述了这种思想：

> 一位教师选择在课堂上"讲述"的内容就是一种价值观方面的练习。如果一个人在一节社会科学课上把美国土著人称做"他们"，并且隐含着在美国西部的第一批定居者是欧洲人，那么，这可不得了。把印第安人描述成（很可

---

〔1〕 也请参见贝宁加（Benninga，1991）；杰克逊、布尔斯特洛姆和汉森（Jackson，Boorstorm & Hansen，1993）；里克纳（Lickona，1993）；瑞安和波林（Ryan & Bohlin，1999）的观点。

> 能)是许多移民者之中第一批到达这块大陆的人，那就传送了一个完全不同的信息。一位生物学教师在课堂上对待生命的方式——例如是否购买活青蛙，并且成批地放在一起供学生们解剖使用——发送了重要的价值观信号。嘲笑那些不愿意杀死青蛙的神经质而又保守的学生，可能会深深地影响一个年幼的学生……为了了解爬行动物的内脏，我能杀死这只青蛙吗？不耐烦地拒绝一个学生合理地提出他的迷惑，也是在教授一种价值观。一个人不能用很武断的方式回答：世界不允许这样做。在每节生物课上都会出现生命的问题，在大多数别的课上也会出现。假装课堂不是讨论这个话题的地方，实际上就是在谈论这个话题，在这个意义上说，存在着真空的危险。价值观问题在每个教室里都会出现。

一些教师会依赖在儿童生活中自然发生的"道德时刻"——一次打架、偷窃、排斥他人或一次助人的机会。也有一些教师可能更喜欢采用发表过的道德教育计划。这些计划包括很多价值观和详尽的教授方法。作为资源，它们是很珍贵的，通常(对于忙碌的教师们来说)弥足珍贵。但是，无论这些材料有怎样的优点，[1]当一个"道德课程"是完全建立在外部产生的材料基础上的时候，这是有危险的。一种危险是，依赖包装好的课程，教师很可能就会遵从"教学手册"上的观点，而不是(和他们的学生一起)对身边的事情进行认真的考虑。另一种危险是，对来自书本上的"课程"的信赖，会削弱教师们对学校日常生活中道德时刻的敏感性和深思熟虑地解决问题的绝对必要性。

教师们在一定程度上依赖现存的课程内容或编造自己的课程，但把选择权交给他们更重要。教什么以及怎样教被高层领导管理得太多，会削弱课程进入教师以及因而进入学生生活的可能性——包括校内生活和校外生活。没有经过他们签名同意的教学，是不可能获得我们所定义的那种成功的。

虽然如此，那些基本的规范的期望，那些构成社会支柱的共同的道德价值观，必须向学生讲清楚而且要得到彻底的执行。罗伯特·霍华德(Robert Howard，1991)，一个受过科尔伯格学说训练的小学教师，称之为大规则(Big Rules)：

> 我有相当一些不可协商的也不是隶属于学生意愿的"大规则"。这些规则包括"我们希望怎样被别人对待，我们就怎样对待别人"、"在这个教室里人们是安全的"、"在这个教室里财产是安全的"以及"在这个教室里人们受到尊敬地对待"，这些规则在开学的第一天注册报到时就分发给学生和父母，并且让他们在上面签名……这些大规则的存在与学生和父母们(通过在这些规则

〔1〕 至于教师们的反应，请参见第四章。

上签名)所接受的社会合同结合在一起，给我提供了一个实施否决权的机会，如果这些学生想要创立一个班级规则或者想要确定某种惩罚机制，而我觉得违背了这些大规则，那么，我可以行使否决权。

所以，当一个班级民主地决定给予一个吐别人口水的儿童适当的惩罚就是，大家把他围起来，每个人都朝他吐口水的时候，那么，这些大规则就可以提供否决的依据。

通过给这些大规则增加一些以学校为基础的常规，最关键的是不要使大规则变得模糊或者缩减。把大规则和基本的道德价值观同等对待，隐含的意思是，它们对所有的人(或者大多数的人)来说都是普遍适用的，是一种必须履行的道德义务。它们构成社会的支柱，其他价值观来自它们，并且由它们来证明其合理性。遵守这些方便的支柱性规则，就像遵守一些规范一样——不许嚼口香糖，不能把手提 CD 播放器带到学校里来，不许在走廊里跑动——会把一些重要的区分弄得模糊不清。诸如此类的以学校为基础的常规规则，可以像交通法规一样，要求遵守和执行，但是同意和不同意遵守这些规则和不遵守这些规则的尺度，应该是可以区分的，以便让孩子们懂得，道德规则占据着相对较高的地位。

建议 7：管理者的任务是使教师们感到困难的道德教育工作得以顺利进行。教师从管理者那里所需要的，是较少地控制教学内容和教学法，而较多地确定道德的基调，普遍拥护这项工作的重要性，以及真正把资源投入到训练和支持中去。不能指望教师们在没有人支持的情况下独立地面对挑战。

在一个权力下放的计划中，正如在这里所提议的那样，管理部门的主要任务是寻找教师们的志向，以及证明这些志向是可以挖掘的，不管在课堂教学中日常生活的许多令人沮丧的方面把它们弄得多么模糊。即使是执行最完美的计划也不是一件行政性的活动。它不可能完全照章执行，因为它不能取代个别教师需要通过判断和对情境的感受来回应个别课堂教学情境的不同的动态变化。因此，在执行计划中对教师个人职业的自行处理权和判断力的真正尊重，应该在计划设计时便确定下来。

为了达成这个目的，主要的管理部门增强它的**支持性**投入和减少它的**命令性**投入，是很有必要的。正如前文所提到的，我们已经发现，这个委员会的会谈是相互学习和相互支持的一些重要机会，我们在和专家建立联系以及在认真的在职培训工作中也发现了好处。管理者必须确保教师有时间、空间和资源，使他们对其教学法的道德方面变得精通起来。

但是，一个好的管理者会认识到，教师需要的远不止是进行谈话的时间和空间。会谈的气氛是具有冒险性的：我们并没有一种喜欢那些不予回答的(通常是不能回答的)问题和喜欢寻找自我批评的教育文化。资源和鼓励可能并不起作用，除非所有的人——但特别是那些“上级”——都分享他们的道德假设以及他们道德上的不确定之处。一个好的校长将会清楚地表明，他很看重这些揭露出来的东西（而且他自己也会进行例证）。

管理部门不仅必须考虑到教师们之间的气氛，而且要考虑到学校里的一般道德基调。创建一个道德共同体需要所有成员的参与——包括秘书、公共汽车司机、食堂炊事员、监护人和那些可能很少在学校里的维修工人。他们应该对这个计划有一些付出和尽一些责任。孩子们应该努力记住员工的名字，知道他们的责任以及知道在运行这个事业当中的贡献，或许有时候甚至像准学徒一样跟他们一起工作。当一个孩子把面巾纸丢在地板上的时候，他要理解（感觉到），这对那些必须捡起它的监护人意味着什么，或许通过和那位监护人一起做一些服务性工作才知道。

在履行一个道德命令的时候，学校想要鼓励一种集体责任的精神。一个孩子看见地板上有一张纸，就会自动地捡起来，他不希望**他的**学校被到处乱扔垃圾；一个孩子有一大堆家庭作业，但还是去参加合唱团的排练，他不想使**他的**小组演出遭受损失。当一个孩子看到**他的**同学受到种族诋毁的时候，就会很生气，**他**感到受到侮辱了；在学校里以及跟朋友在一起的时候，他做的就是在家里以及对自己来说应该做的事。根据涂尔干（1956）的观点，这就是对一个社会的亲近，“它把我们从自己中抽取了出来，驱使我们认真考虑他人的利益，而不是自己的利益，是社会教会了我们控制我们的激情、我们的本能，为他们制定一定的法则，限制我们自己，剥夺我们自己，牺牲我们自己，使个人的目标服从于更高级的目标”。

建立那些“更高级的目标”而不用压制那些“低级”的目标是需要技巧的。通过公共说明、政府文件、符号象征和仪式，但最主要地是通过可见的日常行为，管理者设定那些期望的和不允许的参数。他们这样做之所以是很重要的，是因为在限定的范围之内，约束学生（和教师）自主性的范围，说来也奇怪，对他来说是非常重要的。如果没有明确的和令人信服的限制，一个孩子将在永无止境的选择的海洋中挣扎，不知道他想要什么，也不知道怎样决定他想要的。他变得，正如哈里·法兰克福（Harry Frankfurt，1993）所说，“意志力衰弱”。持续的不确定性，特别是对一个年幼的孩子来说，会削弱一个孩子对道德同一性的建构，因为道德同一性的建构需要对所执行的选择进行反思。

学校管理层（包括学校董事会）的另一项任务是使父母和外界明白，它的道德教育责任是严肃的。由于学校害怕对抗性反应，因此常常不愿意让公众承担这样的责任。这是错误的。与其把这些委婉的说法藏起来，诸如“社会技能”训练、“合作性学习”以及“公民的职责与权利”，学校倒不如亮出“道德”这个词，好让父母从给他们的孩子注册这一刻起就很清楚地知道。管理者需要和父母们坦率地分享他们所提倡的道德观点，并且邀请家庭成员把他们的反对意见和建议摆到桌面上来。父母是孩子最初的道德教育者，学校可能和父母们有不同的观点，可以试着和他们达成共识，但是不能忽视他们。没有针对什么是善进行公开讨论，而得出一种共同的看法，学校就会成为与世隔绝的道德小岛。于是，儿童一离开学校就会忘记学校的道德标准，更有甚者，他们会认为，道德只不过是被“利益集团”设计来控制他们的武断的规则。因此学校也必须把它的贡献延伸到社会上。

人人都呼唤更多的“父母参与”，但是很少有人做到了，因为他们有不同的利益——父母关注的是自己孩子的利益，教师则关注所有孩子的利益——他们之间有轻微的敌对是很平常的。很少有父母能够使自己孩子的“利益”(可以狭隘地看做自我利益)从属于更高的善的利益。如果他的孩子的分数通过学习而不是通过服务性学习得到更大的提高，那么，他的孩子就不应该服从服务性学习的要求，就绝不会在意他提出这个要求的反群体精神。我们相信，如果道德教育想要有效地发挥作用，就必须克服父母和教师之间的紧张关系。当父母们，“现实世界的”代表们，不对这种一心想把自己孩子的利益放在首位的观念进行调节，学校教育就是无效的。道德教育依赖于一种群体意识，依赖于父母**想要**他们的孩子把别人的需要和权力看做和他们自己的是相等的意识。

培养这种社会意识，而不是调节道德课程的这些特殊方面，是学校董事会、州和国家机构以及一般意义上那些观念提出者们的主要任务。对品格教育的呼唤仅限于废除刀和枪，甚至中止欺骗，就不能唤起我们要寻找的那种责任。外界的呼唤和学校内部的呼唤一样，必须要建立儿童的道德同一性，不管这和政治环境多么格格不入，学校董事会、地方教育官员和教育部门都是在这种环境中发现自己的。

但是，归根结底，主要的责任还是要回到作为个体的教师身上，他们常常被那些加在他们身上的各种各样的要求所折磨，并且和“职业倦怠”的问题以及相关的疾病做斗争，教师们必须奋起面对挑战，严肃地对待道德教育的目标和要求，抵制那个不断出现的内部声音，这个内部声音往往嘲笑人们对那种志向做出的正面反应。

尾声/开端

作为在这个委员会中一起工作的我们，在各自优先考虑的事情和倾向性方面有很大的不同。有一个人倾向于说教式的和规定性的，第二个人倾向于认为，人们之间是有矛盾心理和相互作用的，第三个人倾向于对事情做最低限度的估计，这主要是受一种讽刺感驱使的，第四个人倾向于对那些看起来不切实际的现象很不耐心。我们在相互倾听的过程中所学到的是……相互倾听：倾听所关心的事，甚至倾听那些我们所喜爱的方法在别人身上引起的担忧；倾听那种突然做出的回答，这种回答想要满足人们所关心的事情，同时又忠诚地，如果稍微不那么紧密的话，坚持我们自己所优先考虑的事情；那些和其他人观点不同的人用夸张的手法，甚至使人着魔的方法，来描述他们所优先考虑和关心的事情，对这种诱惑我们也要抵制。在对道德教育进行思考的时候，我们总是把威廉·达蒙(William Damon，1995)关于学校改革的洞见牢记在心：

> 当今许多学校改革的一种相反的风气是努力反对这种搭建桥梁的努力。当改革者们就玩的美德对训练的美德、通过语音学习语言对从整体上学习语言、编码对理解、自尊对控制或学校是好玩的场所对学校是工作的地方等论题进行争论的时候，他们是站在这道鸿沟的一边，而把他们的对手置于另一边。如果我们想帮助所有的孩子，使他们认识到自己所有的学术潜能，我们就必须设计在这些鸿沟上面架设桥梁的学校计划。

使对立的观点两极分化，过分简单地表述，抓住那些自己最喜欢的观点不放，“不加思考地先干完这个工作，然后我们才能转向别的事情”，对这种倾向我们必须抵制。但是，把这些观点整合起来可不是把它们聚集起来，而且重要的是，不应该把道德教育看做是给予那些相竞争的观点一个“轮到”它的机会。没有足够数量的整合，就不可能通过一个复杂的计划而引起这些变化，这些变化不可避免的会，而且在我们看来也应该，在概念和应用中产生出来。存在着不同的观点，这个残酷的事实必须得到尊重。但是，一个稍微过分地偏向某一个方向的计划，远比一个两种方向都比较平衡地向前运行，而且不注意儿童、学校和社会或者老师之间差异的计划要好得多。

倾听和保持平衡并不是向在这一领域中进行竞争的所有政治选民“投降”的标志，而是对道德的复杂性真正负责，对各方都有某些正确方面的真理真正负责。这个观点在西蒙娜·韦尔(Simone Weil，1986a)的至理名言那里得到了证实，她有说服力地提醒我们，没有服从就没有真正的自由，没有纪律就没有应得的荣誉，没有抵抗就没有真正的屈服，没有平等就没有合法的权威，没有冒险就没有长久的安全，没有归属就没有真实可靠的自主权。我们以她的话来作为结束：

> 人类灵魂需要平等和等级制度。平等是民众对下述原则的承认，这种承认有效地表现在公共机构和人们的行为方式中，这个原则是，对所有人给予相同程度的关注是因为所有的人都有这些需要。等级制度是衡量责任的尺度……
>
> 人类灵魂需要得到同意的服从和自由。得到同意的服从是一个人对权威表示让步的东西，因为他判断这是合法的……自由是在大自然力量的直接约束和合法接受的权威之间所遗留的限度之内，做出选择的权力……
>
> 人类灵魂需要真理和表达的自由。对真理的需要要求……在思想的领地中，除了完全考虑真理之外，任何为了别的目的而施加在身体上或道德上的压力，都是不应该存在的……
>
> 人类灵魂需要某种孤独和不受干扰的独处以及一些社会生活……
>
> 人类灵魂需要惩罚和荣誉。每当一个人通过犯罪行为而远离了善，他就

需要通过遭受苦难再把它重新整合起来。遭受苦难应该抱着这样的目的，使灵魂总有一天会自由地认识到，遭受这种苦难是正当的。这种和善重新整合就是惩罚的意义所在。每一个清白的人，或已经最终赎了罪的人，都需要得到和别人同等程度的尊重。

人类灵魂需要遵守纪律地参与一项具有公共价值的共同任务，在这个参与的过程中它需要个人的首创精神。

人类灵魂需要安全也需要冒险，对暴力或饥饿或者任何别的极端邪恶的恐惧，是人类灵魂的疾病。由于完全缺乏冒险而产生的无聊，也是人类灵魂的疾病。

简·博纳姆博士的补充说明

很荣幸能够被允许参加这个小组的评议。我认为，这个报告中包含的那些提议的**来源**和报告的**内容**一样重要。弗雷德·海尔特校长应该得到很大的称赞，因为他赏识他的同事们的才能和责任，给予他们必要的支持，允许他们在不同观点的基础上长期合作，使他们的分歧不仅成为简单的陈述和相反的陈述的依据，而且还成为集体智慧和精益求精的一个依据。

虽然应该大力称赞这份认真的、彻底的和精益求精的报告的作者们，称赞他们在这项工作中表现出来的能力，但重要的是应该认识到，在这里展现出来的那些才能和动机，也同样表现在全国上千所学校里。这四个接受这项任务的人，在感知能力、优先考虑的事情和观点方面存在差异，就像在当今社会的每一个方面都反映出来的那些差异一样。我相信，正是从对学生在学校的教室和走廊里的日常生活的专心观察中，从那些要求做出回应的日积月累的小事中，从对那些回应的变化范围的见证中，他们才“了解了”问题的复杂性并坚定了解决这些问题的决心。正是这个不断学习的过程，才帮助他们使自己的假设成为一个出发点，使他们的观点得到倾听和反思，而不是像旗帜一样骄傲地飘扬，被坚定地灌输和猛烈地防卫。

教师是问题的根源，这种观点我们已经读到得太多了。这份报告证实，教师才是我们应该寻求帮助的人，他们能对道德教育的那些令人烦恼的重要问题提供见多识广的和建设性的答案。

参考文献

Anderson, Elijah. *Code of the Street: Decency, Violence, and the Moral Life of the Inner City.* New York: W.W. Norton, 1999.

Aristotle. *Nichomachean Ethics,* trans. J. E. C. Weldon. New York: Prometheus Books, 1987.

Barth, Roland. "The Principal and the Profession of Teaching." In Thomas J.Ser giovanni and John H. Moore (eds.), *Schooling for Tomorrow: Directing Reforms to Issues That Count,* Boston: Allyn & Bacon, 1989.

Bellah, Robert, and Richard Madsen, William Sullivan, Ann Swidler, and Steven Tipton. *Habits of the Heart.* Berkeley: University of California Press, 1996.

Benninga, Jacques S. "Moral and Character Education in the Elementary School: An Introduction." In J. S. Benninga (ed.), *Moral, Character, and Civil Education in the Elementary School.* New York: Teacher's College Press, 1991.

Berlin, Isaiah. *The Crooked Timber of Humanity: Chapters in the History of Ideas.* New York: Vintage Books, 1992.

Brennecke, Fritz. *The Nazi Primer: Official Handbook for Schooling Hitler Youth.* Trans. Harwood L. Childs. New York: Harper & Brothers, 1938.

Butchart, Ronald E. "Punishments, Penalties, Prizes, and Procedures." In R. E. Butchart and B. McEwan (eds.), *Classroom Discipline in American Schools: Problems and Possibilities for Democratic Education.* Albany: State University of New York Press, 1998, 19–49.

Callahan, Sidney. "Self and Other in Feminist Thought." In Courtney S. Campbell and B. Andrew Lustig (eds.), *Duties to Others.* Boston: Kluwer Academic Publishing, 1994.

Canter, L., and M. Canter. *Assertive Discipline.* Santa Monica, CA:Canter & Associates, 1992.

Carr, David. *Educating the Virtues; An Essay on the Philosophical Psychology of Moral Development and Education.* New York: Routledge, 1991.

Coles, Robert. *The Moral Intelligence of Children.* New York: Random House, 1997.

Damon, William. *Greater Expectations: Overcoming the Culture of Indulgence in America's Homes and Schools.* New York: The Free Press, 1995.

DeRoche, Edward F., and Mary M. Williams. *Educating Hearts and Minds: A Comprehen sive Character Education Framework.* Thousand Oaks, CA: Corwin Press, 1998.

Developmental Studies Center. *Ways We Want Our Class To Be: Class Meetings That Build Commitment to Kindness and Learning.* Oakland, CA: Developmental Studies Center, 1996.

DeVries, Rheta, and Betty Zan. *Moral Classrooms, Moral Children: Creating a Constructivist Atmosphere in Early Education.* New York: Teachers College Press, 1994.

Dewey, John. *Human Nature and Conduct.* New York: Henry Holt & Co., 1922.

Dewey, John. *Lectures on Ethics 1900–1901.* Carbondale, IL: Southern Illinois University at Carbondale, 1991.

参考文献

Dewey, John. *Theory of Moral Life*. New York: Holt, Rinehart & Winston, 1960.

Durkheim, Emile. *Moral Education*. Glencoe, IL: The Free Press, 1961.

Durkheim, Emile. *Education and Sociology*. Glencoe, IL: The Free Press, 1956.

Egan, Kieran. *Primary Understanding: Education in Early Childhood*. New York: Routledge, 1988.

Eliot, George. *Adam Bede*. New York: Penguin, 1985.

Fenstermacher, Gary. "Some Moral Considerations on Teaching as a Profession." In John I. Goodlad (ed.), *The Moral Dimensions of Teaching*, San Francisco: Jossey-Bass, 1990.

Foot, Philippa. *Virtues and Vices and Other Essays in Moral Philosophy*. Oxford: Blackwell, 1978.

Frankfurt, H. "On the Necessity of Ideals." In G. G. Noam and T. E. Wren, *The Moral Self*. Cambridge, MA: Massachusetts Institute of Technology, 1993, 16–27.

Franklin, Benjamin. *Autobiography and Other Writings of Benjamin Franklin*. New York: Dodd, Mead, 1963.

Glasser, William. *The Quality School: Managing Students Without Coercion*. New York: Harper Collins, 1990.

Goodlad, John L. *A Place Called School: Prospects for the Future*. New York: McGraw-Hill, 1984.

Goodman, Joan F., and Howard Lesnick. *The Moral Stake in Education: Contested Premises and Practices*. New York: Longman, 2001.

Hallie, Philip. *Lest Innocent Blood Be Shed: The Story of the Village of Le Chambon and How Goodness Happened There*. New York: Harper & Row, 1979.

Hallie, Philip. *Tales of Good and Evil, Help and Harm*. New York: HarperCollins, 1997.

Hare, R. M. *The Language of Morals*. Oxford: Clarendon Press, 1952.

Howard, Robert. "Lawrence Kohlberg's Influence on Moral Education in Elementary Education." In Jacques S. Benninga (ed.), *Moral, Character, and Civic Education in Elementary Education*, New York: Teacher's College Press, 1991.

Hume, David. *A Treatise of Human Nature*. Ed. L. A. Selby Bigge. Oxford: Clarendon, 1896.

Hume, David. *An Enquiry Concerning the Principles of Morals*. Ed. Eric Steinberg. Indianapolis: Hackett, 1983.

Ingersoll, R. M. *Who Controls Teachers' Work? Power and Accountability in America's Schools*. Cambridge, MA: Harvard University Press, 2003.

Jackson, Philip, Robert Boostrom, and David Hansen. *The Moral Life of Schools*. San Francisco: Jossey-Bass, 1993.

Kagan, Jerome. *The Nature of the Child*. New York: Basic Books, 1984.

Kant, Immanuel. *Grounding for the Metaphysics of Morals; Within a Supposed Right to Lie Because of Philanthropic Concerns*. 3rd ed. Trans. James W. Ellington. Indianapolis: Hackett, 1993.

Kaestle, Carl. *Pillars of the Republic: Common Schools and American Society, 1780–1860*. New York: Hill & Wang, 1983.

Kohlberg, Lawrence. *Essays on Moral Development. Vol. 1, The Philosophy of Moral Development*. San Francisco: Harper & Row, 1981.

参考文献

Kohn, Alfie. *Punished by Rewards: The Trouble with Gold Stars, Incentive Plans, A's, Praise, and Other Bribes.* Boston: Houghton Mifflin, 1993.

Kohn, Alfie. *What to Look for in a Classroom: And Other Essays.* San Francisco: Jossey-Bass, 1998.

Kupperman, Joel. *Character.* New York: Oxford University Press, 1991.

Lewis, C. S. *A Mind Awake: An Anthology of C. S. Lewis.* Ed. C. S. Kilby. London: Geoffrey Bles, 1968.

Lewis, C. S. *The Problem of Pain.* New York, Macmillan, 1948.

Lickona, Thomas. *Educating for Character: How Our Schools Can Teach Respect and Responsibility.* New York: Bantam Books, 1991.

Lickona, Thomas, Eric Schaps, and Catherine Lewis. *Eleven Principles of Effective Character Education.* Washington, DC: The Character Education Partnership, 1997–1998.

MacIntyre, Alasdair. *After Virtue: A Study in Moral Theory.* 2nd ed. South Bend, IN: University of Notre Dame, 1984.

McCarthy, Martha, and Nelda Cameron-McCabe. "The Legal Foundation of Public Education." In Mark G. Yudof, David L. Kirp, and Betsy Levin (eds.), *Educational Policy and the Law.* 3rd ed. St. Paul: West, 1992.

McClellan, Edward. *Schools and the Shaping of Character: Moral Education in America, 1607–Present.* Bloomington, IN: ERIC Clearinghouse of Social Studies/Social Science Education, 1992.

McEwan, B. "Contradiction, Paradox, and Irony: The World of Classroom Management." In R. E. Butchart and B. McEwan (eds.), *Classroom Discipline in American Schools: Problems and Possibilities for Democratic Education.* Albany: State University of New York Press, 1998, 135–155.

Midgley, Mary. *Can't We Make Moral Judgments?* New York: St. Martin's Press, 1991.

Mill, John Stuart. *Utilitarianism.* Indianapolis: Hackett, 1979.

Mill, John Stuart. *Utilitarianism, On Liberty, Considerations on Representative Government.* Ed. J. M. Dent. London: Everyman's Library, 1993.

Moore, G. E. *Principia Ethica.* Rev. ed., Thomas Baldwin. Cambridge: Cambridge University Press, 1993.

Murdoch, I. *The Sovereignty of Good.* London: Routledge, 1970.

Neuhaus, Richard John. *The Naked Public Square: Religion and Democracy in America.* Grand Rapids, MI: Wm. B. Eerdmans, 1984.

Nisbett, Richard E., and Dov Cohen. *Culture of Honor: The Psychology of Violence in the South.* New York: Westview Press, 1996.

Noddings, Nel. *Starting at Home: Caring and Social Policy.* Berkeley: University of California Press, 2002.

New York Times, May 3, 2000, Sec. B, p. 4.

Nozick, Robert. *Philosophical Explanations.* Cambridge, MA: Belknap Press, 1981.

Nucci, Lawrence P. *Education in the Moral Domain.* Cambridge: Cambridge University Press, 2001.

Nussbaum, Martha. "Valuing Values: A Case for Reasoned Commitment." *Yale Journal of Law and the Humanities* 6 (1994): 197–218.

Oakeshott, Michael. *Rationalism in Politics.* New York: Basic Books, 1962.

Oliner, Samuel P., and Pearl M. Oliner. *The Altruistic Personality.* Glencoe, IL: The Free Press, 1988.

O'Malley, William J. "Curiosity." *America,* October 3, 1998, 14–19.

Peters, Richard Stanley. *Psychology and Ethical Development: A Collection of Articles on Psychological Theories, Ethical Development and Human Understanding.* London: Allen & Unwin, 1974.

Piaget, Jean. *The Origins of Intelligence in Children.* New York: International University Press, 1952.

Plato. "Meno." In Edith Hamilton and Huntington Caims (eds.), *The Collected Dialogues of Plato.* Princeton, NJ: Princeton University Press, 1961.

Purpel, David E., and Kevin Ryan. "It Comes with the Territory: The Inevitability of Moral Education in the Schools." In David Purpel and Kevin Ryan (eds.), *Moral Education . . . It Comes with the Territory.* Berkeley, CA: McCutchan, 1976.

Rawls, John. *A Theory of Justice.* Cambridge, MA: Harvard University Press, 1971.

Ryan, Kevin, and Karen E. Bohlin. *Building Character in Schools.* San Francisco: Jossey-Bass, 1999.

Ryle, Gilbert. "Can Virtue Be Taught?" In R. F. Dearden, P. H. Hirst, and R. S. Peters (eds.), *Education and the Development of Reason.* London: Routledge and Kegan Paul, 1972.

Sandel, Michael. *Liberalism and the Limits of Justice.* New York: Cambridge University Press, 1998.

Sartre, Jean-Paul. "Existentialism and Ethics." In Barry I. Chazan and Jonas F. Soltis (eds.), *Moral Education.* New York: Teacher's College Press, 1973.

School District of Philadelphia. *Code of Student Conduct for the School Year 2002–2003.* Philadelphia: School District of Philadelphia, 2002.

Sennett, Richard. *The Corrosion of Character: The Personal Consequences of Work in the New Capitalism.* New York: W. W. Norton, 1998.

Sergiovanni, Thomas J. *Building Community in Schools.* San Francisco: Jossey-Bass, 1994.

Sergiovanni, Thomas J. *Moral Leadership: Getting to the Heart of School Improvement.* San Francisco: Jossey-Bass, 1992.

Shweder, Richard A., Manamohan Mahapotro, and Joan Miller. "Culture and Moral Development." In Jerome Kagan and Sharon Lamb (eds.), *The Emergence of Morality in Young Children.* Chicago: University of Chicago Press, 1987.

Sizer, Theodore R. *Horace's Compromise—The Dilemma of the American High School.* Boston: Houghton Mifflin, 1984.

Sizer, Theodore R., and Nancy Sizer (eds.). *Moral Education.* Cambridge, MA: Harvard University Press, 1970.

Stanford Achievement Test. Reviewer's Edition. 9th ed. San Antonio, TX: Harcourt Brace, 1996.

Straughan, Roger. *I Ought to, but . . . A Philosophical Approach to the Problem of Weakness of Will in Education.* London: Windor, 1982.

Supreme Court of the United States. *Shaughnessy* v. *United States ex rel. Mezei,* 345 U.S. 206 (1953).

United States Court of Appeals. *Cox* v. *Dardanelle Public School District.* 790 F.2d 668 (8th Cir., 1986).

Warnock, G. J. *The Object of Morality.* London: Methuen & Co., 1971.

参考文献

Warnock, Mary. *The Uses of Philosophy.* Oxford: Oxford University Press, 1992.

Weil, Simone. "The Needs of the Soul." In Siân Miles (ed.), *Simone Weil: An Anthology.* New York: Weidenfeld & Nicolson, 1986a.

Weil, Simone. "Draft for a Statement of Human Obligations." In Siân Miles (ed.), *Simon Weil: An Anthology.* New York: Weidenfeld and Nicolson, 1986b.

Wilson, James Q. *The Moral Sense.* Glencoe, IL: The Free Press, 1993.

Wilson, P. S. *Interest and Discipline in Education.* London: Routledge and Kegan Paul, 1971.

Wynne, Edward A., and Kevin Ryan. *Reclaiming Our Schools: Teaching Character, Academics, and Discipline.* 2nd ed. Upper Saddle River, NJ: Merrill, 1997.

词汇表

A

Accountability	责任
of administrators	行政管理人员的责任
of employees	雇员的责任
of professionals	专业人员的责任
of students	学生的责任
Achievement	成绩
learning and	学习和成绩
Acting out	表现出来
Actions	行动
in moral education	道德教育中的行动
morality of	行动的道德
Administrators	行政管理人员
accountability of	行政管理人员的责任
in moral education programs	道德教育计划中的行政管理人员
Aristotle	亚里士多德
Attachment	依恋
development of	依恋感的发展
Authoritarianism	权威主义
Authority	权威，权力
class meetings and	班会和权威
distribution of	权力的分配
flexible	灵活的权威
rules by	由权威制定的规则
teachers levels of	教师权威的层次
content vs. teaching method in	教师权威层次中的内容对教学方法
perspectives on	教师权威层次的观点
Autonomy	自主性
belonging and	归属与自主性

B

Behavior	行为
in moral discipline	道德纪律中的行为
in moral education	道德教育中的行为
reaction to	对行为的反应

词汇表

underlying cause of	行为的潜在原因
Behaviorism	行为主义
in discipline	行为主义的纪律观
Beneficence	善行
Benevolence	仁慈

Caring community	关爱的社区(共同体)
Categorical imperative	直言命令,必须遵守的原则
Kant's	康德的直言命令
Character	品格
definition of	品格的定义
in moral education programs	道德教育计划中的品格
as morality	道德品格
Character Counts Coalition	品格信赖联盟
Character education	品格教育
Character Education Curriculum	品格教育课程
Character Education Partnership	品格教育合作协会
Cheating	作弊,欺骗
Child development	儿童发展
class meeting and	班会与儿童发展
morality and	道德与儿童发展
Child Development Project	儿童发展计划
Children	儿童
egocentric thinking by	儿童的自我中心思想
Choice	选择
Class meeting	班会
appropriate topics for	班会的适当主题
authority and	权威与班会
behavioristic	行为主义的班会
child development and	儿童发展与班会
community building	共同体建设与班会
constraints on	班会的局限性
constructivistic	建构主义的班会
decision making in	班会中的决策
on discipline	讨论纪律的班会
format for	班会的形式
initiation of	班会的举行

leadership for	对班会的领导
moral certainty and	道德确定性和班会
in moral education programs	在道德教育计划中的班会
as moral education strategy	作为道德教育策略的班会
motives for	班会的动机
pedagogy and	教育学(教学法)与班会
perspectives on	关于班会的观点
on playground fights	就操场上的打架召开班会
scenario for	班会的情景介绍
scope of	班会的范围
suggestive questions in	在班会中提出的问题
teacher authority and	教师权威与班会
teacher role in	教师在班会中的角色
Classroom	班级,课堂教学
as community	作为共同体的班级
morality in	课堂教学中的道德
order in	课堂教学中的秩序
rules for	课堂教学中的规则
Cognitive development	认知发展
morality and	道德和认知发展
Community	社区,共同体
class as	作为共同体的班级
Community building	社区(共同体)建设
class meetings for	为共同体建设召开的班会
Conduct	行为
interpretation of	对行为的解释
Conflict	冲突
collective vs. individual	集体冲突对个体冲突
wrongs in	冲突中的错误
Consequences	后果
morality and	道德和后果
values and	价值观与后果
Consequentialism	目的论
Conservative	保守主义
definition of	保守主义的定义
Constructivism	建构主义
Contracts	合同

词汇表

in discipline	纪律中的合同
Convention	习俗
breaches of	违反习俗
vs. morality	习俗对道德
Courage	勇气
Courtesy	礼貌
Cox v. Dadanelle Public School District	《科克斯对达达尼尔公立学校学区》
Cultural transmission	文化的传递
of morals	道德的文化传递

D

Decency	体面
Decision making	决策的制定
child vs. teacher	儿童对教师
Deontology	道义论
Derivatively moral	派生(衍生的)道德
Directives	命令
obedience to	对命令的服从
Discipline	纪律
hierarchy and	等级制度与纪律
Disinterestedness	不感兴趣
Disrespect	不尊重
Do no harm	不做伤害的事
Dress	穿着
identity and	同一性与穿着
Duty	职责
imperfect	不完善的职责
morality and	道德与职责
perfect	完善的职责

E

Education	教育
morality in	教育中的道德
Educators' autonomy	教育者的自主性
parental autonomy and	父母的自主性与教育者的自主性
Egocentrism	自我中心主义

privacy and	私人性和家庭与学校的界限
teaching techniques and	教学技术与家庭和学校的界限
in values	价值观中的家庭与学校的界限
Honesty	诚实
Human nature	人类本性，人性
benevolence in	人类本性中的仁慈
interpretation of	对人性的解释
limited sympathies in	人性中有限的同情
natural sympathies in	人性中自然的同情
restraint in	人性中的限制
Humiliation	羞辱
as moral offence	违反道德的羞辱

I

Identity	同一性
dress and	穿着与同一性
Implicit curriculum	隐性课程
of school	学校的隐性课程
Individualism	个人主义
critique of	对个人主义的批评
Insubordination	不服从
Intentions	意图
in moral education	道德教育中的意图
Intolerance	不宽容，不容忍

J

Jefferson Center for Character Education	杰弗逊品格教育中心
Judgment	判断
teacher authority and	教师权威与判断
Justice	公正，正义
in morality	道德中的公正(正义)
retributive	惩罚性的公正(正义)

L

Leadership	领导
in class meetings	班会中的领导

in moral decisions	道德决定中的领导
Learning	学习
achievement and	成绩与学习
Lest Innocent Blood Be Shed	《防止无辜的流血》
Liberal	自由主义
definition of	自由主义的定义
Loyalty	忠诚
dual	忠诚的两面性

M

(Mis)conduct	错误(不良)行为
interpretation of	对错误行为的解释
motives vs. acts in	错误行为中的动机对行动
relational aspects of	错误行为的关系方面
Moral action	道德行动
pedagogy and	教育学(教学法)与道德行动
programs for	道德行动计划
Moral authority	道德权威
Moral autonomy	道德自主性
Moral certainty	道德确定性
class meetings and	班会与道德自主性
Moral character	道德品格
Moral climate	道德气氛
Moral community	道德共同体
challenge of	道德共同体的挑战
diversity in	道德共同体中的多样性
student participation in	道德共同体中的学生参与
Moral core	道德核心
development of	道德核心的发展
Moral decisions	道德决定
children's participation in	儿童参与道德决定
employee paradigm in	道德决定中的雇员范式
leadership in	道德决定中的领导
professional paradigm in	道德决定中的专业人员范式
Moral direction	道德方向
Moral descipline	道德纪律
act and	行动与道德纪律

词汇表

perspectives on	关于家庭和道德教育的观点
senario for	对家庭和道德教育的情景介绍
home/school boundary and	家庭与学校的界限和道德教育
inservice for	道德教育在职培训
perspectives on	道德教育在职培训的观点
scenario for	道德教育在职培训的情景介绍
maturity and	成熟与道德教育
parental involvement in	道德教育中父母的参与
parents in	道德教育中的父母
respect in	道德教育中的尊重
school's responsibility for	学校对道德教育的责任
scenario for	对学校道德教育责任的情景介绍
service-learning projects in	道德教育中的服务性学习计划
support for	对道德教育的支持
teacher autonomy in	道德教育中教师的自主性
teacher character in	道德教育中教师的品格
teacher role in	教师在道德教育中的角色
values in	道德教育中的价值观
Moral education programs	道德教育计划
administrators' role in	行政人员在道德教育计划中的角色
class meetings in	道德教育计划中的班会
commercial	商业化的道德教育计划
common moral values in	道德教育计划中共同的道德价值观
moral discipline policy in	道德教育计划中的道德纪律政策
moral identity development in	道德教育计划中的道德同一性发展
pluralism in	道德教育计划中的多元主义
student deliberation in	学生在道德教育计划中的阐述
teacher values in	道德教育计划中教师的价值观
values disagreement in	道德教育计划中价值观的不一致
Moral education report	道德教育报告
model of	道德教育报告的形式
scenario for	道德教育报告的情景介绍
Moral emotions	道德情绪
Moral engagement	道德参与
rules by	通过道德参与制定的规则
Moral environment	道德环境
of schools	学校的道德环境

词汇表

perspectives about	关于道德环境的观点
scenario for	道德环境的情景介绍
Moral feeling	道德情感(感受)
programs for	道德情感计划
Moral identity	道德同一性
community participation and	社区参与和道德同一性
development of	道德同一性的发展
Moral improprieties	不适当的道德举止
Moral issues	道德问题
Moral lessons	道德课程
Moral moments	道德时刻
Moral motivation	道德动机
programs for	道德动机计划
Moral offenses	违反道德的行为
definition of	违反道德的行为的定义
Moral persuasion	道德说服
rules by	通过道德说服而制定的规则
Moral proprieties	道德侧重,道德优先性
articulation of	阐述道德侧重
Moral questions	道德问题
in schools	学校中的道德问题
Moral reasoning	道德推理
Moral reflection	道德反思
Moral sensitivity	道德敏感性
Moral thinking	道德思维
programs for	道德思维的计划
Moral traditions	道德传统
Moral valence	道德的效价
convention as	作为道德效价的习俗
Moral will	道德意志
Morality	道德
action in	道德中的行为
ambiguity in	道德中的意见分歧
breaches of	违背道德
caring in	道德中的关爱(关怀)
character as	道德品格
child development and	儿童发展与道德

classroom 课堂教学中的道德
cognitive development and 认知发展与道德
composition of 道德的构成
consequences and 后果与道德
as curricula 作为课程的道德
daily occurrences of 道德的日常表现
definition of 道德的定义
development of 道德的发展
disagreement in 道德中的不一致
disinterested quality of 道德的无私性
duty and 职责与道德
in education 教育中的道德
as human nature 作为人类本性的道德
justice in 道德中的公正
Kant's reasoning in 康德的道德推理
motivation in 道德中的动机
obedience as 道德遵从
obligatory quality of 道德的强制性
prescriptive 规定的道德
reason in 道德中的推理
reflection in 道德反思
in schools 学校中的道德
teachers and 教师与道德
universality of 道德的普遍性
violence and 暴力与道德
virtue as 作为道德的美德
vs. convention 道德对习俗
vs. obedience 道德对服从

Morals 道德,品行,道德规范
child-determination of 道德的儿童决定
cultural transmission of 道德的文化传递
derivative 派生的道德

Motives 动机
in moral education 道德教育中的动机
in morality 道德中的动机

词汇表

O

Obedience	服从
vs. morality	服从对道德
Obligation	责任，义务
in morality	道德义务
Offenses	冒犯，违规行为
moral vs. nonmoral	道德对非道德冒犯
Order	秩序
classroom	课堂教学秩序

P

Parental autonomy	父母的自主性
educators' autonomy and	教育者的自主性与父母的自主性
Parents	父母
in moral education	道德教育中的父母
Pedagogy	教育学，教学法
class meetings and	班会与教育学
home/school boundary in	教育学（教学法）中家庭与学校的界限
moral action and	道德行为与教育学（教学法）
Philosophy for Children	儿童哲学
Pledge of Allegiance	宣誓效忠的誓词
Pluralism	多元主义
definition of	多元主义的定义
home/school boundary and	家庭与学校的界限和多元主义
in moral education programs	道德教育计划中的多元主义
in schools	学校中的多元主义
values and	价值观与多元主义
vs. relativism	多元主义对相对主义
Plurality	多元性
of values	价值观的多元性
Poor Richard's Almanac	《可怜的理查德的年鉴》
Principles	原则，原理
interpretation of	对原则的解释
shared	共享的原则
Profession	专业，职业
definition of	专业（职业）的定义

Professional integrity	职业完整性
Professional responsibility	职业责任
perspectives about	关于职业责任的观点
scenario for	职业责任的情景介绍
Professionalism	职业主义
Professionals	专业人员
accountability of	专业人员的责任
independent judgment of	专业人员的独立判断
Punishment	惩罚
appropriate	适当的惩罚
group vs. individual	群体对个体惩罚
moral	道德惩罚
pain of	惩罚的痛苦

R

Race	种族
Reason	理性，推理
in morality	道德推理
Reflection	反思
in discipline	纪律反思
in morality	道德反思
Rehabilitation	恢复
in moral descipline	道德纪律中的恢复
Relativism	相对主义
definition of	相对主义的定义
moral	道德相对主义
respect and	尊重与相对主义
values and	价值观与相对主义
vs. pluralism	相对主义对多元主义
Religion	宗教
Respect	尊重
creation of	养成尊重的品质
definition of	尊重的定义
habit of	尊重的习惯
in moral education	道德教育中的尊重
relativism and	相对主义和尊重
vs. fear	尊重对恐惧

Responsibility	责任
collective	集体责任
group discussions and	小组讨论与责任
in moral education report	道德教育报告中的责任
self-development and	自我发展与责任
Restraint	限制
Retaliation	报复，扯平
fairness of	报复的公平性
universality and	普遍性与报复
as value	作为价值观的报复
Retribution	报复
Rules	规则，规定
by authority	由权威制定的规则
child-generated construction of	由儿童引发和制定的规则
classroom	课堂教学(班级)规则
fairly enforced	公平实施的规则
joint construction of	规则的联合建构
modification of adults	成人对规则的改变
by moral engagement	通过道德参与而制定的规则
by moral persuasion	通过道德说服而制定的规则

School boards	学校董事会
sovereign power of	学校董事会的最高(绝对)权力
School climate	学校气氛
Schools	学校
implicit curriculum in	学校中的隐性课程
moral climate of	学校的道德氛围
moral complexities in	学校中的道德复杂性
moral education responsibility of	学校的道德教育责任
scenario for	……对学校的道德教育责任的情景介绍
moral environment of	学校的道德环境
perspectives about	关于学校道德环境的观点
scenario for	对学校道德环境的情景介绍
moral questions in	学校中的道德问题
morality of	学校的道德
addressing	对学校道德的阐明

balance in	学校道德中的平衡
exposure of	学校道德的揭示
parenting role of	父母的学校角色
pluralism in	学校中的多元主义
professional vs. employee paradigm and	专业人员对雇员范式和学校
values in	学校中的价值观
Second Step	第二措施
Self-definition	自我界定
moral core in	自我界定中的道德核心
Self-restraint	自我限制
Separation	分离
identification and	认同与分离
Service-learning projects	服务性学校计划
Socialization	社会化
inappropriate	不适当的社会化
Stop，Think，Act，and Review (STAR)	停止、思考、行动和评论
Student attitudes	学生的态度

T

Tattling	讲闲话
Teachers	教师
accountability of	教师的责任
authority levels of	教师的权威层次
perspectives on	教师权威层次的观点
autonomy of	教师的自主性
character of	教师的品格
in class meeting management	班会管理中的教师
as employees	作为雇员的教师
moral action by	教师采取的道德行为
morality and	道德与教师
obedience by	教师的服从
values of	教师的价值观
Teacher-student relation	师生关系
equalization of	师生关系的均衡
Test coaching	测验辅导
deception in	测验辅导中的欺骗
“reasonableness” of	测验辅导的“合理性”

词汇表

morality of	测验辅导的道德
resistance to	对测验辅导的抵抗
Therapy	治疗
in discipline	纪律中的治疗
Tolerance	宽容,容忍

U

Universality	普遍性
of morality	道德的普遍性

V

Values	价值观
conflict of	价值观的冲突
consequences and	后果与价值观
disagreement over	价值观的不一致
duty and	职责与价值观
home vs. school in	家庭与学校的价值观
moral claim in	价值观的道德要求
in moral education	道德教育中的价值观
perspectives on	关于价值观的观点
pluralism in	价值观中的多元主义
plurality of	价值观的多元性
priorities in	价值观中的优先性
relativisim in	价值观中的相对主义
respect for	对价值观的尊重
scenario for	价值观的情景介绍
of schools	学校的价值观
teaching approach and	教学方法与价值观
Violence	暴力
as expression	暴力的表现方式
morality and	道德与暴力
playground	操场暴力
Virtues	美德
definition of	美德的定义
"little"	"小"美德
in moral discipline	道德纪律中的美德

in moral education	道德教育中的美德
as morality	作为道德的美德
rightful conduct and	正确的行为与美德
teaching of	美德的教学

Whistle blower status	起来揭发腐败内幕的雇员的地位
Whole-class responsibility rule	全班责任的规则
Wrongs	错误行为
in interpersonal conflict	人际冲突中的错误行为

译后记

道德教育是人类的一个永恒话题，但又是一个相当复杂的研究课题。不同的专业，不同的学科，对道德现象和道德问题都有不同的研究视角并反映不同时代的道德观念。可以说，人类几千年的文明史一直在探讨有效的道德教育的形式、内容和方法，道德教育的学派、思想和理论观点也层出不穷。在这些不同理论观点的影响下，我们的教育工作者在实际工作中也经常面临着用什么样的道德教育理念来教育学生的问题。例如在道德教育的主体问题上，学术界出现了“教师为主体”、“学生为主体”、“教师和学生双主体”以及关于主体和主导的不同观点。时至今日，这些争论仍然在激烈地进行，形成了道德教育独具特色的理论纷争局面，而且每一种理论观点都有自己取得成功的实践依据，道德教育的复杂性由此可见一斑。

近30年来，在北美国家的道德教育中，以科尔伯格为代表的道德认知发展理论占据着主流地位。它强调在道德教育中培养学生主动的道德判断和进行自主的道德选择能力的重要性，因此鼓励学生和教师通过对学生现实生活中遇到的道德两难问题的讨论，以班会等教育形式，让学生们学会进行道德的判断和做出道德的选择，提升学生道德判断和理性分析的能力。这种道德教育的理念在西方很多国家的教师、父母和学生中都产生了非常重大的影响。

从20世纪90年代以来，在北美国家出现了一种新的道德教育思潮，这就是“品格教育”。它打着反对道德相对主义，提倡核心价值观的旗号，强调道德教育要回归传统，主张通过教育过程中知、情、行的结合，通过学校内部教育行政人员、教师和学生的结合，通过学校、社区和家庭的结合，有效地提高道德教育的实效性和针对性。它主要采用西方历史上一些长期有效的道德教育方法，例如通过规则的制定，通过严格的制度管理，让学生在知、情、行的结合中真实地感受道德的实质和精髓。目前，品格教育和道德认知发展理论已经成为北美国家道德教育的两大势力。品格教育被称为保守的、传统的道德取向，而道德认知发展被称为建构主义的道德取向。这两种理论观点仍在各自的领域进行积极的研究，关于道德教育的争论也仍然在激烈地进行着。

由于道德教育理念的不同，中小学教师们在道德教育的方法上也存在激烈的冲突。本书以美国一所小学的道德教育为背景，非常真实地再现了教师们在道德教育理念和实践方面的不同观点和争论。四位具有不同道德教育理念的教师在接受了校长分派的制定一份道德教育计划的任务之后，组成研讨小组，经过激烈的思想交锋，而最终形成了对学校道德教育的某些共识。本书的内容把理论观点的争执与小学道德教育的实际密切联系起来，其中有很多情境与我国中小学道德教育的实践非常相似。不仅中小学教师和行政管理人员可以从中学到很多有积极启发意义的东西，就是道德教育的理论工作者，也可以从中深切地感受到不同思想的交锋，获得有益的思想启迪。本书的内容密切联系实际，语言生动，对话真切感人，理论思考深刻。我在翻译和校对过程中常常被其中的很多场景所吸引，时而急切地关注事态的发展，时而掩卷长思。读者们在阅读这本书的过程中，也一定会引发积极的道德思考，从中获得某些思想的共鸣和深刻的启迪。

今年年初，朱永新教授盛情邀请我翻译这本书。虽然我目前的教学和科研任务很重，但仍然非常高兴地接受了这项任务，在翻译过程中也深切地感受到这本书所带来的精神启迪。我国著名道德教育专家班华教授欣然为本译著作序，体现了老一辈专家对后辈的扶掖和学术期望，在令人感动之余，更增添敬重之情。从事心理学研究 20 多年来，我虽然已经翻译出版过十几本译著，但是，由于本书的语言采用了很多口语和俚语，因此在翻译和校对过程中，仍然遇到了一些困难和问题。为了保证本书的翻译质量，我写信给国外的学术界朋友。承蒙加拿大多伦多大学教育研究生院心理学系 Charles Helwig 教授的积极帮助，书中的很多疑难问题逐一得到解决。还有些问题请教了美国密苏里圣路易斯大学教育心理学系的 Marvin Berkowitz 教授。他们非常热情、耐心地解答了我提出的一些疑问，使我不仅丰富和改善了自己的语言知识，而且深切地感受到他们的深厚友情。我还就本书的一些学术名词请教了武汉大学政治与公共管理学院的佘双好教授，得到了他的热情帮助。在本译著出版之际，仅向他们表示我发自内心的由衷感谢。

本书的前言，第一章至第五章，以及书后的词汇表由我翻译，第六章由华南理工大学政管学院的青年教师杨超博士翻译，第七章、第八章和第九章由我的研究生陈慧芬、赵文杰和张文静翻译，陈慧芬对这三章的翻译进行了初步校对。最后我对全书进行了为期一个多月的总校对。尽管我们进行了非常认真的翻译和校对，但其中仍难免会存在一些问题，恳请学界同仁不吝指正。

杨韶刚

于南京仙林